毫米波雷达
在桥梁检测与监测中的应用

朱尚清　胡建新　刘　越　车功健　丁　峰　著

APPLICATION OF MILLIMETER WAVE RADAR IN
BRIDGE DETECTION AND MONITORING

人民交通出版社股份有限公司
北　京

内容提要

本书在介绍毫米波雷达干涉测量原理、测试方法、数据处理和分析的基础上,重点研究了毫米波雷达在桥梁拉索索力测试、桥梁静载试验、桥梁动载试验以及桥梁健康监测中的应用。

本书可供从事桥梁检测、监测以及养护等工作的工程师与研究者使用,也可供高等院校相关专业的师生学习参考。

图书在版编目(CIP)数据

毫米波雷达在桥梁检测与监测中的应用/朱尚清等著.—北京:人民交通出版社股份有限公司,2022.12

ISBN 978-7-114-18111-5

Ⅰ.①毫… Ⅱ.①朱… Ⅲ.①毫米波雷达—应用—桥梁结构—检测 Ⅳ.①U446

中国版本图书馆 CIP 数据核字(2022)第 156693 号

Haomibo Leida zai Qiaoliang Jiance yu Jiance zhong de Yingyong

书　　名:毫米波雷达在桥梁检测与监测中的应用
著 作 者:朱尚清　胡建新　刘　越　车功健　丁　峰
责任编辑:李　娜
责任校对:赵媛媛
责任印制:刘高彤
出版发行:人民交通出版社股份有限公司
地　　址:(100011)北京市朝阳区安定门外外馆斜街 3 号
网　　址:http://www.ccpcl.com.cn
销售电话:(010)59757973
总 经 销:人民交通出版社股份有限公司发行部
经　　销:各地新华书店
印　　刷:北京建宏印刷有限公司
开　　本:787×1092　1/16
印　　张:11
字　　数:264 千
版　　次:2022 年 12 月　第 1 版
印　　次:2024 年 5 月　第 2 次印刷
书　　号:ISBN 978-7-114-18111-5
定　　价:58.00 元

序

我国有着悠久的建桥历史。赵州桥、万安桥、湘子桥及其他一大批古代名桥,作为中国古代科技和文化史上的璀璨明珠,不仅历久弥新,而且至今熠熠生辉。新中国成立后,尤其是改革开放以来,中国公路交通行业走上了更加辉煌的发展历程。一大批引领世界先进水平、特大型桥梁跨海越江,让天堑变通途。截至2021年底,全国公路桥梁961139座、7380.2万延米。其中,特大桥7417座、1347.9万延米,大桥134533座、3715.9万延米,中小型桥梁819189座、2316.4万延米。

在桥梁建设飞速发展的同时,我国公路桥梁的养护管理任务越来越重。特别是20世纪80年代修建的桥梁,以及改革开放以来修建的特大桥梁和特殊结构桥梁,由于受车辆荷载、外界环境、结构性能退化等影响,其安全运营成为桥梁养护管理部门的重要任务,也是社会和大众关注的热点问题。针对这种情况,交通运输部从2001年起,开展了在役桥梁的检(监)测与加固改造工作,有效提高了桥梁安全运行水平。

及时发现桥梁病害、诊断桥梁健康与否,检(监)测数据至关重要。这些年来,检(监)测技术不断丰富完善,其中毫米波雷达的应用始终是一个重要手段,具有全天候、受外界环境干扰小、非接触、精度高、实时动态等特点。

本书作者对毫米波雷达技术进行了近10年的应用研究,并对毫米波雷达在桥梁索力测试,静、动载试验以及桥梁监测的应用,进行了系统的总结。我相信本书对推动桥梁健康检(监)测技术的发展有所裨益。同时,也希望从事此项工作的工程技术人员,注重积累和总结经验,不断创新完善和提高我国桥梁的健康检(监)测技术水平。

2022年8月29日

序

前　言

桥梁结构是土木工程中重要的基础设施，历来被称为“生命线工程”，其结构的健康及安全运营问题一直是桥梁管理单位和社会关注的重点。桥梁检测、监测的数据是桥梁结构“健康”评估和诊断的重要依据，因此桥梁检测、监测是保障桥梁健康运营的重要手段。桥梁结构检测的主要方法包括日常检查、定期检测、特殊或专项检测以及桥梁的静动载试验等。桥梁健康监测则是通过对实时采集的监测数据分析，对桥梁健康状况进行评估。桥梁结构的承载能力评估及安全监测需要对桥梁结构的挠度进行测试，而桥梁结构挠度测试尤其是动挠度的测试一直是行业的难点问题。桥梁结构的受力评价和安全监控要求对其进行变形检测，而在实际工程中，特别是动挠度的检测是一个很大的难题。

毫米波雷达干涉测量技术是通过计算两次回波信号的相位差，来提取结构在观测期间的高精度形变信息。毫米波雷达干涉测量技术具有非接触测量、全天候、不受外界环境的影响等优点，能很好地解决桥梁动挠度测试这一行业难点问题。

本书在介绍毫米波雷达干涉测量原理、测试方法、数据处理和分析的基础上，重点介绍了毫米波雷达在桥梁索力测试、静载试验、动载试验以及桥梁健康监测中的应用。毫米波雷达最早在国内的应用多数是基于对意大利的 IBIS 雷达开展的研究，由于设备体积大、价格昂贵，毫米波雷达在桥梁工程中的应用受到了一定的限制。随着国内雷达技术的发展，国内毫米波雷达设备生产商在提高测试精度的同时，使设备逐渐轻量化，成本也有了大幅的降低。

作者与国内毫米波雷达厂家合作，对毫米波雷达在实际桥梁中的应用开展了大量的研究工作。自 2017 年以来，采用毫米波雷达产品在桥梁拉索的索力测试、桥梁静载试验、动载试验、挠度影响线测试以及桥梁监测等领域进行了大量的实桥应用测试。毫米波雷达微变形测量技术由于具备非接触测量、全天候、高精度、可实时对多点动挠度进行测量的优点，在桥梁检测、监测中的应用有很好的前景。未来毫米波雷达测量技术在应用中同结构的仿真计算、车辆荷载的监测等相结合，可以实现桥梁结构承载能力的快速评估、结构损伤评估及退化评估、运营桥梁健康状态的评估等。此外，毫米波雷达的干涉测量技术同样可以用于建筑结构、隧道结构、水利大坝、边坡地灾、铁路及轨道交通等土木工程领域建筑物或构筑物的变形监测。

本书通过对毫米波雷达在桥梁检测与监测中应用的介绍，抛砖引玉，希望更多的专家、学者对该技术在土木工程的应用进行更深入的研究，为土木行业的发展提供有益的帮助。

本书是毫米波雷达在桥梁检测、监测中应用案例成果的系统总结，北京路桥瑞通科技发展有限公司的李金鹿、孙文丽等在试验测试、数据整理过程中做了大量的工作。同时中交基础设施养护集团有限公司的杨亮亮等为本书编写提供了宝贵的资料。本书在编写过程中参阅了大量的文献，在此，对文献的作者表示衷心的感谢！

在大量实桥应用测试研究的过程中，毫米波雷达的设备生产商、研发单位等也给予了大力的支持和帮助，对他们的付出表示衷心的感谢！

由于作者理论和技术水平有限，书中疏漏之处在所难免，敬请读者批评指正。

朱尚清

2022年8月29日

目　　录

第1章　绪　　论

1.1　雷达的基本概念

雷达(Radio Detection and Ranging,简称 Radar),意为“无线电探测与测距”。所以,雷达是一种无线电装置,它通过无线电磁波来检测目标的位置[1]。从广义上讲,雷达就是测量物体的位置和运动参数,以及确定物体的特性[2]。由雷达硬件装置向天线输出的电磁波能通过天线向目标物体发射,再通过天线将目标物体反射回来的反射能量再传送给雷达的硬件装置。

由于雷达是以电磁波为基础的,所以在雷达技术中,电磁波是最重要的一个概念。詹姆斯·克拉克马克斯威尔开创了电磁场的数学理论,并在 1864 年提出了麦克斯韦方程,并预言了理论上的电磁波[3]。从电磁学的基本方程式可知,电磁波是由波动的电磁场组成,其传播速率可以用基本的电磁性质来确定。电磁波的波长范围很大,从 1nm 以下的伽马射线到 100km 的超低频,而我们所熟知的可见光仅仅是一种波长在 380 ~ 780nm 之间的电磁波。通常在绝对零度以上的物体或颗粒,都会产生电磁辐射,随着温度的增加,其辐射能量也随之增加[4]。德国物理学家海因里希·赫茨首先通过实验来证实电磁场的原理。

电磁波具有波粒二重相性,也就是说,电和磁是一体的,电流和磁场就是一个整体。电磁场是一个由不断变化的电场和不断变化的磁场组成的不可分割的整体场。

磁场和电场与波的运动方向是相互垂直的。在传播方向上,电磁波的幅值呈周期性变化,其强度随距离的平方成反比,而在任意位置,其能量值与其平方成正比。在电磁波频率较低的情况下,必须主要依靠有形导体;当电磁波的频率很高时,它就会通过一个自由的空间,或者被一个有形的导体所约束。

电磁波谱中的电磁波种类繁多,其发生机制及产生的方式也各不相同。采用人工手段可以产生无线电波,即通过振荡电路中的自由电子的周期运动得以实现。原子的外层电子受到激励产生紫外线和可见光以及红外光;原子内部受到激励形成伦琴射线;而原子受到激励产生伽马射线。

在电磁波谱中,不一样波长的电磁波由于不同的波长和频率从而表现出其不同的特点,因此,当波长较长时,就会出现干涉、衍射等现象,而有些电磁波难以被观测到干涉和衍射现象是因为其波长变得越来越短,如可见光、紫外线、伦琴射线、γ 射线等。然而,在电磁频谱不同的电磁波区域中,存在着衔接和局部交错的现象,因而其本质上是一致的,遵循着一般的法则。

电磁波是由光子构成的,在太空中,恒星发出的电磁波包含了大量的光子,当它们在传播的时候,由于离恒星较远,所以每一秒钟所能得到的光子数量就会减少。

各种辐射源的电磁光谱是非常丰富和广泛的,它的主要特性参数是波长 λ、频率 f 和光子能 E。

电磁波就是由电子在原子中的能级和能量的交换而产生的,在一定程度上,受激的电子会被激发到更高的水平。

在物理上，电磁波的频率和波长都是非常广泛的，从很低的交流电到非常高的高能射线。当电磁波的频率（或波长）发生一定数量级的改变时，它的物理特性就会有很大的改变。根据电磁波的波长大小（对应于频率的高低），可以将电磁波的光谱划分为：无线电波、微波、红外线、可见光、紫外线、X 射线和 γ 射线。电磁波波谱划分见表 1.1-1。

电磁波波谱划分表 表 1.1-1

<table>
<tr><th>波　长</th><th>频　率</th><th colspan="3">电磁波谱名称</th></tr>
<tr><td>100 ~ 10km</td><td>3 ~ 30kHz</td><td>甚长波</td><td>超低频/VLF</td><td rowspan="8">无线电波</td></tr>
<tr><td>10 ~ 1km</td><td>30 ~ 300kHz</td><td>长波/LW</td><td>低频/LF</td></tr>
<tr><td>1 ~ 0.1km</td><td>300 ~ 3000kHz</td><td>中波/MW</td><td>中频/MF</td></tr>
<tr><td>100 ~ 10m</td><td>3 ~ 30MHz</td><td>短波/SW</td><td>高频/HF</td></tr>
<tr><td>10 ~ 1m</td><td>30 ~ 300MHz</td><td>米波</td><td>甚高频/VHF</td></tr>
<tr><td>1 ~ 0.1m</td><td>300 ~ 3000MHz</td><td>分米波</td><td rowspan="3">微波</td></tr>
<tr><td>100 ~ 10mm</td><td>3 ~ 30GHz</td><td>厘米波</td></tr>
<tr><td>10 ~ 1mm</td><td>30 ~ 300GHz</td><td>毫米波</td></tr>
<tr><td>1000 ~ 0.76μm</td><td>0.3 ~ 395THz</td><td colspan="3">红外线</td></tr>
<tr><td>0.76 ~ 0.40μm</td><td>395 ~ 750THz</td><td colspan="3">可见光</td></tr>
<tr><td>0.40 ~ 0.01μm</td><td>750 ~ 30000THz</td><td colspan="3">紫外线</td></tr>
<tr><td>10 ~ 0.1nm</td><td>3×10^{16} ~ 3×10^{18}Hz</td><td colspan="3">X 射线</td></tr>
<tr><td>低于 0.1nm</td><td>高于 3×10^{18}Hz</td><td colspan="3">γ 射线</td></tr>
</table>

1.2　国内外雷达的发展历程

1.2.1　国外雷达的发展历程[3]

英国的詹姆斯·克拉克麦克斯韦提出了一种关于电磁波的理论预测，而德国的海因里希·赫茨则通过实验室的试验证明了电磁波的产生、接收和散射[5]。麦克斯韦的电磁学原理及电磁波的测试验证，为今后的发展奠定了坚实的基础。

德国人克里斯琴·威尔斯姆耶在 1903 年首次成功研制出船用防撞雷达并申请了发明专利。意大利伽利尔摩·马可尼于 1922 年发明了一种探测目标的短波技术。同年，美国的海军研究人员利用了两个基点的连续波雷达，能够侦测到所有的木制船舶。美国于 1925 年研制了用于测定电离层海拔的脉冲调频测距仪。美国于 1936 年研制出一种高精度脉冲雷达，其精度为 457m。英国于 1983 年在法国海岸建造了一条可以监控敌方飞机的雷达链，这个装置带有早期报警的功能。

20 世纪 40 年代，随着微波技术与多腔磁控技术的发展，微波雷达在军用领域得到了越来越多的重视。由于其体积小、精度高、操作灵活，逐步向武器控制、侦察炮位、目标定位等方面发展。1943 年中期，美国研制出了一种波长 10cm、精度为 0 ~ 0.06°的微波目标探测雷达 AN/

SCR-584。德国于1944年采用V-1型导弹袭击伦敦,英国最初需要用1000发炮弹来才能将V-1导弹击落,而采用炮瞄雷达后仅需要50发炮弹可以将V-1导弹击落。

20世纪50年代,航空和空间技术迅速发展,雷达作为探测和控制的重要手段已应用于超音速飞机、导弹、人造卫星和宇宙飞船等[6]。随着速调管放大器首次在雷达中获得应用,雷达体系结构也发生了巨大的变化。速调管放大器早在第二次世界大战前已经发明,其同磁控管相比,它不仅能使功率幅值调高约2个数量级,而且还可以选用更复杂的发射波形,还允许多管并联[7]。50年代脉冲压缩的波形技术真正用到了雷达中,此外合成孔径雷达新技术的出现,使得雷达的方位(即横向距离)分辨力达到了与距离分辨力相媲美的程度。

1953年合成孔径雷达(SAR)的概念被提出,1957年8月,密歇根大学和美国军队联合使用SAR测试系统,取得了首张全焦SAR成像,标志着SAR技术从理论走向实际应用的第一步[7]。密歇根大学的雷达与光学实验室于1958年开发出了首台合成孔径雷达,并获得了地面上的清晰目标[8]。早期SAR的分辨率在10~20m,随着技术的发展近年来它的分辨率可以达到0.1m以上。

20世纪60年代,大规模的电子控制相控阵和数码处理技术的兴起,成为雷达技术发展的一个重要标志。自20世纪60年代中期开始研发的反洲际导弹系统,使雷达在探测距离、跟踪精度、分辨能力和靶场容量上得到了更大的发展[9]。

20世纪70年代以来,随着卫星探测与监测、反弹道导弹、军事地面侦察和其他军事需求,雷达技术迅速发展。80年代,由于无源相控阵列雷达技术的发展以及其在飞机上的广泛使用,使得毫米级微波雷达的研究与试验工作取得了长足的进步。80年代后期,随着芯片技术的发展,雷达的处理技术取得了重大的进展,并逐步应用到实际中,通过数字线路将其处理单元缩小至1/10,再加上其模块化、多功能化和工程化的特点,大大减少了故障次数,其故障持续的时间在一百多个小时以上。20世纪90年代,随着有源相控阵列雷达技术的发展,毫米波雷达技术的广泛运用,以及多个传感器与空域雷达的数据集成,使得该系统的综合能力得到了极大的提升。21世纪,新的雷达技术、新的雷达系统、双基地雷达、UWB雷达、反复合孔径雷达(ISAR)、干涉合成孔径雷达(InSAR)以及新的集成脉冲和孔径雷达等新技术的发展迅速。

1.2.2 国内雷达的发展历程

新中国成立以后,随着国家经济的发展,雷达产业逐渐成为一种新兴的产业,其技术与产品的发展可以分为四个阶段:修配阶段、仿制阶段、自行设计阶段和发展提高阶段。

(1)修配阶段

1949年5月,中国人民解放军接收国民党的雷达研究所,正式开启了我国雷达事业的发展。修配阶段,主要是用第二次世界大战遗留下来的旧雷达和器材进行维修,修复后的雷达主要是预警雷达,还有美国早期的分炮瞄雷达,以及舰艇上搜索水面目标雷达,以及一些苏式雷达。

(2)仿制阶段

苏联提供的雷达项目在新中国成立后占了很大一部分,中国开始建造新的雷达和制造指挥仪器的工厂,并着手仿制苏式雷达。早期仿制苏式雷达的有警戒雷达、炮瞄雷达、舰载雷达、机载雷达、指标仪、导引雷达、末制导雷达等。1954年,研制成功了我国第一批装备部队的国产雷达——中程预警雷达;我国第一部微波远距预警雷达1956年在海上获得成功应用。随着苏联雷达专家的停止援助,我国雷达仿制难度加大,损失也大。国内技术人员经过技术攻关,克服种种困难,在仅有雷达数据和样机的条件下,对苏式雷达产品进行了成功复制。雷达的仿制成功推动了雷达产品品类的扩大,通过多部雷达的仿制,全面掌握了雷达研制制造全过程,形成了陆海空三军服务的雷达雏形。

(3)自行设计阶段

自主开发雷达的一个重要标志就是新技术的大量应用和不断壮大的科研队伍。1960 年,中央军委提出了进一步确定雷达产业主攻方向的方针,即"两弹一星"、常规和战略武器为重点,开展各种型号雷达的科研、试验和生产,"两弹一星"优先发展电子技术。20 世纪 70 年代后,中国研制出与之配套的相应雷达产品,以配合洲际导弹、潜地导弹潜艇向太平洋水域水下发射、同步卫星发射等国家战略使命。填补国内中高精度外测仪器空白,实现"东方红"人造卫星测控的是我国自主研制的单脉冲精密测距雷达。

我国自主研发的雷达除了军事雷达,还包括气象雷达、交通管制雷达等民用雷达。国内雷达发展的自主设计阶段,完全脱离了国外产品的图纸、工艺资料和样品,依靠自主研发和自力更生开发了新型雷达。在自主研发阶段,雷达设备所需的原材料、元器件和零件基本上都是以国产为主;在产品成型后,进行大规模的生产和装备,并开始出口到海外。

(4)发展提高阶段

随着新的雷达技术的发展,新的雷达产品也在逐步增加,"军民结合"的产品已经走上了世界的舞台。20 世纪 80 年代后,世界局势趋于缓和,我国新型雷达产品、新技术得到了长足的发展。

在机载雷达领域,开发的雷达主要有:全天候、全高度、全天候的脉冲多普勒机载火控雷达、多功能轰炸雷达及空中预警雷达。另外,还成功地研制了舰载三坐标相控阵列雷达和舰船综合火控雷达。在军用领域,已开发出用于武器装备的探测和炮位侦察校射雷达等。在民用和其他领域,我们也开发了一系列的雷达,例如:天气雷达、近距离交通管制雷达、着陆雷达、成像雷达等等。

我国雷达发展的提升阶段所开发的雷达总体特征是在技术上的不断突破,使其达到了一个新的高度。雷达系统集成了单脉冲跟踪系统、脉冲压缩系统、多普勒系统、相控阵系统、成像系统等技术。因此,在科技进步的同时,雷达性能也有了很大的提升,其作用距离远,抗干扰能力强,分辨率高,可靠性高。

1.3 雷达类型

雷达产品种类繁多,其分类方法也十分复杂。目前雷达的分类方法有:雷达的用途、信号形式、角跟踪方式、测量参数、采用的技术与信号处理方式、雷达天线扫描方式、雷达工作频段等。

1)雷达用途

从雷达的历史发展来看,雷达的主要应用范围是军用雷达;随着雷达技术的发展和种类的增加,民用雷达的发展速度也越来越快。根据用途的不同,雷达分为军用雷达和民用雷达。根据细分用途,雷达可分为预警雷达、搜索警戒雷达、导航雷达、炮瞄雷达、测高雷达、战场监视雷达、机载雷达、雷达引信、气象雷达、航行控制雷达、导弹雷达,以及防撞和敌我识别雷达等。

2)雷达信号形式

根据雷达的信号形式,可以分为脉冲雷达、连续波雷达、脉冲压缩雷达、频率捷变雷达等。

脉冲雷达所发出的波形是以固定或交错循环方式工作的长方形脉冲信号。脉冲雷达是最常用的一种类型,它可以间歇性地发送脉冲周期信号,在发射间隙处接收回波信号,也就是每隔一段时间对雷达信号进行接收和发送。脉冲雷达的信号形态决定了其在短程内存在着探测盲区。

在连续波雷达中,有三种主要的调制方式:CW、SFCW 和 FMCW。连续波 CW 雷达在测量中的主要用途是利用多普勒频率的变化来探测与测量对象的相对速度。雷达发射的连续波形 CW 雷达的信号为连续的正弦波,它可以接收到回波的信号,也就是可以同时进行对 CW 雷达的接收工作。但是,CW 连续波雷达同时存在着信息泄漏(发射信号和噪声直接地漏进接收器)和环境干扰(在背景附近的回响)。SFCW 连续频谱是一种连续的波形,在不同的阶跃频带中连续地发射。FMCW 调频连续波雷达是将微波频率转换为线性步进调制后的连续频率来实现的。

脉冲压缩雷达技术是利用脉冲内调制(一般是频率或相位调制)来获取长脉宽脉冲的能量和短脉宽的分辨率。

3)角跟踪方式

根据雷达的角度追踪方法,可分为:单脉冲雷达、圆锥扫描雷达、隐形圆锥扫描雷达等。

4)目标测量的参数

雷达根据其探测对象所测得的参数,可分为测高雷达、二坐标雷达、三坐标雷达、敌我识别雷达、多站雷达等。

5)采用的技术和信号处理的方式

雷达还可按照其采用的技术手段以及信息的处理方式来分类。雷达所采用的技术和信号处理方式主要包括:相参积累和非相参积累、动目标显示、动目标检测、脉冲多普勒雷达、SAR 雷达、边扫描边跟踪雷达等。

动态目标显示器(MTI)雷达利用低脉冲重复频率(PRF)检测杂波中的移动目标,低 PRF 一般不存在距离模糊。

脉冲多普勒雷达以高 PRF 多普勒和中 PRF 多普勒为主导,两者均采用多普勒频移的方法对运动目标进行检测。在多普勒区域,高 PRF 脉冲多普勒雷达不存在模糊现象,但是存在一定的距离模糊;而中 PRF 多普勒雷达则存在着距离模糊、多普勒模糊等问题。

SAR 是一种安装在移动载体的相参式成像雷达,它通过对回波信号的相位信息获取具有距离和横向距离的高分辨率的图像,通过脉冲压缩技术可以提高距离分辨率。

边扫描边跟踪雷达:一般情况下,这种雷达可以在一维或二维的范围内,对有限角度观察范围内的全部目标位置进行快速的更新。边扫描边跟踪雷达(TWS)过去主要用于引导飞机着陆的地基雷达、某些类型的火控雷达及军用机载雷达。

6)天线扫描方式分类

根据雷达的扫描形式,可以将其分为机械扫描雷达和相控阵雷达等[10,11]。

一般的雷达都是通过机械扫描,通过旋转的方式来完成光束的旋转。相控阵雷达采用

“移相器”,它不像传统的机械扫描式雷达一样,通过旋转天线来使其转动。相控阵雷达天线是一种由许多辐射体(如方形、三角形等)构成的天线阵列,其辐射体与可控移相器相连,通过电子计算机进行移相器的控制。相控阵雷达有两种类型,一种是有源的,一种是被动的。

7)雷达工作频段

根据雷达的工作频段,雷达分为超视距雷达、微波雷达、毫米波雷达及激光雷达等。

根据雷达的操作方法、特性、载体形式等,还可对不同类型的雷达系统进行进一步细分。追踪雷达按照其追踪方式,可分为单目标跟踪雷达、自动检测及跟踪雷达、边扫描边跟踪雷达、相控阵跟踪器雷达。弹道制导雷达按其导航载体的不同,又细分为车载制导雷达、舰载制导雷达、机载制导雷达和弹载制导雷达。而由于现代技术的日益发展,以及社会对军工、民生等主要领域的需求,不同用途的雷达也可能被集成在一起,从而形成了一个同时具备多种功能的雷达系统。JYL-1A 型雷达(代码:SKYWATCH-SJYL-1A)是我国自主研制的一款先进的 S 频段多用途多任务雷达系统,它是集防空预警、弹道导弹探测跟踪、炮位侦察、空管服务于一身的“四合一”综合雷达体系。在对雷达测速目标进行定位时,也可能使用多种技术,比如:陆基、海基、机载、星载、移动、运输、空间交通管制、军用、地面穿透、超宽带、超视距等。

1.4 雷达工作频段

雷达工作频段是雷达工作频率的范围,它可以将电磁波发射到目标,通过对目标的散射回波进行探测,并对其进行参数估计。随着雷达技术的不断发展,其工作频率由 2 兆赫兹(MHz)提高到了紫外线频段。在实际应用中,由于雷达的性能要求和具体实施情况,大部分雷达工作在 1 ~ 15GHz 的微波频段。低于 1GHz 的频段是通讯、电视等占用频带,它们的频谱比较密集,所以只有一些远距离的雷达和超视距雷达在这个频段工作。当电磁波在 15GHz 以上时,大气中的水分被严重地吸收;在 30GHz 以上的电磁波,在某些频段内,氧分子和水分子的吸收率显著增加。随着雷达工作频率的提高,天线的制作和加工困难越来越大;同时,随着接收器内部和外部的噪声的增大,使得增加发射机的功率也变得困难。现代雷达的频带主要集中于微波频带,使得频谱越来越密集,但是,随着雷达技术的不断发展,毫米波雷达技术也逐渐被实际运用和发展起来。

不同波段的雷达功能、性能、特性各不相同,甚至同一种波段的雷达,因探测对象的不同其功能和特性也有所不同。工作在低波段的雷达容易实现远距离的工作,这主要是由于低频易于增加发射机的功率和获取大型的实体天线;而工作在较高频段上,雷达容易实现对距离和位置的准确测量,这是因为高频段可以提供更宽的频带,从而能提高距离精确度和分辨能力,同时也可以在一定的物理尺寸条件下能利用较窄的波束来提高角度精度和角度的分辨率。

雷达按其工作频段从高至低可以分为以下波段:高频(HF)、甚高频(VHF)、超高频(UHF)、L 波段、S 波段、C 波段、X 波段、Ku 波段、K 波段、Ka 波段、V 波段、W 波段、毫米波波段[12]。

1)高频(HF,3 ~ 30MHz)

高频 HF 波段雷达的主要用途是探测远程目标,它是利用高频率电磁波能够被远离土壤地表的电离层折射的特点来进行的。能够作为高频 HF 雷达技术主要目标的有:航空器、舰艇和弹道导弹,还有来自海面本身的回波。

2)甚高频(VHF,30 ~ 300MHz)

20 世纪 30 年代,我国很多早期雷达都采用 VHF 频段,使其在我国广播技术领域独占鳌头。这种波段中会出现大量的回波,特别是在地表,因此对 VHF 雷达的探测距离会因相位干涉而大大增加。但是,如果这种效果使作用距离增加一倍,由于某些仰角上的天线方向会有深度的零点,就会造成相应的相消干涉使其作用距离变小。雷达使用多普勒频移探测杂波中的移动物体时,往往在低频段表现较好,因为多普勒的模糊性(造成盲区)在较低频段时较少。VHF 雷达不会受到雨水杂波的干扰,而是受到陨石的离子作用,以及极光多次折返时间的影响,因此通常 VHF 频段飞行器中的雷达截面会比较高的更大一些。VHF 雷达比在更高波段工作的雷达在获得同等射程的情况下成本要低,但也有很多限制条件:在俯仰上存在较深的零和较低的低空覆盖;VHF 雷达的有效频谱宽度较小,往往导致其探测精度较低;与微波频带比较,VHF 雷达的天线波束宽更大,因而其角度精确度和分辨能力都不如微波波段。在 VHF 波段中,很多主要的民用业务(例如,电视和 FM)被分配到了一个比较狭窄的波段,而在这些波段中,可以利用的带宽也很少。所以,在 VHF 波段这种狭窄的波段,要得到适当的频谱空间,相对比较困难。虽然 VHF 波段有一定的限制,但由于苏联幅员辽阔,因此 VHF 对空侦察雷达曾经在苏联得到了很好的应用。

3)超高频(UHF,300MHz ~ 1GHz)

UHF 尤其适用于空中预警雷达系统(AEW)中的机载动目标检测雷达(AMTI),以及用于对人造卫星、弹道导弹进行侦察和追踪的远距离雷达。在 UHF 波段的上段可以用于远程舰载对空监视雷达以及测量风速和风向的雷达(简称风廓线雷达)。地面穿透雷达(GPR)又称为超宽带(UWB),其信号带宽有时可以覆盖 VHF 和 UHF 波段,其信号带宽在 50 ~ 500MHz 之间。宽的带宽有利于提高雷达的测距精度,而低的频段则是为了使雷达的能量能够穿过地表,所以对于埋藏在地下的电线、管道和其他物体来说,这一频段是非常合适的。如果要在地面上找到一个被树覆盖的靶子,雷达还必须使用与 GPR 相同的波段。

4)L 波段(1 ~ 2GHz)

远程防空预警雷达是航空交通控制领域的重要组成部分,L 波段是其最常用的工作频率。由于雷达工作频率的提高,降雨对雷达性能的影响越来越明显,所以在雷达的设计中,应该把重点放在 L 波段和较高的频带上。

5)S 波段(2 ~ 4GHz)

机场监视雷达(ASR)是一种在 S 波段工作的机场监控雷达。在有三坐标雷达要求的情况下,S 波段的雷达能够检测到目标的距离、方位和俯仰角等参数。远距离监控雷达在低频时表现出更好的性能,从而在高频率下,能准确地测量出目标的位置。

一般情况下,大部分的雷达工作在一个特殊的频带上,但是在机载空中监视雷达上却是一个例外。机载预警和控制系统(AWACS)的机载空中监视雷达工作于 S 波段,美国 E2AEW 预警机工作于超高频频段。虽然两种雷达的工作频率有很大差别,但是它们的性能并没有太大的差别。

6)C 波段(4 ~ 8GHz)

C 波段是介于 S 波段与 X 波段之间的波段,它同时具备 S 波段与 X 波段雷达两种特征。

虽然 C 波段雷达在以往的应用中占有很大的比重，但现在许多雷达都倾向于 S、X 频带而非 C 波段。

7) X 波段(8 ~ 12GHz)

X 波段是军用雷达常用的一种工作频带，X 波段主要用于军用飞机上的拦截、战斗、攻击（对地），有时导弹导引系统也会在 X 波段工作。X 频带也是民用雷达中常用的一种，它还被广泛地应用于合成孔径雷达、机载恶劣气象规避雷达、多普勒雷达等。X 频段雷达具有更宽的频带，使用较小的天线可以得到较窄的波束，从而可以有效地提高 X 波段雷达的分辨精度。X 波段的高频特性导致雨会对 X 波段的性能造成影响。

8) Ku、K 和 Ka 波段(12 ~ 40GHz)

随着雷达频率的提高，天线的实际体积会变小，因此通常难以获得较大的发射功率。军用飞机上的雷达有 X 波段和 Ku 波段，在雷达领域中，Ku、K 和 Ka 频段的要求更低，因为它们的体积要小，在不需要远距离应用的场景更有吸引力。机场地表探测装备(ASDE)一般位于大型飞机场的控制台顶部，其工作于 Ku 频段，主要是由于其分辨率高于 X 频段。K 频带中在频率 22.2GHz 处有一条水蒸气吸收线，它的衰减使其在一些情况下的应用受到了限制。

9) 毫米波波段(30 ~ 300GHz)

毫米波带宽是在 30 ~ 300GHz 的频带(波长为 1 ~ 10mm)范围内，它具有很宽的带宽。大部分毫米波雷达所关注的频率都在 94GHz 左右，在那里大气层的衰减有一个非常小的数值，而 94GHz 附近的窗口宽度就相当于全部的微波带宽。由于毫米波雷达受技术、环境等方面的影响，与微波雷达相比，其局限性较大。毫米波雷达与微波频带相比，其衰减在毫米波段较大，而且在毫米波段其衰减具有一定变化的特性。在 94GHz 的窗口宽度内，它的衰减甚至高于 22.2GHz 大气中的蒸汽吸收线；60GHz 氧气吸收线的单程衰减大约为 12dB/km，基本不能用于其接近频率的雷达；另外，雨水的衰减还会对毫米波段造成一定的影响。

毫米波雷达技术的特点对科研和应用领域的前沿都是一个巨大的挑战。毫米波雷达在某些场合有着很大的优越性，其主要特征表现为：它是一个良好的利用宽频带信号的场所，拥有较多的频谱；雷达采用了小型天线，实现了高精度、窄波束；在军事上，敌人很难对其进行电子干扰，从而使其在这一波段被拦截的可能性大大降低。通常，毫米波发射机的平均功率很小，有时不超过几百瓦特。由于回旋管技术的不断发展，将毫米波功率源的平均功率提高了几个数量级，解决了发射机功率限制雷达应用的难题，使得毫米波雷达在实际应用中的应用更加广泛。

1.5 雷达应用

1) 军事领域

从雷达的发展和发展过程来看，雷达的军事需求可能是雷达最重要的应用和它的重大进步，其中也包括在民用雷达方面的进步。为了抵御重武器的军事轰炸机，雷达在 20 世纪 30 年代被发明。军事雷达的应用范围包括地面、海面、机载防空、地面侦察和海上侦察。在进行空中防卫时，可以使用雷达进行远程监视，近距离探测“弹出”目标，武器控制，导弹引导，非合作目标辨识，以及作战损伤评价。对军用防空雷达成功的一个极好度量是在反抗其有效性的方法上所花费的资金成本。这包括电子对抗措施和其他方面的电子战、寻找雷达信号的反辐射导弹及截面积较小的飞机和舰船[13]。现代化战争对雷达技术发展提出了更高的要求，军用雷达应具有执行空中监视、空中拦截武器控制、敌方武器定位（迫击炮、火炮和火箭）、入侵人员检测和空中交通管制等任务的功能。20 世纪 50 年代末，源于弹道导弹的威胁，使用雷达进行弹道导弹防御一直备受关注[13]。弹道导弹防御雷达需要解决远程、高超声速和弹道导弹的小目标尺寸这些具有挑战性的问题，还要考虑在太空没有防御飞机时的自然杂波问题。但是弹道导弹会出现在大量的外部诱饵中，有时还伴有其他的由袭击者所发射的用来伴随载人战斗机的对抗措施，这都是弹道防御雷达面临的挑战[13]。这一基础的弹道导弹防御问题，在探测和追踪问题之外，也会转化为目标识别的问题。弹道导弹的紧急预警需求导致了一些不同型号的雷达的出现，这些雷达都具有这种任务功能。

雷达的一个非军用的相关任务是探测和拦截毒品运输。有几种类型的雷达可满足这种需要，包括远程高频超视距雷达[13]。

2）环境遥测

环境遥感的主要应用是气象观测雷达，如 Nexrad 系统，人们经常会在电视天气预报节目中了解到。雷达在环境遥测方面的典型应用有：垂直方向风廓线雷达，判定作为海拔函数的风速和风向，它通过探测空气中非常微弱的雷达回波完成以上任务；位于机场周围的终端多普勒气象雷达（TDWR）系统，可以对危险风切变进行预警（风切变由所谓干燥气流气象效应导致，常伴有严重暴风雨）；在小型和大型飞机前端常有特殊设计的气象规避雷达，能够对飞行中的危险或不适航天气进行预警。另一种成功的遥感雷达是星载高度计雷达，它以非常高的精度测量全球范围的水准面（平均海面高度，在全球不尽相同）。过去曾尝试用雷达来判定土壤湿度和评估农作物状况，但是由于不能提供足够的精度而限制了其应用。此外，星载或机载成像雷达被用来帮助船只在覆盖冰层的北极海域进行有效的导航，因为雷达系统能帮助识别船只容易穿透的冰层类型[13]。

3）空中交通管制

雷达能有效、高效、安全地控制航空交通，使现代航空运输更加安全。大型机场使用机场监控雷达，不但能观察到机场周围的空中交通状况，还能为附近地区提供气象资料，使飞机避开恶劣天气。大型机场通过安装了机场地表探测装置（ASDE）的雷达，能够在地面上对航空器和机场的交通状况进行观测和安全控制；在各机场间的航线上，通常采用已部署的航空航线路监控雷达（ARSR）[14]。ATCRBS 是一种与雷达相似的技术，可以用于识别飞行中的飞机，但 ATCRBS 不是雷达。

4）其他领域

随着雷达技术的发展，雷达除在军事、环境遥测、空中管制等领域的应用外，在其他领域的应用也越来越广泛。雷达一种很重大的应用（提供任何别的方法无法获得的信息）是对行星金星表面的探索，其使用一部能穿透永远遮蔽金星表面云层的成像雷达。目前使用最广泛且成本较低的民用海用雷达，在世界范围内用于对舰船的安全导航。高速交警通过 CW 多普勒雷达来检测车速，而车载毫米波雷达在汽车测距中也得到了广泛的应用。探地雷达被用来发现埋在地下的城市市政管道，同时警方也可以用来发现埋藏的东西和遗体，而雷达也能检测到气体冒出来的位置。此外，雷达还可以帮助鸟类学家和昆虫学者更好地了解鸟类和昆虫的迁移情况[13]。

本章参考文献

[1] 刘国康,郑建煌.浅析海上风电对船舶交通管理系统的影响[J].中国水运(下半月).2018,18(07):29-30.
[2] 张锡熊.雷达发展中的几个主要问题[J].电子学报,1963,2(04):1-29.
[3] 杨前雨.异构无线网络规划[D].南京:南京大学,2014.
[4] 钱彬.井下环境中透地通信技术的研究[D].秦皇岛:燕山大学,2012.
[5] M. I. SKOLNIK,黄培康.雷达发展五十年[J].系统工程与电子技术.1985,8(12):1-21.
[6] 刘强,赵兴国.超小型高灵敏电磁继电器的设计[J].机电元件,2006,26(02):20-22.
[7] 袁孝康.星载合成孔径雷达的原理、组成和性能[J].上海航天,1997,14(01):49-55.
[8] 裘磊.机载合成孔径雷达成像及定位[D].西安:西安电子科技大学,2006.
[9] 田战省.影响人类进程的100个科学发明[M].西安:陕西科学技术出版社,2005.
[10] 盛鹏峰.机场净空区无人机入侵防范关键技术分析[J].中国民航飞行学院学报,2017,28(06):5-9.
[11] 李耐和.军事电子技术现状与展望[J].电子设计应用,2009,7(05):49-52.
[12] 美什科尔尼克.雷达系统的介绍[M].纽约:麦格劳希尔公司数字工程图书馆.2001.
[13] 刘娜.回旋行波管相位特性研究[D].成都:电子科技大学,2017.
[14] 王继学.星载合成孔径雷达天线的现状与发展[J].上海航天,2001,18(06):50-57.

第2章 毫米波雷达测量原理及应用

2.1 概述

微波是一种在300MHz～300GHz之间的电磁波,其波长在1mm～1m之间。微波的频率高于普通的无线电波,又被称作“超高频段”。

微波雷达是一种工作于微波波段的雷达装置。微波雷达在通信、自动驾驶、卫星遥感、航天、医学成像、安全设备、国防工业和微型变形监测等方面得到了广泛的应用。在土木工程中,结构的微形变检测,特别是桥梁的挠度检测,历来是业界关注的焦点和难点。基于此,目前已有许多学者基于卫星SAR的变形监测技术,对地面SAR进行了深入的研究。SAR干涉测量技术在星载、机载平台、地基雷达等领域得到了广泛的应用。与星载InSAR相比,地面SAR成像雷达与星载InSAR的基本原理是一样的,它可以在几分钟之内获得一个探测范围的高空间分辨率,从而解决了卫星数据采集的实时性差(需要一定的寻访周期),从而能够对变形区进行持续地监测。

此外,由于地基干涉雷达测量距离远、测量精度高、非接触测量、全天候、抗干扰能力强以及实时动态采集等优点,可以很好地解决目前常规检测、监测技术存在的问题。由于其“非接触”“实时性”等优点,已逐渐成为人们对高层建筑、桥梁等进行非接触监测的重要方法[1,2]。

第一套商业地基雷达是佛罗伦萨大学与IDS合作开发并成功制造的干涉成像测量系统。IBIS是目前国外最具代表性的微波测量变形产品,主要有IBIS-S、IBIS-L和IBIS-M。IBIS的IBIS-M测试系统是专为煤矿斜坡沉降监测而开发的,该系统具有专用的预警功能,可以提前对滑坡、崩塌等事故进行预警。IBIS-L与IBIS-S技术已经被广泛应用于桥梁、建筑变形监测、滑坡监测、冰川监测等领域。在桥梁监测应用中,IBIS-S系统是一种主要的技术手段,它能够对桥梁进行高频率的动态监测[3]。IBIS是一种利用微波干涉技术进行变形检测的方法,它所测量的变形是沿视线方向的变形,从而可以直接获取结构的动态变形过程,而传统的速度、加速度数据等数据,则要对其进行积分才能得到结构动态变形曲线。IBIS测量系统具有非接触、远距离、实时动态的特点,能够采集到传统接触式测量设备无法得到的桥塔等高耸建筑物的动态变形信息。

在过去的十几年中,国内外学者在IBIS系统的基础上进行了很多应用研究。采用IBIS-S系统卡梅洛·甘蒂尔等人进行了桥梁变形的测试研究[4]。Sabine Rödelsperger等利用IBIS-L系统产生的数字高程模型,在德国迪伯格矿区进行了变形测试。卡梅洛·甘蒂尔和托马斯·奥韦科等人将IBIS-S技术用于斜拉桥和高层建筑的变形监测与验证。Dei通过对回波信号幅值和相位信息的综合处理,对桥梁弯曲变形的监测进行了研究[5]。在我国,刁建鹏等人在CCTV新的台址上使用IBIS-S技术,对其准确性进行了检验。孙恒、何宁、黄声享等人使用IBIS-S地基干涉雷达对不同桥梁进行了动态监测和静态检测,并与GPS、全站仪、加速度计、

GPS 的测量数据进行了比较[6]。徐进军根据仪器的线性扫描特性,提出了一种新的大跨径桥梁线型检测方法,并将其应用于某长江大桥的现场测试[7]。

上述的微波雷达应用研究主要是以 IBIS 系统雷达产品为基础进行的,IBIS 系统主要是利用步进频率连续波技术(Stepped Frequency Continuous Waveform,SFCW)技术和干涉测量技术进行的。在技术发展的今天,调频连续波技术(FMCW)逐步取代了 SFCW 技术。

毫米波雷达,是一种工作在毫米波段的雷达。通常,毫米波是在 30～300GHz 的频率范围内(波长为 1～10mm)的电磁波[8]。为了提高检测精度,毫米波雷达逐步引入了技术更为先进的线性调频连续波(Linear Frequency Modulation Continuous Wave,LFMCW)技术。

2.2 雷达信号调制技术

毫米波雷达在微变形测试中主要采用步进频率连续波和线性调频连续波两种调频技术[9]。意大利 IDS 公司的 IBIS 系统采用步进频率连续波调频技术,国外和国内一些厂家的微波雷达或毫米波雷达则采用线性调频连续波调频技术[10]。

2.2.1 步进频率连续波

利用步进频率连续波和微波干涉技术,可以获得高时空分辨率、高精度的视线方向的一维形变图[3]。在微波测量中,为了达到更高的测距精度,同时减小了对发射设备的要求,IBIS 系统采用了步进频率连续波信号调频技术[11]。步进频率连续波信号是一种由 N 个相继的频率序列组成的信号,它是根据 Δf 的步长而改变的,在图 2.2-1 中可以看出,该信号具有一定的阶梯式变化。

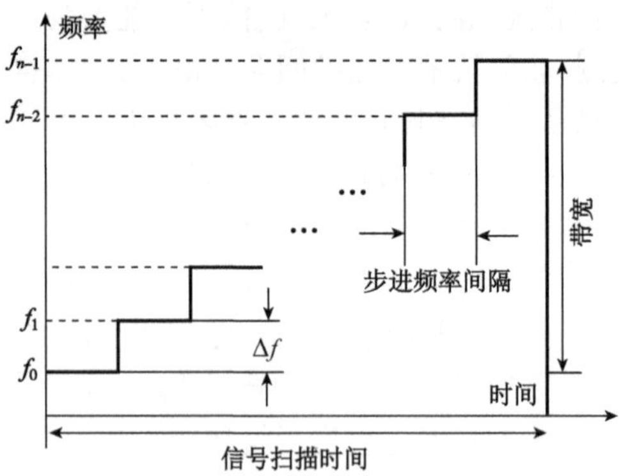

图 2.2-1　步进频率连续波信号体制

IBIS 系统干涉雷达传感器内部的矢量网络分析仪能够产生稳定的 SFCW 信号[12]。该信号实际上是以一定频变步长连续变化的 N 个正弦(或余弦)信号序列。发射信号 $p(t)$ 的数学表达式如下[13]:

$$p(t)=\sum_{i=0}^{N-1}e^{j2\pi(f_0+i\Delta f)}\cdot \mathrm{rect}\left(\frac{t-\frac{T_\mathrm{d}}{2}-iT_\mathrm{d}}{T_\mathrm{d}}\right) \tag{2.2-1}$$

式中:f_0——起始频率;

Δf——频变步长;

T_d——每个频率的持续时间。

经正交混频器零差检波、低通滤波、频域采样和快速傅立叶逆变换等处理,得到合成的时域响应:

$$\hat{s}(t)=\Gamma B\frac{\sin[\pi B(t-\tau)]}{\pi B(t-\tau)}\cdot e^{j2\pi f_\mathrm{c}(t-\tau)} \tag{2.2-2}$$

式中：B——发射信号带宽；

f_c——波形中心频率；

Γ——目标反射系数；

τ——回波信号时间延迟。

SFCW 雷达通过数字信号处理技术得到一串窄频为中心频率的 sinc 函数(辛格函数)来合成脉冲信号响应，实现了一维距离向的高分辨率。其距离向分辨率由合成脉冲或 SFCW 发射信号的带宽决定[13]：

$$\Delta R = \frac{c}{2N\Delta f} = \frac{c}{2B} \tag{2.2-3}$$

式中：ΔR——距离向分辨率；

Δf——频变步长；

B——发射信号带宽：

c——光速。

从上式可以看出，雷达采用步进频率连续波信号的方式保证了较高的距离向分辨率，而且距离分辨率 ΔR 只和系统带宽 B 有关，和目标距离无关[14]。

IBIS 系统带宽一般采用 0.3GHz，通过公式可以算得距离向分辨率为 0.5m。

通过 SFCW 技术可以得到一维切面图，称为距离向切面图。在这个切面上，按照距离向分辨率(0.5m)进行分割，可得到距离向的分割单元[15,16]。在测量时，IBIS-S 探测沿着建筑物所有点的位移，就好像是在其上每隔 50cm 安装了一个传感器，如图 2.2-2 所示。

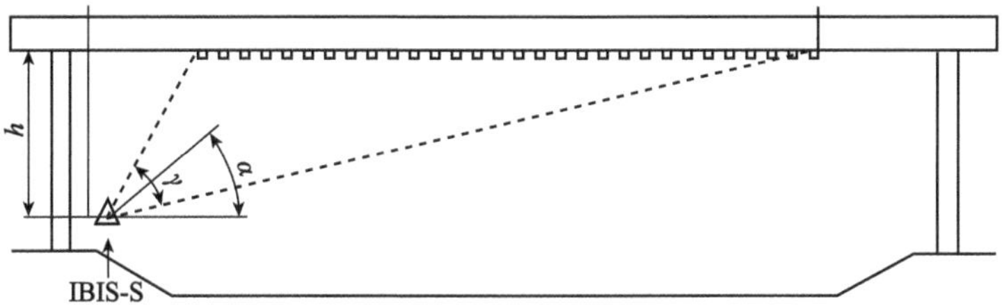

图 2.2-2 IBIS 系统测量范围示意

2.2.2 线性调频连续波

毫米波雷达测距原理——雷达与目标的距离是通过探测回波延时计算出来的；测速的原理是通过检测目标运动所产生的多普勒频移(doplertransfer)来计算速度。IBIS 系统采用的脉冲雷达原理，利用步进频率连续波、微波干涉两项关键的技术实现微变形的测量，但由于脉冲雷达自身的限制和调频连续波(FMCW)的诸多优势，国外和国内一些毫米波雷达逐渐采用更先进的 FMCW 雷达信号体制。

毫米波雷达采用 LFMCW 信号体制，雷达发射信号为线性锯齿扫频信号，反射回波信号也为线性锯齿信号，见图 2.2-3。

从图 2.2-3 中，我们看到，除了在各个时间点的工作频率不同外，雷达的发射信号和雷达回波的形式基本上是一致的。类似于“多普勒-脉冲”雷达的测距基本原理，目标反射回波会有一定的延时，但线性调频连续波(LFMCW)信号系统不再使用极易出错的数据——时间差来测距,而是使用易于计算的频率差来计算距离。雷达发射频率的变化已知,即按一定速度由低到高的频率差和单向不停地扫测,图中“锯齿”形频率发生变化。

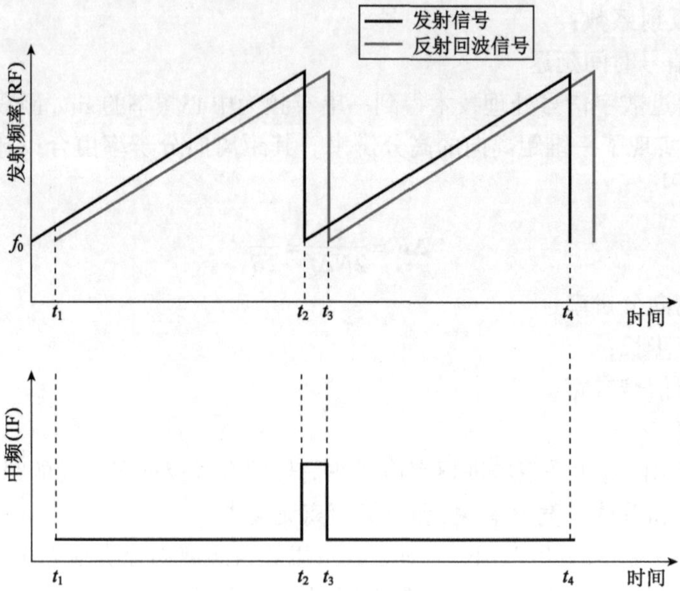

图 2.2-3　LFMCW 信号及回波信号示意图

线性调频连续波(LFMCW)雷达发射信号为线性锯齿扫频信号,其信号发送频率 $f(t)$ 及幅度归一化表达式 $S_T(t)$ 为[17]:

$$f(t)=f_0-\frac{B}{2}+\frac{BT}{T},0\leqslant t<T \tag{2.2-4}$$

$$S_T(t)=\cos\{2\pi f(t)t+\varphi_T\},0\leqslant t<T \tag{2.2-5}$$

式中:f_0——发射信号的中心频率;

B——信号带宽;

T——周期;

φ_T——发射信号的相位。

假设雷达与目标物间的距离为 r,则反射波信号相对发射信号的时延为 $t_d=\frac{2r}{c}$,反射信号采用幅度归一化后可表达为:

$$S_R(t)=\cos\left\{2\pi\left(f_0-\frac{B}{2}\right)(t-t_d)+\frac{2\pi B(t-t_d)^2}{2}+\varphi_R\right\},t_d\leqslant t<T \tag{2.2-6}$$

式中:φ_R——反射信号相位。

对式(2.2-2)、式(2.2-3)求零中频差频信号,略去t_d的高次项[19],得到:

$$S(t)=\cos\left\{2\pi\left(f_0-\frac{B}{2}\right)+\frac{4\pi Btt_d}{T}+\varphi_T-\varphi_R\right\},t_d\leqslant t<T \tag{2.2-7}$$

从上式可以看出,频率为正比于目标距离 r 的单频信号,其频谱在该频点处存在峰值,可求得此峰值频点为 $f=\frac{4Br}{cT}$,所以目标距离可计算为[19]:

$$r = \frac{fcT}{4B} \tag{2.2-8}$$

目标监测点与雷达间的距离特征确定后,可通过相位干涉技术进一步获得目标点的位移变化;通过计算比较目标点在不同时刻回波的相位信息,可估算目标点的位移[17]。

2.3 雷达干涉测量

微波干涉测量是由托马斯·杨提出的一种双缝干涉法,在200多年的发展过程中得到了广泛的应用。微波干涉测量技术的成功运用,大大提高了微波遥感的测量精度。采用干涉技术可以准确地检测目标的位移,这种方法主要是利用雷达的相位改变来完成。每次测量时,传感器都包含了幅度和相位两个方面的信息。雷达首次发射、接收后,得到了目标的位置及相位信息。在此基础上,对目标进行了第二次发射与接收,得到了目标第二次测量时的位置和相位信息,并利用它的相位差来确定目标准确的位移变化量[2],如图2.3-1所示。

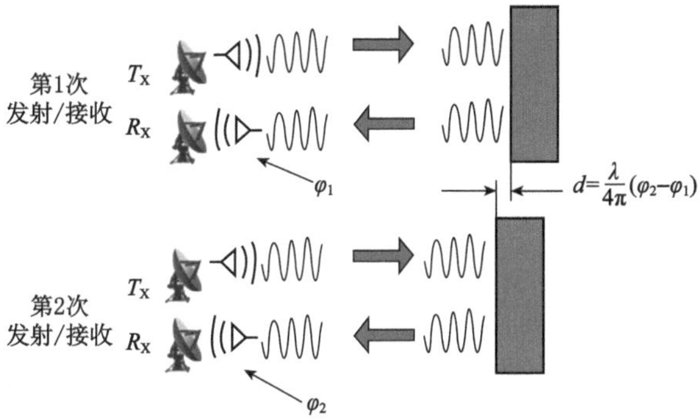

图2.3-1　雷达干涉测量原理示意图

雷达传感器对监测目标区域进行连续动态的采集,通过相邻采样信号间的干涉测量来计算提取形变相位,进而计算形变量[20]。雷达视线向(Light of Sight,LOS)的形变量 d_{los} 与形变相位 $\Delta\phi$ 满足以下关系[13]:

$$d_{los} = -\left(\frac{\lambda}{4\pi}\right)\Delta\phi \tag{2.3-1}$$

式中:d_{los}——雷达视线方向上的变形量;

λ——雷达电磁波的波长;

$\Delta\phi$——两次测量形变的相位差。

则毫米波雷达对目标形变的灵敏度可以表示为:

$$\frac{\delta\Delta\phi}{\delta d_{los}} = -\frac{4\pi}{\lambda} \tag{2.3-2}$$

一般情况下,地基干涉雷达系统较容易探测到目标区域内结构目标点亚毫米级的形变量,在500m的测量范围内雷达视场较好的情况下,能够达到0.01mm的形变监测精度[21]。

2.4 合成孔径雷达(SAR)技术

SAR技术是通过将小尺度的实际天线孔径与目标的相对运动进行数据处理,从而形成具有更大等效孔径的雷达[22,23]。SAR具有高的空间分辨能力,能够全天候工作,能对伪装和掩盖物进行有效地识别[23,24]。IBIS系统中,为提高角分辨率,利用SAR技术,在不改变原有的雷达天线的前提下,极大地提高了角分辨率。IBIS-L型雷达装备有一条2m长的线状扫描器轨道,通过计算机控制,该雷达可以沿轨道直线移动,从而从多个方向不断向雷达发送电磁波。从理论上讲,IBIS-L 的角分辨率可达 4.5mrad。在横向上,角分辨率与横向分辨率之间的关系是:横向分辨率 = 角分辨率 × 距离。因此,利用雷达的距离向分辨率和角度向分辨率,将监控区域划分为若干个像素,获取每个像素的运动数据,并将这些数据融合在一起。由于雷达获取的只是一维图像,雷达测试的形变量为雷达视线方向的形变量,对于 IBIS 系统而言,在雷达波束角范围内形成了以距离向为 0.5m、横向角度分辨率为一个像素的形变单元。因此在雷达进行检测或监测的扇形范围内形成了距离向为 0.5m、角度分辨率为 4.5mrad 的大量的分割像素单位,雷达可以对每个分割单元的形变量进行测试,见图 2.4-1。

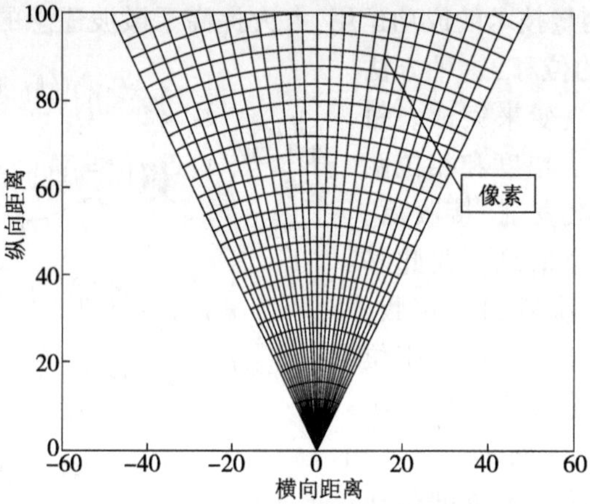

图 2.4-1 IBIS-L 空间分辨率示意图(单位:m)

对于国内主流 200MHz 或 300MHz 带宽的毫米波雷达(图 2.4-2),电磁波的工作频率为 24GHz,雷达距离向分辨率为 0.5m 或 0.75m,波束角的范围为 15°。

图 2.4-2 毫米波雷达挠度检测仪

该产品也在其波束角 15°范围内形成了以距离向为 0.75m 或 0.5m,横向以最小角度分辨率为形变单位的大量分割检测单元。只要目标体满足雷达能识别的最小距离向分辨率和角度分辨率的条件,在扇形检测区域雷达能实现对多目标形变量的同步测试。

2.5 毫米波雷达的应用

毫米波雷达在各种弹头、末制导炮弹、迫击炮、末敏子母弹等方面均有广泛的运用，如美国联邦军队的爱国者 PAC-3 导弹，正是专门为拦截弹道导弹和巡航导弹而设计的。

毫米波波段是电磁波波谱中的一段，一般把波长在 1 ~ 10mm 的波段称为毫米波，是微波与远红外线之间的一种具有两个波段性质的波段，毫米波的原理和技术是从微波延伸到高频，从光波发展到低频[25]。

毫米波雷达是一种工作于毫米波段的雷达，它可以实现对目标的距离、速度和变形的测试。毫米波雷达的测距原理与一般的雷达相似，它是利用雷达设备发射电磁波，再利用天线接收目标的回波，然后再利用接收与发射信号的时间差，来判断雷达与目标之间的距离[26,27]。毫米波是指一个位于毫米波和光波之间的频段，它兼具了微波与光的双重优势[27]。毫米波导引头与厘米波导引头相比，体积小、质量轻，具有较高的空间解析力[27,28]。

毫米波雷达，是一类精密的检测目标相对位置、相对速度和方向的传感器。随着毫米波雷达科技的进一步发展，毫米波雷达在车辆电子、无人机、智慧交通以及结构物变形检测等方面得到了广泛的应用。

毫米波雷达的特性如下：

(1)毫米波波段的频带极宽，毫米波雷达应用所利用的 35G、94G 这两个大气窗口中可利用带宽分别为 16G 和 23G。

(2)毫米波雷达的小型化天线能够获得很好的定向、高空间分辨率的窄波束。

(3)毫米波段多普勒频带宽，多普勒效应显著，多普勒分辨率高，速度测量精度高。

(4)毫米波雷达的测距波段的跟踪能力较强，不会受到地面干扰和多径干扰。

(5)毫米波的散射特征对物体的形貌特征非常敏感，从而可以改善多个目标的分辨率和识别性能。

(6)由于毫米波雷达是以窄波束发射的，所以它的拦截性能很低，其抗干扰能力很强。

(7)毫米波雷达在一定程度上具有反隐身功能[30]。

(8)毫米波具有较强穿透能力，能穿透烟、灰尘、雾和一些非金属材料，具有全天候工作的性能。

毫米波雷达测距的优势：

1)精度高、抗干扰性强

毫米波导引头相对于微波技术的导引头，体积小，质量轻，具有更高的空间清晰度。当毫米波雷达的天线接收孔径相同时，由于其波束(通常是毫弧度)较窄，可提高雷达的角度分辨率和角度精度，对于解决电子干扰、杂波干扰、多径干扰等问题也有较大的帮助。

2)全天候、全天时

与红外、激光、电视等光学导引头比较，毫米波导头能够穿透烟雾、烟雾和灰尘，并能穿透绳索等材料，而且它还具备全天候(除了下雨)的特性[28,31,32]。

3)高分辨、多目标

由于工作频率高,可以得到吉赫量级的大信号带宽以及多普勒频移[33]。大带宽对距离分辨率的测量精度是有利的,而大多普勒频移则可以改善对速度的分辨能力,并可以对目标的细节特性进行分析。由于毫米波雷达可以对微小的物体进行识别,而且可以对多个目标进行一次识别,所以它在空间上的分辨率和成像性能都很好。

4)高频率、低功率

具有更高的发射频率,更低的发射功率。

5)多参数测试

采用FMCW,可同时测试距离和速度多个目标,毫米波雷达可对波束角范围内多个目标进行变形测试。

6)距离远、实时性高

毫米波雷达测量距离远,变形测距最大可达3~5km,同时具有极强的实时性。

车载毫米波雷达的检测原理是利用雷达天线发射毫米波,由接收天线将车身周边的目标反射回波信号进行检测,经过处理后能够迅速、精确地获得车辆周边的物理环境(例如车辆与其他物体的相对距离、速度、角度、方向等)[34]。基于检测到的车辆周边物体的特征,对目标进行跟踪、分类,并将其与车身的运动特征相结合,最后由ECU(Central Center Unit)进行预警与智能决策。在经过合理地判断后,通过声、光、触觉等多种方式向驾驶员发出警示,或适时主动介入车辆,保障行车安全,降低事故的发生。作为智能汽车的重要组成部分,毫米波雷达传感器将成为未来无人驾驶系统的重要组成部分,它可以在0~200m的范围内对周围环境物体的距离、速度、方位等进行实时检测。

本章参考文献

[1] 金旭辉,汪森,华远峰,等.微波干涉测量技术及其在桥梁变形观测中的应用[J].现代测绘,2013,36(06):3-5+9.

[2] 郑煌鑫,黄光铃,陈政,等.基于地基雷达的高层建筑微变形监测数据分析方法综述[J].福建建设科技,2020,35(6):19-22.

[3] 刘春,程起军,李俊义,等.基于地基干涉雷达的大型桥梁动态挠度监测与分析[J].工程勘察,2017,45(01):53-58.

[4] MATERIALS N J. Radar-based measurement of deflections on bridges and large structures: radar techniques and static tests [J]. Materials & Structures,2008, 507-517.

[5] Dei D, Pieraccini M, Fratini M, et al. Detection of vertical bending and torsional movements of a bridge using a coherent radar[J]. Ndt & E International, 2009, 42(8): 741-747.

[6] 孙恒,董杰.IBIS-S遥测系统在桥梁变形监测中的应用研究[J].工程勘察,2013,41(08):79-82.

[7] 徐进军,廖骅,韩达光,等.大跨度桥梁桥面线形测量新方法[J].测绘通报,2016,62(01):91-94.

[8] 焦萍萍.5G车联网架构及其应用研究[J].软件,2021,042(001):38-70.

[9] 邵泽龙,张祥坤,李迎松,等. 基于微波干涉雷达的悬索桥振动监测[J]. 现代电子技术,2019,42(16):140-143+148.

[10] 肖辉春,周文欣,肖涵. X 波段线性调频连续波雷达低相噪 PLL 源设计[J]. 信息通信,2018,32(03):16-18.

[11] 刁建鹏,黄声享. 地面干涉雷达在建筑变形监测中的应用[J]. 测绘通报,2009,55(09):45-47.

[12] 张麟兮. 雷达目标散射特性测试与成像诊断[M]. 北京:中国宇航出版社. 2009.

[13] 徐亚明,王鹏,周校,等. 地基干涉雷达 IBIS-S 桥梁动态形变监测研究[J]. 武汉大学学报(信息科学版),2013,38(07):845-849.

[14] 希尔艾力·艾尔肯,黄其欢,马合木江·艾合买提,等. IBIS-S 变形监测信号静杂波相位分量去除方法研究[J]. 工程勘察,2017,45(11):49-52.

[15] 杨超斌. IBIS-FS 监测系统在结构监测领域应用研究[J]. 上海公路,2018,37(S1):41-44.

[16] 隆华平. 利用地基干涉雷达 IBIS-FL 监测露天矿边坡形变研究[J]. 工程勘察,2014,42(11):68-73.

[17] 糜江,王辉. 基于调频连续波雷达的桥梁微形变监测系统研究[J]. 公路交通科技(应用技术版),2015,11(12):43-46.

[18] 刘晓龙,宋伟东,张永红,等. 应用雷达干涉技术的交通设施形变监测研究[J]. 测绘科学,2016,41(01):28-32.

[19] 刘宝,刘军民. FMCW 雷达快速高精度测距算法[J]. 电子测量与仪器学报,2001,15(03):41-45.

[20] 尹宏杰. 基于 InSAR 的矿区地表形变监测研究[D]. 长沙:中南大学,2009.

[21] PIERACCINI M,FRATINI M,PARRINI F. High-speed CW step-frequency coherent radar for dynamic monitoring of civil engineering structures [J]. Electronics Letters,2004, 40(14):907-908.

[22] 何宁, 齐跃, 何斌, 等. 地表微变形远程监测雷达在大坝监测中的应用[J]. 中国水利,2009,60(08):46-47.

[23] 刘逸,慕彩红,刘敬. 结合邻域信息粒子群聚类用于 SAR 图像变化检测[J]. 西安电子科技大学学报,2015,42(01):187-193.

[24] 谭显裕. 合成孔径雷达的特点及其军用探测研究[J]. 航天电子对抗,2002,18(01):31-35.

[25] 汤海云. 一种毫米波电缆组件:CN211743509U[P]. 2020-10-23.

[26] 周学松. 地下目标无损探测技术[M]. 北京:国防工业出版社,2005.

[27] 祝彬. 国外毫米波雷达制导技术的发展状况[J]. 中国航天,2007,30(01):40-43.

[28] 李尚生. 毫米波导引头的技术特点及应用前景[J]. 飞航导弹,2000,30(07):58-60.

[29] 赵洵,李艳亭,俞伟,等. 车辆主动紧急制动系统、方法及卡车:CN201810007561. 2. [Z]. 2018. 01. 04.

[30] 杨勇. 基于毫米波阵列雷达的破片速度参数测量技术研究[D]. 长沙:国防科学技术大

学,2011.

[31] 李煜.机场跑道异物检测识别算法与系统设计研究[D].上海:上海交通大学,2012.

[32] 张金明,孙建才.毫米波通信的优势与应用[J].数字通信世界,2020,16(04):95.

[33] 张艳君,陈爱新.Ka 波段高增益圆极化机载微带天线阵的设计与实现[J].航空学报,2010,31(06):1245-1249.

[34] 滕飞.智能驾驶汽车毫米波雷达应用[J].轻型汽车技术.2020,48(8):25-27.

第3章 毫米波雷达索力测试技术

3.1 概述

拉索是斜拉桥、悬索桥和吊杆拱桥中的主要受力部件，在此类桥梁中，拉索的检测是一项非常重要的工作[1,2]。拉索的检测指标主要有：索力、拉索的外观质量、拉索的断丝、腐蚀等。

在役斜拉桥上，索力测试有多种方法，但是由于频率法具有简单、方便、快速、测试设备可重复利用等诸多优点，因而成为目前常用的测试手段[1,2]。所以，成桥拉索、吊杆索力通常是通过频率法进行测试的，根据测试拉索的频率和参数来计算索力。目前常用的频率测量方法是通过环境随机振动法来获取拉索的随机振动曲线，再通过频谱分析得出其基频或频差。现有的随机振动检测方法有：①拾振器振动测试法；②毫米波雷达测试法；③激光振动测试法等。毫米波雷达测试法是一种在各种复杂的测试环境中不需要安装任何传感器和附属装置在拉索和吊杆上的非接触式测试方法，能够完成测量一定波束角度范围内的多根拉索，使测试工作效率大大提高。

3.2 频率法测试索力

由于拉索受到多种外界因素的影响，产生了较小的振动，采用高灵敏度的速度、加速度等测振传感器，或采用毫米波雷达等非接触式测试设备，可以获得拉索的振动时程曲线，并采用相关的数据采集与分析软件分析得出拉索的若干自振频率，并根据索力与自振频率、边界条件、刚度等相关关系计算索力[2,3]。

3.2.1 振动频率法索力测定的基本原理

根据弦振动理论[4]，张紧的斜拉索，其动力平衡方程为[5]：

$$\frac{\omega}{g}\cdot\frac{\partial^2 y}{\partial^2 t}-EI\frac{\partial^4 y}{\partial^4 x}-T\frac{\partial^2 y}{\partial^2 x}=0 \tag{3.2-1}$$

式中：ω——单位索长的重量；

g——重力加速度；

y——垂直于索的长度方向的横向坐标[6]；

t——时间；

x——索的长度方向的纵向坐标；

T——索的张力；

EI——索的抗弯刚度。

如果索的两端是铰接的，方程的解有较简单的形式：

$$T=\frac{4wl^4f_n^2}{n^2g}-\frac{n^2EI\pi^2}{l^2} \tag{3.2-2}$$

式中：l——索长；

f_n——索的第 n 阶频率；

n——振动阶数。

式中右边第二项是拉索抗弯刚度的影响[7]，如不计这一项，索力表达式有如下简单形式[8]：

$$T=\frac{4wl^4f_n^2}{n^2g} \tag{3.2-3}$$

如果索的两端是固结的，或一端固结一端铰接，方程的解的形式都是超越函数[2,6,9]。

由上式可知，对一般细长比极小的拉索，支撑形式对索力的影响不大，可以直接采用上式进行索力计算。对于某一根确定的拉索，计算公式右边的 w、l、g 都是已知值，只要能精确测得 f_n，就可求得索力 T[2,10]。

对于一些特殊的(较粗、不太长)索，一般不能直接用公式计算，要采取另外的计算方法求索力，当然频率还是要求能精确测得。

总之，精确测定拉索的振动基频或频差等参数是能够利用频率法得到索力的关键一步。

3.2.2 振动频率法索力测定存在的一些缺陷

振动频率法测索力由于其设备可重复使用，而且其使用的仪器体积较小，便于携带，测量结果也较为准确，所以成为既有桥梁拉索索力最常用的测试方法[12,13]。但是频率法测索力有其自己的适用范围，它也存在一些缺陷，主要包括以下几个方面[13]：

(1)由于自重的存在，在实际情况下拉索会产生一定的垂度，而垂度又会对拉索的刚度产生影响，从而会使索力试验的结果产生一定的误差。

(2)虽然现在的索力仪在测量索力中都没有考虑拉索刚度的作用，但实际桥梁拉索中却存在着相应的抗弯刚度。尤其是在对短索的索力测试中，索的抗弯刚度对索力结果产生的影响作用将无法忽视，甚至包括对悬索桥和下承式拱桥的吊杆等刚度影响也将无法忽视。

(3)现阶段拉索的索力计算公式，所使用的边界条件不是固支就是简支，但是拉索具体的边界条件比较复杂，不是纯粹的简支或固支，而是介于简支和固支之间的复合边界[13]。

(4)现在绝大部分拉索均安装有减振器或阻尼器，使拉索的振动频率大幅提高，这就造成了用振动法测量的索力产生了过大的误差。

3.3 毫米波雷达测试索力

彭庆添等人发现，当拉索在基频振动时，拉索的最大振幅出现在拉索的中部，若拉索以高阶频率振动最大振幅则会出现在拉索的端部[14]。但一般拉索都比较长，中间部分比较高，要将传感器固定在拉索的中部并不容易，所以一般情况会把传感器安装在靠近桥面的一端，因此所收集到的频率几乎均是高阶频率，低阶的成分很少[12]。而用一阶基频计算索力就比较困难了，常用的方法是用测量到的高次谐振峰来估算拉索的基频，估算的拉索基频往往和拉索的真实基频有一定的差异，从而导致索力计算值出现很大的误差，从而影响了对试验结果的评估。

毫米波雷达是以干涉测量为基础，对拉索索力进行测量的一种非接触测量技术[2]。与其他方法比较，本方法具有以下特点：无须在拉索上设置振动传感器，从而大大提高了工作效率，在雷达波束角范围内，能同时测量10根以上的拉索索力；由于毫米波雷达测试方法属于非接触式测量，所以它能对拉索中部（远离阻尼或边界条件的影响）很方便地进行测试，与传统的接触法比较，能有效地提高检测的精度；采用毫米波雷达测量拉索的振动，可以同时得到索体的振动和位移，这对于较长的拉索的风、雨振研究有一定的价值。

3.3.1　毫米波雷达测试索力的原理

毫米波雷达是一种工作于毫米波波段的雷达，它测量索力的原理也是基于频率法的基本原理。毫米波雷达是以干涉测量为基础，利用电磁辐射的方法对拉索索力进行检测的仪器。在索力测试时，根据目标回波信号与发射信号之间的相位差来测量拉索的振动位移。雷达先将微波信号输入到发射天线（TX），信号遇到拉索索体后反射回来，最终被接收天线（RX）接收，经过信号的数据处理与分析，即可得到此次测量的1个采样复信号，其中包含了信号强度和观测相位值 φ_1。雷达系统持续对辐射场区的拉索索体目标进行采样，假设第2次采样开始时目标发生了形变 Δr，那么雷达得到的第2个采样复信号就包含了相应的信号强度和观测相位值 φ_2[4]。毫米波雷达干涉测量的基本原理见图3.3-1。

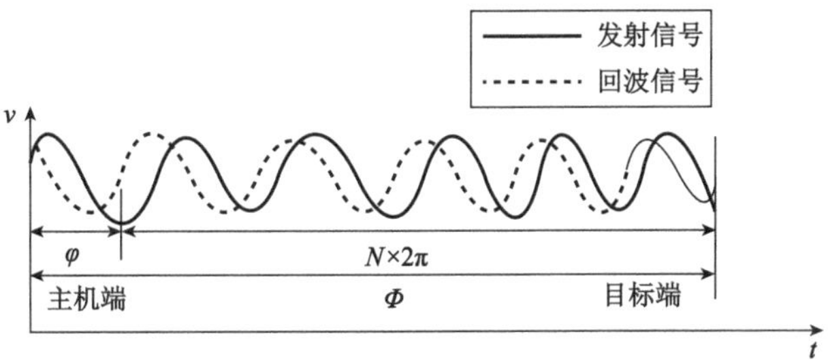

图3.3-1　雷达测试原理图

雷达的形变相位即2个观测相位的差值，计算公式为[4]：

$$\Delta\varphi = \varphi_1 - \varphi_2 = -\frac{4\pi}{\lambda}\Delta r \tag{3.3-1}$$

观测相位和相位差均被规划至区间$[-\pi,\pi)$中，计算角度差时需判断角度所处象限。为了避免频繁判断角度所处象限，通常利用复数的共轭相乘来提取干涉相位，其公式为[15]：

$$\left\{\begin{aligned} &S_1 = A_1 \times e^{j\varphi_1} \\ &S_2 = A_2 \times e^{j\varphi_1} \\ &S_{\mathrm{IF}} = S_1 \times S_2 = A_1 A_2 \times e^{j\Delta\varphi} \end{aligned}\right\} \tag{3.3-2}$$

式中：S——采样复信号；

A、φ——观测信号的强度和观测相位值[4]。

采用干涉测量获得目标的形变量为雷达-目标视线方向上距离的改变，雷达变形测试在视线方向上的精确度可以达到0.01～0.1mm。由于雷达系统在时间和空间上有较高分辨率，利用测试数据可以获得许多连续分辨单元的形变时间序列,可用于分析其振动特性[4]。

进行拉索索力测量时,由雷达设备发出的电磁波,遇到拉索后反射回来,从而获得了相位改变;利用连续发射、反射得出一系列变化相位,由此即可算出拉索的振动位移,再运用数值分析的方法对拉索振动频率时程曲线进行 DFT(离散傅里叶变换)变换,其公式为[4]:

$$x_{\mathrm{a}}(jf) = FT[x_{\mathrm{a}}(t)] = \int_{-\infty}^{\infty} x_{\mathrm{a}}(t)\, e^{-j2\pi ft}\mathrm{d}t \tag{3.3-3}$$

通过离散傅里叶变换(DFT),将时域信号转换为频域信号,得到频域的特征值,从而计算振动频率或倍频特征,进而计算拉索索力。如图 3.3-2、图 3.3-3 所示。

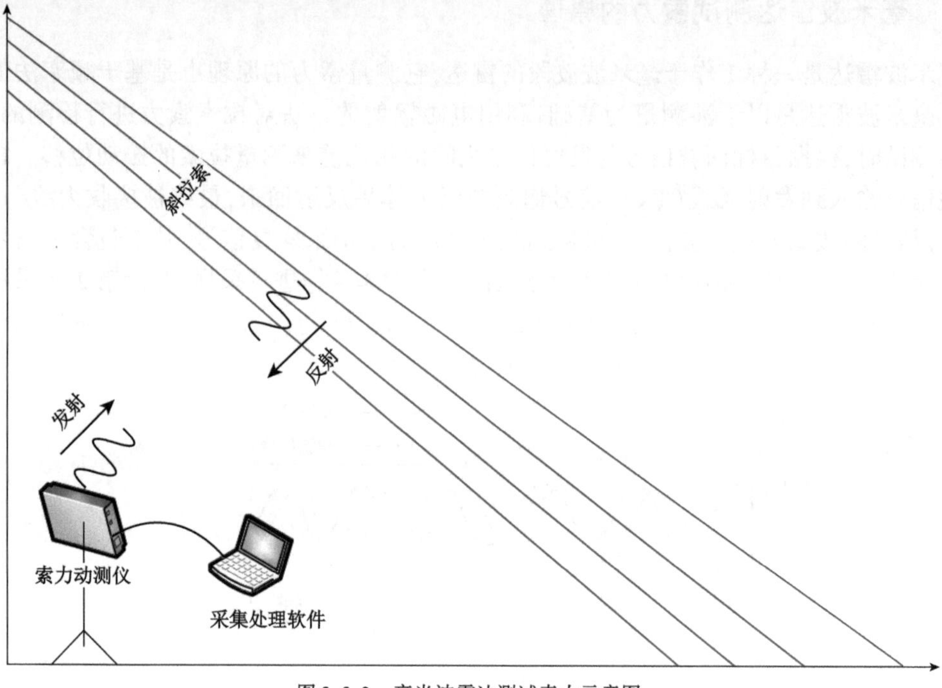

图 3.3-2 毫米波雷达测试索力示意图

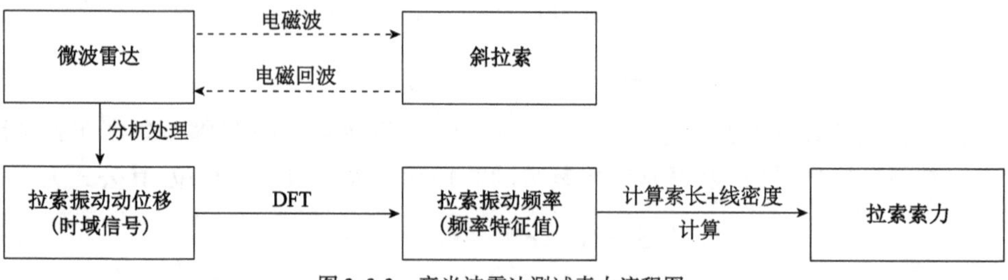

图 3.3-3 毫米波雷达测试索力流程图

3.3.2 毫米波雷达测试索力的方法

毫米波雷达测试索力也是基于频率法的基本原理来实现拉索索力的测量[16]。频率法测试的原理决定了毫米波雷达对短索测试精度相对较低。毫米波雷达测试拉索索力属于非接触式测量,测试时不需要在拉索上安装反射装置;而采用传统的振动法测试索力则需要在拉索上安装速度或加速度传感器。

毫米波雷达测试是利用电磁波的原理,电磁波对于拉索索体反射的信号能量较强,而对于拉索索体护套 HDPE 等材料的信号反射较弱,换句话来说,电磁波可以穿透索体护套而直接反射索体的信号,这也是采用该方法无须在拉索上安设发射装置的主要原因。

电磁波的这种特性也就决定了其能准确测试拉索索体振动的动位移信号,这样就能准确进行频率的分析和提取。因此毫米波雷达测试拉索索力的适用范围较广,其不但能对长索进行测试,也能对相对较短的拉索或吊杆进行测试。当测试拉索索长在 3m 以下,由于极短索受边界条件影响,拉索振动较弱,需要进行激振才能测试。而电磁波能穿透护套,所以只要对短索索体采用合适方法激振,拉索的频率同样可以准确地测试,这就是毫米波雷达的优势所在。

1)索力测试方法

雷达发出的微波在波束角范围内呈扇形分布,在一定距离范围,若有多个测点在扇形区域内即可同时实现对多个测点动位移的测试。对于斜拉桥索力测试时,将毫米波雷达架设在桥面上合适的位置,若有多根拉索位于雷达扇形波束范围内,且测点满足最小分辨率的要求则可以实现对多根拉索索力的同步测试。因此,毫米波雷达测试拉索索力可以实现同时对多根拉索的测量(图 3.3-4),大大提高了拉索索力测试的速度。而振动法要实现多根拉索的测量则需要在多根拉索同时安装加速度传感器才能实现。

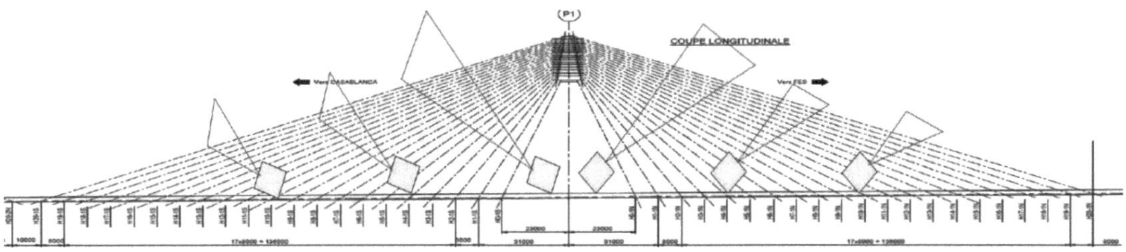

图 3.3-4 斜拉桥拉索索力测试位置示意图

对于系杆拱桥、悬索桥等吊杆索力测试,由于毫米波雷达波束角较小,因此一次测试很难覆盖多根吊杆,测试吊杆索力时通常采用移动雷达对吊杆进行逐根测试。系杆拱桥、悬索桥等桥梁边吊杆通常长度较短,采用振动法测试通常将传感器安装在护套上,由于索体与护套中间存在间隙,振动法在测量时很难得到理想的结果。而毫米波段的电磁波能穿透护套得到索体很强的反射信号,因此毫米波雷达对于短吊杆频率的测量也能得到较为理想的测试结果。通过大量实践表明,当吊杆长度小于 3m 时,由于刚度较大,振动较微弱,采用毫米波雷达测量吊杆索力时需要采用橡皮锤敲击进行激振。

2)索力测试的步骤

采用毫米波雷达进行拉索或吊杆索力测试主要包括以下步骤:

(1)仪器设备的安装

测试时根据拉索或吊杆测试的位置,在桥面选择合适的仪器设备安装位置。在位置确定后安装雷达测试三脚架,在三脚架上安放测试雷达,通过调节装置调节雷达主机使其扇形波束范围覆盖尽量多的拉索。

(2)仪器设备调试

仪器设备安装后将雷达主机通过数据线与采集控制计算机连接,由于雷达主机的功率较小,现场测试采用移动电源进行供电。打开测试控制界面,对整个测试系统进行调试,确保测试信号正常后才能开始测量。

(3)拉索索力测试

在毫米波雷达设备调试好后可以进行拉索索力测试,由于该方法是非接触式测量,测试过程中首先要确定测试拉索与测量信号之间的对应关系。通过测试信号中雷达到索体的距离来确定,现场通过激光测距仪测量雷达到索体的距离。根据雷达扇形辐射波束角的范围,从采集软件采集拉索振动信号的数据来判断测试拉索的根数,分别用激光测距仪测量雷达与拉索索体的距离。毫米波雷达采集信号也能显示雷达与索体的距离,通过与激光测距仪实测距离对比,来确定每个信号对应的拉索编号。如采用毫米波雷达对某斜拉桥拉索测量时可实现同时对7根拉索进行测量,各根拉索发射的电磁波信号如图3.3-5所示,根据图中距离来确定测试拉索与测试信号之间的对应关系。

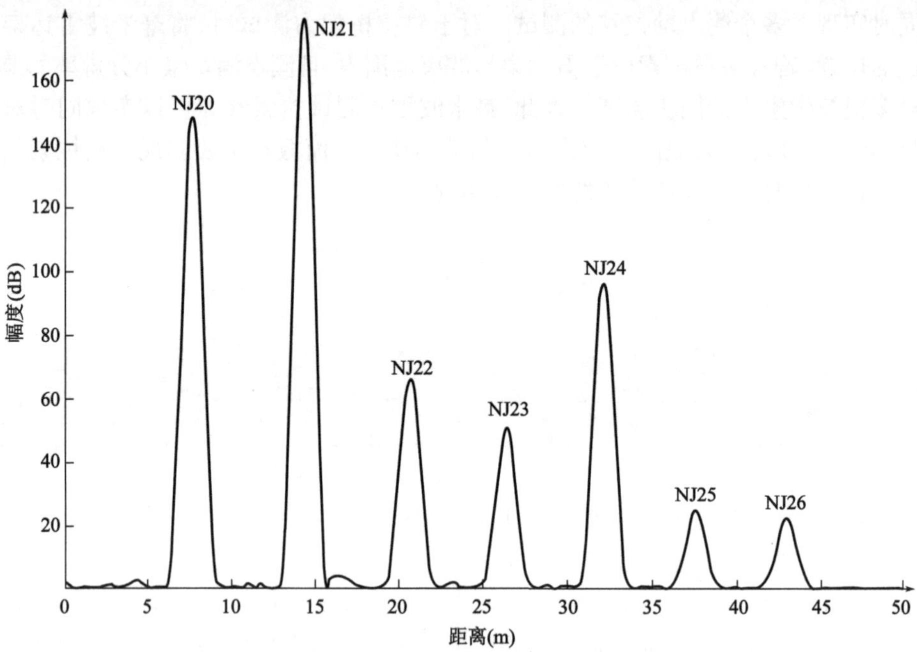

图3.3-5　7根拉索的距离信号

图3.3-5中横坐标表示雷达距离测试拉索的距离,纵坐标为电磁波反射信号的幅度,可以明显看出有7根拉索的电磁波振动幅值信号。

(4)拉索振动的频谱信号

通过对拉索振动动位移信号进行快速傅里叶变换,即可得到拉索的频谱信号。采用毫米波雷达检测设备可以实现对测试信号的频谱分析。图3.3-6为某拉索采用毫米波雷达设备频谱分析的结果,从图中很容易得出准确的拉索振动的基频或频差。

3.3.3　毫米波雷达测试方法的优点

同传统的振动测试相比,毫米波雷达测试拉索索力,由于其具有非接触式测量、全天候、受外界环境干扰小、能穿透拉索护套等特点,在索力测量中具有明显的优势。具体如下:

1)非接触式测量

采用毫米波雷达在测试结构微变形或桥梁挠度时需要安装角反射器,而在测试拉索索力时由于索体金属材料对电磁波反射信号强则不需要安装任何反射装置,因此属于真正意义上的“非接触式”测量。这是毫米波雷达同振动法测试相比最大的优势。

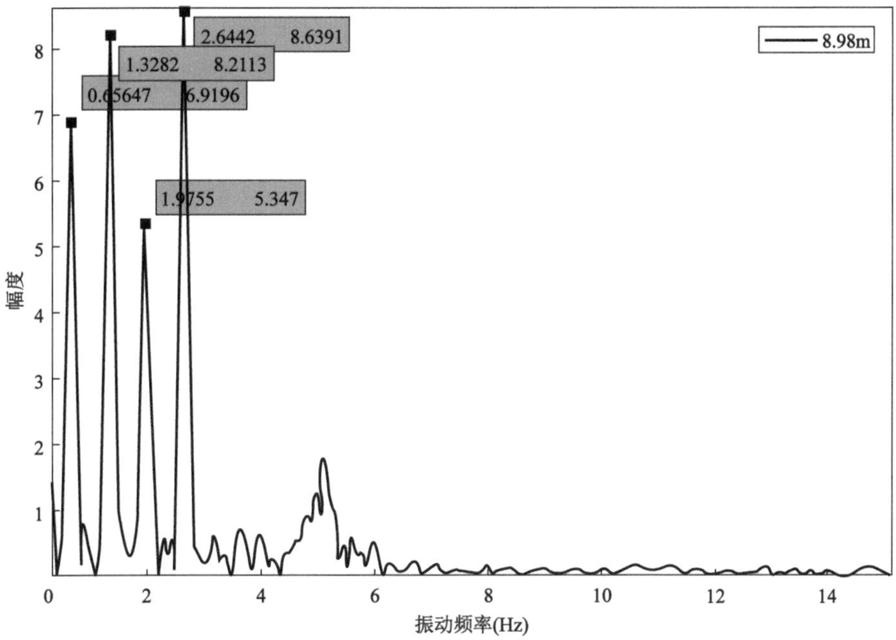

图 3.3-6 拉索的频谱分析结果

2)测量精度高

毫米波雷达能穿透护套直接测试较强的索体反射信号,提高了测试结果的可靠度;同时雷达通过调整角度可以测量拉索受边界条件影响小的索体中间位置;毫米波雷达测试精度高,能够测试短拉索的微小振动。

3)工作效率高

毫米波雷达测试无须安装任何反射装置,能同时实现对多根拉索索力的测量,大大提高了工作效率[18]。在拉索多目标测试时,最多可以实现 1 次完成超过 10 根拉索索力的测量。

4)适用范围广

传统振动法对于短吊杆索力测试,由于受护套的影响,测量效果不理想,毫米波雷达对于短吊杆测量精度较高,在吊杆长度小于 3m 的条件下,通过激振也能取得较为理想的结果。

3.4 毫米波雷达索力测试精度验证

3.4.1 项目概况

某桥梁主桥为四跨连续(37.00m+70.00m+100.00m+56.00m)单索面子母塔预应力混凝土斜拉桥,主塔采用塔、梁、墩固结体系,塔高与中跨长度之比为 0.33,主梁主跨的高跨比为 1/33;子塔采用塔-梁固结结构,索塔高度与中跨长度之比为 0.19[2]。主塔设 11 对斜拉索,子塔每侧设有 4 对斜拉索,拉索材料均采用极限强度为 1860MPa 高强度低松弛环氧钢绞线。桥梁总计30对60根拉索，拉索布设在中央分隔带，拉索的分布情况见图3.4-1。

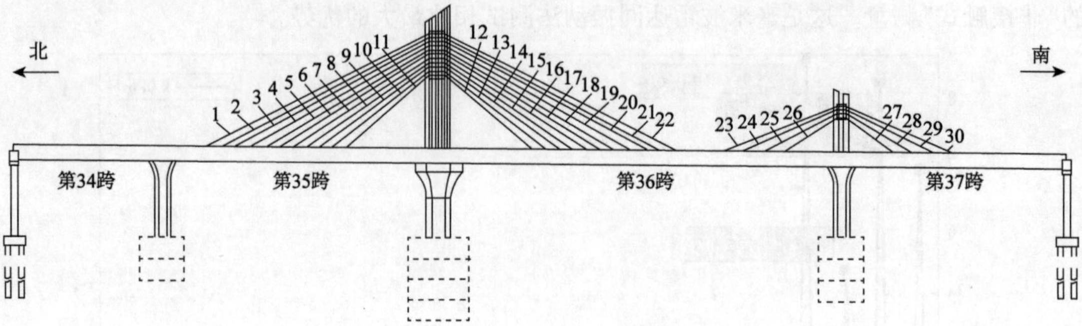

图3.4-1　某桥拉索分布示意图

3.4.2　振动测试法

振动法是一种接触式测量方法，它的工作程序主要有以下几个步骤：首先，通过对拉索的结构进行理论分析，估计出不同的拉索振动频率，并选用适当的速度或加速度传感器，将传感器与缆索连接，并将其固定在拉索的中间(图3.4-2)。第二，把传感器与索力测试仪或振动测试仪相连，对拉索的随机振动进行测试。第三，通过频谱分析得出了拉索的自振频率。由于拉索中心处的基频振动幅值最大，由于受测试条件的限制，难以将传感器置于拉索中部，所以必须对低阶频率的漏频进行判定。如果没有测试到拉索的基频信号，就需要通过前几阶自振频率中相邻阶的频率差值来推算出拉索的基频。

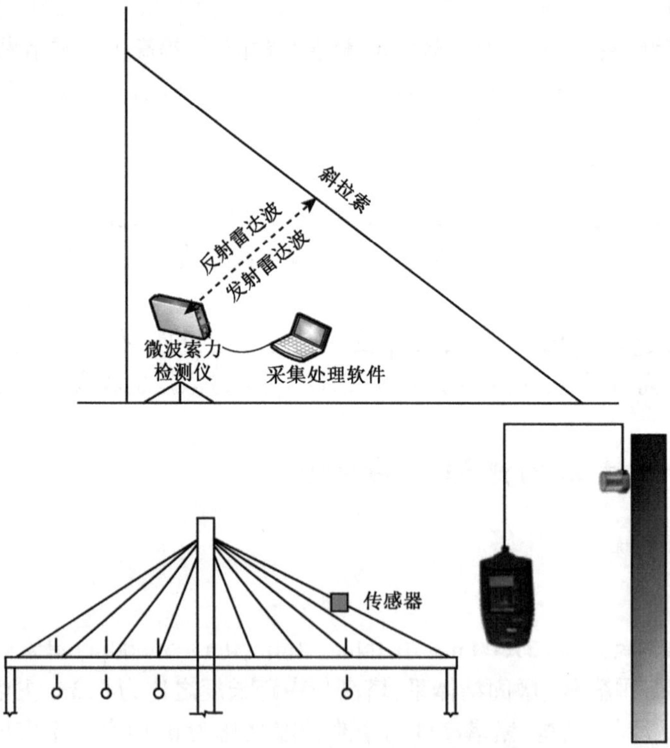

图3.4-2　毫米波雷达与振动法现场测试示意图

3.4.3　毫米波雷达测试法

毫米波雷达法测试索力是一种非接触式测试方法，它的工作程序包括：首先，在桥面合适的范围内稳定地安放毫米波雷达设备，而不需要在拉索上设置任何辅助设备（图 3.4-2）。第二，发送电磁信号，并将雷达的发射、接收天线调节成尽可能与所测量的拉索垂直。第三，接收数据，通过雷达反射回波的信号，雷达会自动记录下每一根拉索的距离、振动幅度，并通过雷达的测距功能，辨识出信号对应的拉索。第四是对数据进行分析，利用毫米波雷达连续发射得到的反射回波信号相位的差值，得到拉索的振动时程曲线，并对斜拉索的时域信号进行频谱分析。

3.4.4　测试结果对比分析

本座桥梁共计测试拉索 60 根，本次选取有代表性的 10 根拉索进行两种测试方法数据的对比，对比结果见表 3.4-1。例如对编号为 R1 的拉索采用东方所的云智慧采集系统与毫米波雷达测试的数据分别进行傅里叶变换，振动法测试得出拉索的基频为 2.25595Hz，毫米波雷达法分析拉索基频为 2.2586Hz，两种方法测试结果一致性较好。其频谱图见图 3.4-3。

两种方法拉索索力测试结果对比表　　　　表 3.4-1

测点编号	振动法基频（Hz）	微波雷达法基频（Hz）	振动法索力 T（kN）	微波雷达法索力 T（kN）	索力偏差率（%）
R1	2.25595	2.2586	6257	6272	-0.24
R2	2.46093	2.45696	6337	6317	0.32
R3	2.66602	2.68587	6247	6341	-1.47
R4	2.80274	2.78507	5711	5639	1.27
R5	3.14453	3.12840	5839	5780	1.03
R6	3.00781	3.05976	2994	3098	-3.37
R7	3.41796	3.37260	2986	2907	2.71
R8	3.82812	3.78460	2814	2751	2.31
R9	4.51171	4.52480	2737	2753	-0.58
R10	5.53710	5.68460	2815	2967	-5.12

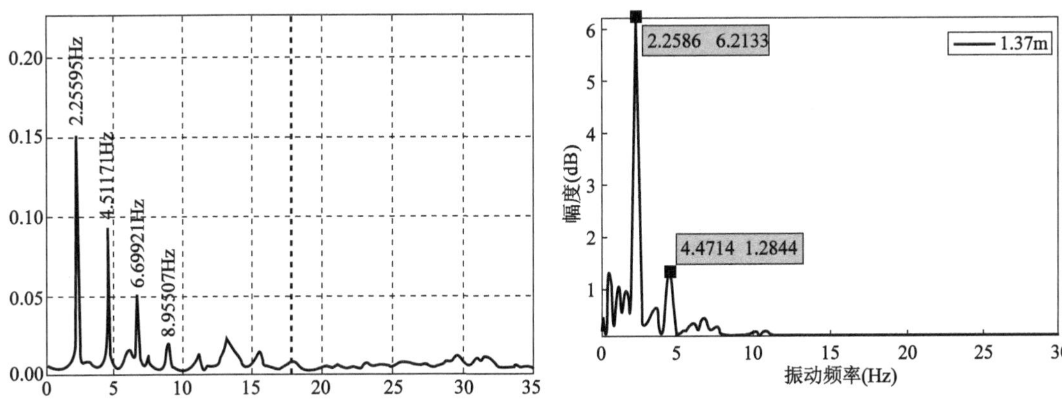

图 3.4-3　振动法与毫米波雷达测试 R1 拉索的频谱图

两种试验方法的索力偏差率为：毫米波雷达法相对于振动法的百分比，即索力偏差率=(毫米波雷达法—振动法)/振动法×100%[2]。根据测试数据的分析可以看出，两种测试方法的频谱分析结果都能很好地反映出拉索的基本频率，测试结果令人满意，经过数据处理分析均能满足桥梁索力的精度要求[2]。对10根拉索采用两种方法实测数据的进行对比分析，最大偏差率为3.37%，全桥60根拉索测试结果偏差在4%以下的总计有56根，表明两种结果测试准确，一致性较好，见图3.4-4[2]。

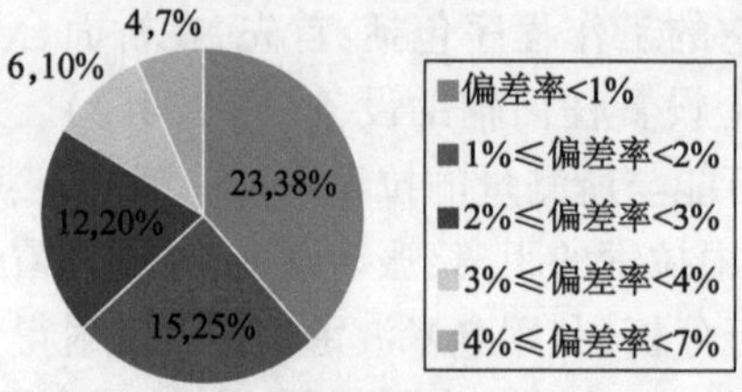

图3.4-4　两种方法测试拉索索力对比饼状图

3.4.5　对比验证结论

通过对该桥采用毫米波雷达和振动法两种方法进行索力测试[19]，比较测试结果，得到了以下结论：

(1)两种不同的测试方法都能用于拉索索力的测试，从而为评估桥梁的健康和安全状况提供了可靠的数据，两种方法的测试结果偏差较小，结论基本一致。

(2)振动法需要人员将传感器安装在拉索中部才能测得准确数据，对操作人员有较高的要求和限制，且会对桥梁正常的交通产生影响，但雷达因其独特的测试原理可采集斜拉索任何部位的信号，不仅操作方便，而且可大幅降低测试误差[2]。

(3)毫米波雷达是一种无线、远程、无损检测技术，它不受天气、场地、斜拉索长度等条件的制约，具有高效、方便、安全、精确等优点，具有较强的工程应用价值。

3.5　安装阻尼器拉索索力测试方法

斜拉索是斜拉桥的关键受力构件，它在静载和活载的双重作用下，拉索把桥面的载荷和重量传递给主要承重结构，由于拉索力的改变，将会对斜拉桥的整体结构和承载能力产生一定的影响，因此，斜拉桥的拉索力是评价其工作状况的一个重要指标[4]。

大跨斜拉桥拉索因风振、风雨激振等原因，很多斜拉桥拉索都采用在桥面与拉索之间设置减震装置[20,21]，以抑制其剧烈振动。但是，拉索在设置外部阻尼器后，会发生振动边界条件的变化[20]，这就等于拉索的索长减少，导致索体的振动频率增加，从而会对频率法测量索力的精度产生一定的影响[4]。

对于安装阻尼器的拉索采用非接触式的毫米波雷达进行索力测试，通过对拉索不同位置进行测试，并与安装阻尼器后的成桥索力进行对比，分析不同测试部位对索力测量的影响程度，给出了频率法进行索力测试的推荐合理位置[4]。

3.5.1　阻尼器对拉索索力测试的影响

斜拉桥在设置阻尼器后，由于拉索的边界条件发生了变化，将其变为拉索-阻尼器体系，导致其动力特性也会发生一定的改变，拉索的自振频率测试也会受到一定的影响，因此采用频率法测量拉索-阻尼器体系的索力时,应对测试的索力进行修正。在《公路桥梁承载能力检测评定规程》(修改版)的征求意见中规定,当成桥资料未包含桥梁施工阶段安装减振器前后拉索的实测频率、且减振器无法拆装时,可根据经验公式确定索力修正系数[4]。

原铁道部马林等对北京市五环某斜拉桥设置减振器前后减振器的振动特性进行了分析,发现在设置减振器后,必须对拉索索长进行修正才能获得比较精确的索力[21]。在斜拉索初张阶段,橡胶阻尼器未安装时,斜拉索的计算长度按两锚固端间的设计长度 L 取用;在安装橡胶阻尼器形成阻尼支点后,斜拉索被分隔成中间长、两边短的三段[22]。受阻尼器安装的影响,斜拉索的固有自振频率将略有提高,实测基频平均提高5%左右。由于索力未发生变化,相当于索的长度被"缩短",因此可通过引入索的等效计算长度概念来修正索力,以保证后续施工阶段索力测试的准确性[22]。马林等得到的索长折减经验公式如下:

$$L' = L - \frac{X_{d1}}{2} - \frac{X_{d2}}{2} \tag{3.5-1}$$

式中:L'——折减后的索长;

L——拉索的设计索长;

$\frac{X_{d1}}{2}$——上端减振器至上端锚固端的距离的一半;

$\frac{X_{d2}}{2}$——下端减振器至下端锚固端的距离的一半。

《公路桥梁承载能力检测评定规程》(JTG/T J21—2011)中针对三种不同情况分别提出了不同的索力修正公式。

(1)当成桥资料包含桥梁施工阶段安装减振器前、后拉索的基频时,实测的拉索索力可按下式修正[23]:

$$T_0 = \left(\frac{f}{f'}\right)^2 T \tag{3.5-2}$$

式中:T_0——现场实测拉索索力修正值(kN);

f——成桥资料中,拉索未安装减振器时拉索的基频;

f'——成桥资料中,拉索安装有减振器时拉索的基频;

T——现场实测安装有减振器的拉索索力时,按照设计索长计算的索力(kN)。

(2)当成桥资料未包含桥梁施工阶段安装减振器前后拉索的实测频率,且减振器便于拆装时,应先解除部分代表性拉索的减振器,通过现场试验确定索力修正系数。实测的拉索索力可按下式修正[23]:

$$T_0 = \left(\frac{f_x}{f'_x}\right)^2 T \tag{3.5-3}$$

式中:T_0——现场实测拉索索力修正值(kN);

f_x——现场实测时,拉索未安装减振器时(即拆除减振器后)拉索的基频;

f'_x——现场实测时,拉索安装有减振器时(即拆除减振器前)拉索的基频;

T——现场实测安装有减振器的拉索索力时,按照设计索长计算的索力(kN)。

(3)当成桥资料未包含桥梁施工阶段安装减振器前后拉索的实测频率,且减振器无法拆装时,可根据经验公式确定索力修正系数。规程中提出了三种索力修正经验公式,现场可根据实际情况选用[23]。

①考虑索长折减的经验公式:

$$T_0 = \left(\frac{L - x_{d1} - x_{d2}}{L}\right)^2 T \tag{3.5-4}$$

式中:T_0——现场实测拉索索力修正值(kN);

T——现场实测安装有减振器的拉索索力时,测试中输入设计索长测得的索力(kN);

L——拉索设计索长;

x_{d1}——上端减振器至上端锚固端的距离;

x_{d2}——下端减振器至下端锚固端的距离。

②线性回归模型:

$$T_0 = 0.78T + 249.36 \tag{3.5-5}$$

式中:T_0——现场实测拉索索力修正值(kN);

T——现场实测安装有减振器的拉索索力时,测试中输入设计索长测得的索力(kN)。

③Logistic 回归模型:

$$T_0 = 3561.08 - \frac{2802.86}{1 + \left(\dfrac{T}{2425.85}\right)^3} \tag{3.5-6}$$

式中:T_0——现场实测拉索索力修正值(kN);

T——现场实测安装有减振器的拉索索力时,测试中输入设计索长测得的索力(kN)。

3.5.2 拉索索力修正的注意事项

斜拉桥在安装减振器或阻尼器前后拉索的索力会因为减振器或阻尼器支点作用的影响,使拉索的振动频率发生改变,从而影响成桥索力测试的准确度。但采用频率法对运营桥梁的拉索索力进行测试时,需要进行等效索长的折减,利用安装减振器或阻尼器前后测试频率值,或者利用经验公式来进行索力的修正。安装减振器或阻尼器的拉索,在成桥或运营过程中测试索力时,修正索力应注意以下事项。

1)等效索长折减的修正

一些学者对于等效索长的修正提出了不同的索长修正公式,在利用其索长折减修正公式时应结合桥梁实测数据以及适用范围来修正。如北京市北五环斜拉桥拉索长度相对较短,其修正公式中上、下端折减长度分别取上、下端阻尼器至上、下锚固端距离的一半。而《公路桥梁承载能力评定规程》(JTG/T J21—2011)中的索长折减长度分别取上、下端阻尼器至上、下锚固端距离[23]。

2)利用减振器或阻尼器安装前后的实测频率数据

在成桥资料包含桥梁施工阶段安装减振器前、后拉索的基频时,利用实测数据来进行修正可以提高其精度。对于实际运营的桥梁拉索索力测试可以利用式(3.5-2)来计算,现场测试索力计算时不再考虑索长的折减。

3)无法利用减振器或阻尼器安装前后的实测频率数据

当成桥资料未包含桥梁施工阶段安装减振器前后拉索的实测频率,且阻尼器减振器便于拆装时,可以分别对减振器或阻尼器拆装前后频率进行测试,利用式(3.5-3)对运营桥梁拉索索力进行计算[4]。在实际工作中,往往拆装减振器或阻尼器的费用要远高于索力测试费用,因此在检测过程中,检测单位很难利用该方法进行准确的索力测试。

4)经验公式的适用性

一些学者通过研究给出了安装减振器或阻尼器的索力计算的线性回归模型和 Logistic 回归模型,但实际桥梁拉索测试中应注意公式的适用性。对于不同拉索结果、阻尼器形式以及安装方式、拉索的长短、边界条件等因素都可能会对索力的测试都有一定的影响。

3.5.3 测试部位对索力测试结果的影响[7]

安装减振器或阻尼器前后拉索测试频率会发生改变,影响索力测试结果的准确性。此外对于安装减振器或阻尼器的拉索采用频率法测试时,由于受减振器或阻尼器边界支点的影响也会影响测试频率的准确度。采用传统的振动方法受现场测试条件所限,由于很难布设到理想的测试位置而造成漏频现象,影响测试结果。采用毫米波雷达这种非接触的测量方法,可以通过调节雷达发射、接收面从而实现对拉索任意部位的振动测试,能对安装减振器或阻尼器拉索索力进行精确的测试。下面结合工程实例来分析测试部位对索力测试结果的影响,采用毫米波雷达对拉索不同部位进行测试。

1)项目概要

某斜拉桥是一座长 510m 的单索面斜拉桥。该桥主塔与桥墩连接采用塔—墩固结体系,主梁由塔墩支承,主塔高 99m,主梁中心高 3.37m,索塔与中跨的比值为 0.38,主梁主跨的高跨比为 1/38。塔身由上部塔柱(斜拉索锚固区)、中塔柱、下塔柱三个部分构成;主塔两侧各有 22 对拉索,主梁上拉索间距主跨侧分别为 10m、8m,边跨侧分别为 10m、8m、5m,塔上斜拉索间距为 2m、1.6m、1.5m;斜拉索结构采用半平行钢丝拉索,横向每根斜拉索由 2 根拉索组成,斜拉索在塔上套筒内设置橡胶圈减震器,在梁端设置永磁调节式磁流变阻尼器以达到减振效果[4]。

2)测试方法

选择 4 对拉索进行了对比试验,并利用毫米波雷达对索力进行了非接触测试。在拉索接近减震器末端(距离减震器 1.5m)、$L/3$、$L/2$ 索长度的 3 个不同位置(图 3.5-1),用毫米波雷达分别测量了各索的振动信号,并对各部位的实测数据进行了频谱分析,得出了拉索振动的频谱图。

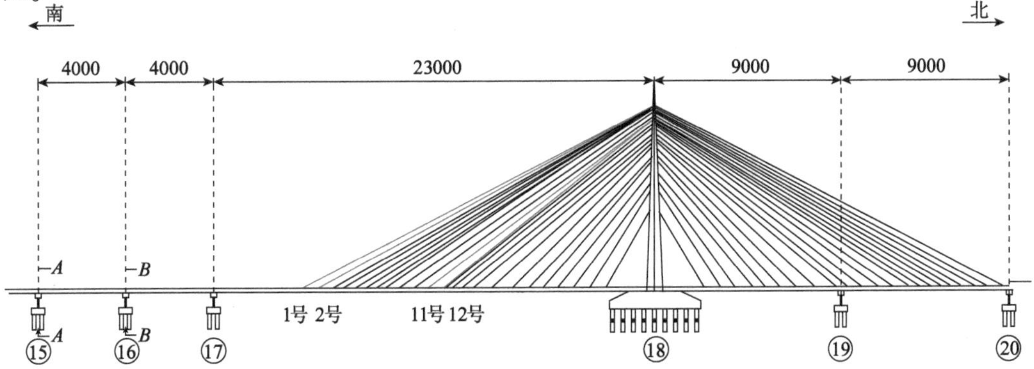

图 3.5-1 某桥拉索测试示意图(尺寸单位:cm)

根据所测试拉索的单位质量、计算长度等拉索的基本参数，通过测量不同位置拉索的振动频率，计算拉索的索力，分析不同位置测试结果与成桥恒载索力值间的偏差，拉索参数见表 3.5-1。

测试拉索的参数表 表 3.5-1

拉索编号	质量(kg/m)	索力计算长度(m)	成桥恒载索力值(kN)
L1	105.32	220.57	8070.7
R1	105.35	220.51	8071.2
L2	105.480	212.67	8157.7
R2	101.74	212.62	8184.5
L11	123.71	142.47	9081.8
R11	117.40	142.46	9263.0
L12	123.36	134.80	8806.9
R12	116.770	134.79	8983.7

3）测试结果分析

通过采集 3 个不同位置的拉索振动信号，并对其自振频率进行了分析，拉索频率测试结果见表 3.5-2。以 L2 号拉索为例，在图 3.5-2 ~ 图 3.5-4 中分别给出了实测的时程曲线和频谱[22]。索力试验结果表明：在靠近阻尼器端部测试的信号特征倍频关系不明显或一般，低阶频率的采样结果不好；测量位置靠近 $L/3$ 时，测试信号的特征倍频较好，各阶频率的采样结果较好；当测试位置位于 $L/2$ 时，测试信号的特征倍频明显，各阶频率的采样结果较好。

拉索频率测试结果 表 3.5-2

拉索编号	靠近阻尼器端部		$L/3$		$L/2$	
	基频(Hz)	信号特征	基频(Hz)	信号特征	基频(Hz)	信号特征
L1	0.6379	倍频关系不明显	0.6333	倍频特征较好	0.6330	倍频特征良好
R1	0.6327	倍频关系不明显	0.6452	倍频特征较好	0.6437	倍频特征良好
L2	0.6576	倍频关系不明显	0.6515	倍频特征较好	0.6565	倍频特征良好
R2	0.6476	倍频关系不明显	0.6580	倍频特征较好	0.6720	倍频特征良好
L11	0.9180	倍频关系一般	0.9360	倍频特征较好	0.9425	倍频特征良好
R11	1.0030	倍频关系一般	0.9984	倍频特征较好	0.9920	倍频特征良好
L12	1.0115	倍频关系一般	1.0092	倍频特征较好	1.0003	倍频特征良好
R12	1.0463	倍频关系一般	1.0439	倍频特征较好	1.0223	倍频特征良好

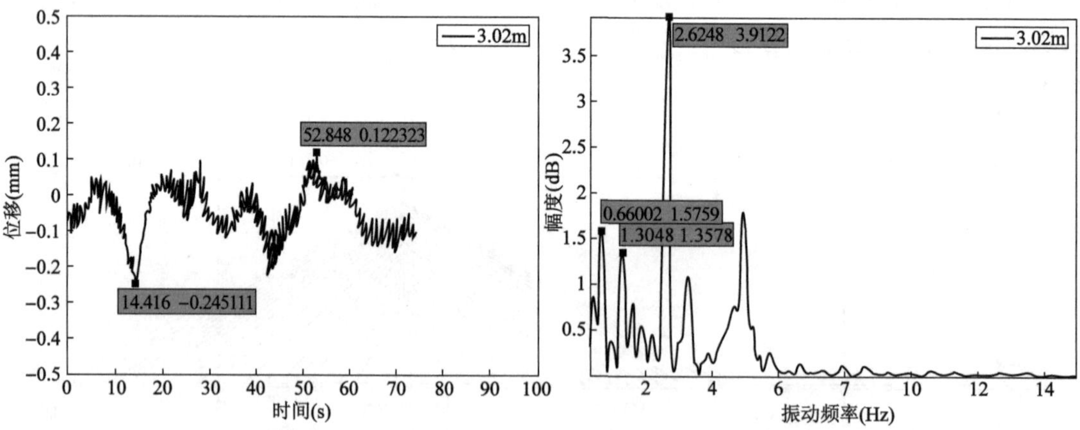

a)时程曲线 b)频谱图

图 3.5-2 L2 拉索距阻尼器 1.5m 处时程曲线和频谱图

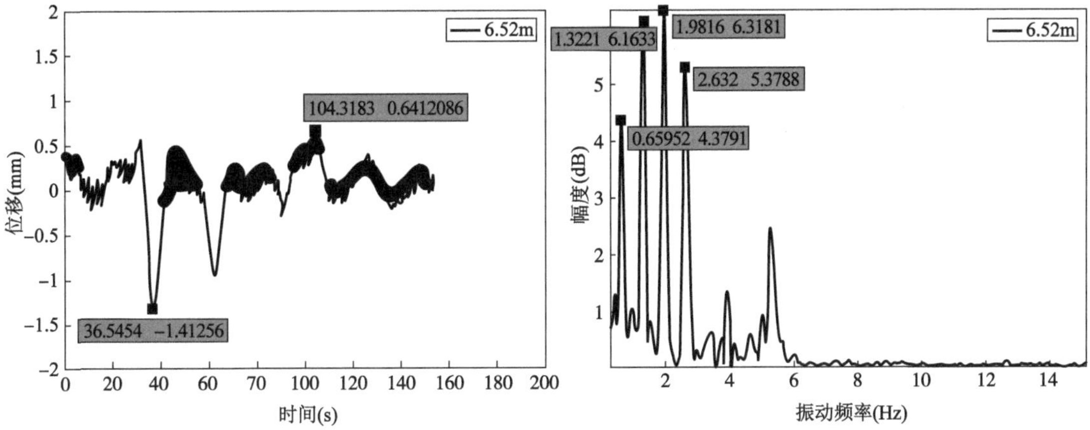

a)时程曲线　　b)频谱图

图 3.5-3　L2 拉索 $L/3$ 处时程曲线和频谱图

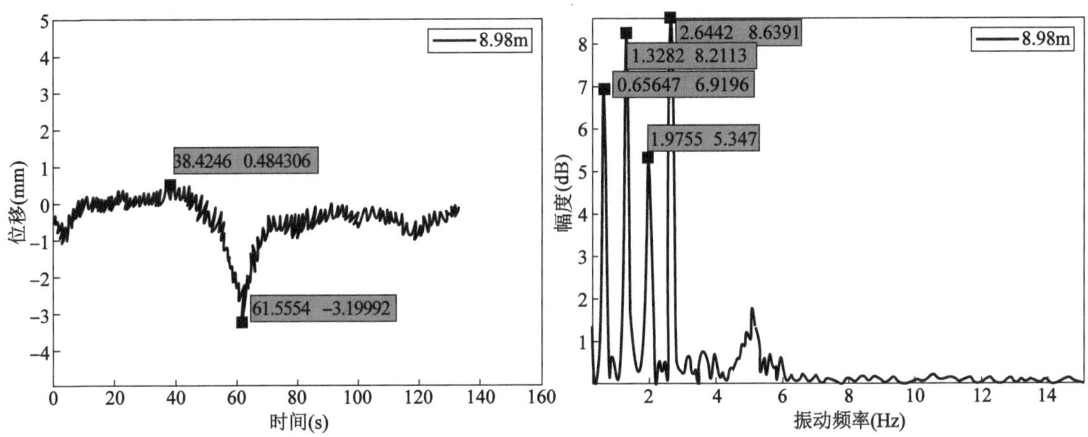

a)时程曲线　　b)频谱图

图 3.5-4　L2 拉索 $L/2$ 处时程曲线和频谱图

根据拉索的基本信息计算拉索的索力值与初始索力值的偏差，拉索索力计算结果见表 3.5-3[4]。对比测试结果表明：靠近阻尼器端部位置测量的索力值与初始索力值偏差较大，最大偏差达到 −6.80%；位于 $L/3$ 位置测量的索力值与初始索力值偏差较小，偏差范围在 0.69% ~3.69%；位于 $L/2$ 位置测量的索力值与初始索力值偏差最为接近，偏差范围在 2%以内[4]。

拉索索力计算结果　　表 3.5-3

拉索编号	靠近阻尼器端部		$L/3$		$L/2$	
	索力值(kN)	相对误差(%)	索力值(kN)	相对误差(%)	索力值(kN)	相对误差(%)
L1	8339.8	3.33	8220.0	1.85	8212.2	1.75
R1	8202.2	−3.18	8529.5	0.69	8489.9	0.22
L2	8252.1	1.16	8099.7	−0.71	8224.5	0.82
R2	7716.0	−5.72	7965.8	−2.67	8308.4	1.51
L11	8464.1	−6.80	8799.3	−3.11	8922.0	−1.76

续上表

拉索编号	靠近阻尼器端部		L/3		L/2	
	索力值(kN)	相对误差(%)	索力值(kN)	相对误差(%)	索力值(kN)	相对误差(%)
R11	9587.7	3.51	9500.0	2.56	9378.6	1.25
L12	9173.8	4.17	9132.1	3.69	8971.8	1.87
R12	9290.1	3.41	9247.5	2.94	8868.8	-1.28

通过对8根拉索不同位置的测量,发现不同的测试位置对基频的影响存在显著的规律性:首先,在对安装阻尼器的拉索进行拉索振动频率采集时越靠近拉索中部时,信号的倍频关系越明显;其次,当测试位置在 $L/3 \sim L/2$ 时,测量的拉索索力值与初始索力间的相对误差最小,而且测试精度完全能够达到要求[4]。

4)测试结论

通过对拉索不同位置的实测数据的比较,得出以下结论:

(1)采用毫米波雷达对安装阻尼器的拉索进行索力测量时,阻尼器对拉索索力的测试结果影响较大,测量位置在靠近阻尼器时,难以得到满意的振动信号,测量结果的精度难以保证[22]。

(2)采用毫米波雷达对安装阻尼器的拉索索力测量时,拉索 $L/3 \sim L/2$ 位置测得的索力更接近真实结果,这对该方法在阻尼器-拉索体系的索力测试中提供了参考[4]。

(3)毫米波雷达相对于传统的频率法测量拉索索力具有更好的应用前景,特别是对于阻尼器-拉索体系中的长索结构,不仅能够实现多根拉索索力的同步测量,而且无须在拉索上布置传感器,大大提高了测试效率,提高了测试结果的精度和可靠性[4]。

3.6 毫米波雷达在钢绞线斜拉索索力测试中的优势

斜拉桥在运营若干年后,拉索外护套可能会老化,导致和平行钢丝贴合不紧密,容易出现平行钢丝振动和护套振动不协调的情况,使用加速度测量时,往往测量的是护套振动,容易产生测量误差;另一方面,对于钢绞线桥而言,钢绞线和外护套之间本来就是分离的,使用加速度测量时,只能测量到护套的振动,而非钢绞线的振动。采用钢绞线的拉索体系结构通常在钢绞线外包裹PE防护层,整体拉索外护套采用HDPE护套防护,常见的钢绞线拉索体系见图3.6-1。

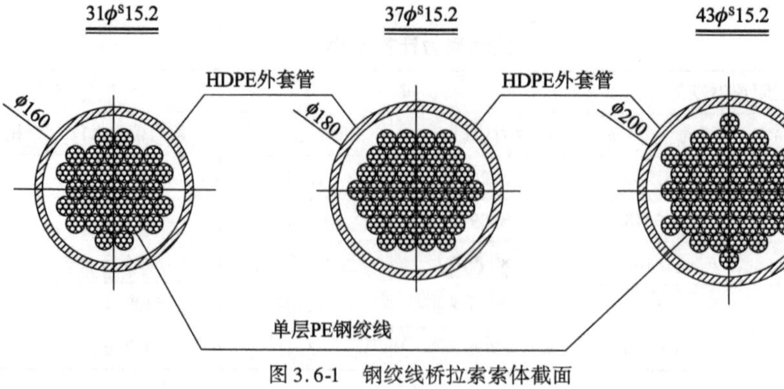

图3.6-1　钢绞线桥拉索索体截面

如图 3.6-1 所示,钢绞线拉索最外层为 HDPE 外套管,内部钢绞线还有单层 PE,钢绞线和外套管之间有一定的空隙。当采用传统的加速度传感器测试拉索索力时,加速度传感器的安装通常采用松紧带将其固定在 HDPE 外套管上,由于外套管和内部钢绞线之间存在一定的空间,而不是紧密结合一起的,拉索体系与护套的振动可能会存在不协同的现象。因此,采用传统的振动法测试拉索索力往往会产生很大的测量误差,甚至会出现测试不出拉索的振动频率的情况。

因而,寻求一种能穿透拉索 HDPE 外套管,而能直接测试钢绞线拉索的振动的新型索力测量手段,对钢绞线桥梁的索力测量具有重大意义。经过验证,毫米波雷达能穿透 HDPE 外套管,而且毫米波穿透 HDPE 外套管后测量的精度不受影响。

利用毫米波的穿透特性,使其穿透 HDPE 护套和 PE 护套,直接作用到钢绞线上,从而可以忽略外护套的影响。但如果测量的拉索为钢护套,则该方法无法使用。下面通过测试试验和实测分析来验证。

3.6.1 毫米波雷达穿透护套的验证试验

国内有许多桥梁采用钢绞线的拉索体系,尤其是部分预应力斜拉桥。要利用毫米波雷达实现对钢绞线拉索体系的索力精确测试,需要针对毫米波雷达对护套的穿透性能进行验证测试。

1)护套穿透试验的目的

毫米波雷达对护套穿透性能测试采用室内验证试验进行测试,试验的目的包括以下两个方面:

(1)验证毫米波雷达设备对 HDPE 外护套穿透能力;

(2)验证毫米波雷达设备穿透 HDPE 外护套后对测试精度的影响。

2)测试设备及材料

毫米波雷达对护套穿透性能测试采用室内验证试验,所用主要设备和材料如下:

(1)HDPE 外护套:试验用的 HDPE 外护套采用与实际桥梁钢绞线拉索的护套样品,壁厚 18mm;

(2)高精度移动平台:精度可达 0.01mm 的高精度移动平台及固定底座;

(3)毫米波雷达设备:1 台;

(4)反射目标体:本次护套穿透性能室内试验采用墙体作为目标体,利用毫米波雷达直达波反射对应的测点作为反射测点。

3)穿透试验的测试流程

毫米波雷达对 HDPE 护套穿透验证试验的测试流程见图 3.6-2。

4)穿透试验的测试方法

验证毫米波雷达对钢绞线拉索体系护套穿透能力试验的主要内容包括两个方面:毫米波雷达对护套穿透性能;毫米波雷达穿透护套后对测试精度的影响。

(1)护套穿透性能试验验证

验证毫米波雷达对护套穿透性能试验主要是测试雷达直接测试目标体和增加护套遮挡后测试目标体两种情况下,对比分析雷达测试目标体的信号能量以及距离相变化情况,试验场景见图 3.6-3。

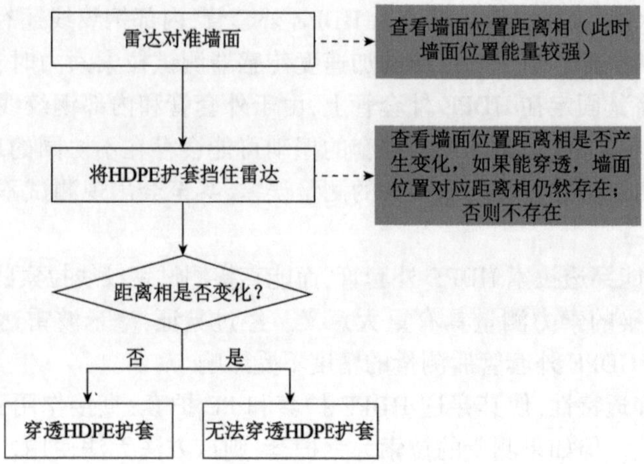

图 3.6-2　验证性试验流程

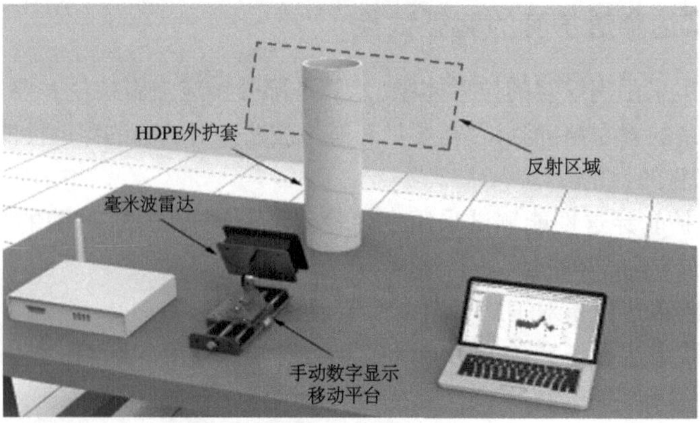

图 3.6-3　护套穿透性能现场试验场景

护套穿透性能试验测试方法的主要测试步骤如下：

①将毫米波雷达放置在移动平台上，墙体作为反射测点，观察雷达反射一维距离相；

②将 HDPE 外护套放置在毫米波雷达正前方，挡住雷达发射的电磁波，再次观察一维距离相，见图 3.6-4。

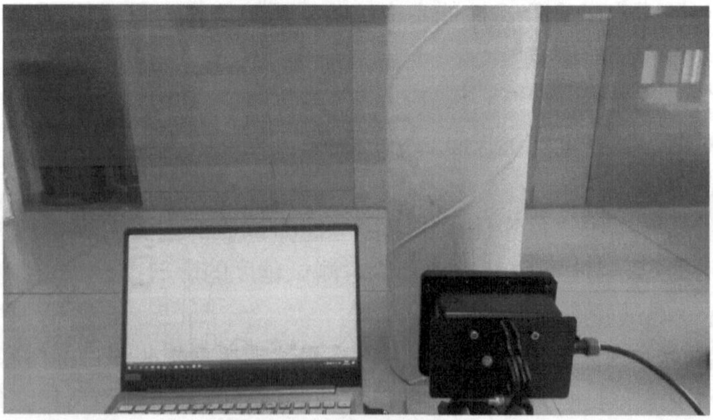

图 3.6-4　现场试验场景

如果两次一维距离相对应测点位置反射能量变化很小，说明可以完全穿透 HDPE 护套。

通过室内验证试验，将 HDPE 外护套挡在毫米波雷达前方时，测点处一维距离相和毫米波雷达在无护套遮挡时变化很小，所以毫米波雷达设备可以穿透 HDPE 外护套。

（2）护套穿透试验精度验证

在确定雷达发射的电磁波能穿透拉索 HDPE 护套后，要验证穿透护套后的测量精度是否受影响。穿透试验精度验证使用精度 0.01mm 的高精度手动数显移动平台，使标准位移平台分别移动 1mm、3mm、5mm 和 8mm，对比分析有护套遮挡情况下目标物体测试距离与移动平台标准值的误差，来评价毫米波雷达穿透试验的精度。护套穿透试验精度验证测试流程如图 3.6-5所示，高精度移动距离可以通过测试装置直接显示，如图 3.6-6 所示。

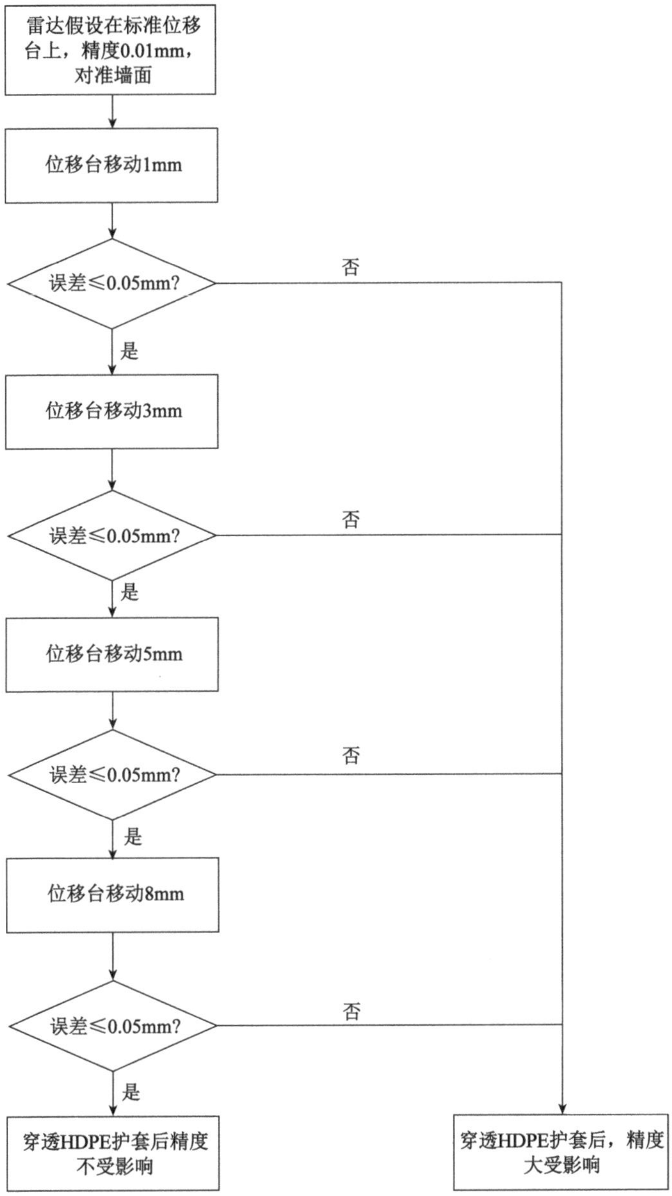

图 3.6-5　护套穿透试验精度验证测试工作流程

图 3.6-6　移动平台移动标准值读取

护套穿透试验精度验证试验，在移动平台分别移动 1mm、3mm、5mm 和 8mm 与毫米波雷达与目标体（墙体）在护套有遮挡情况下测试距离值进行对比，结果见表 3.6-1。

护套穿透试验精度测试结果表　　表 3.6-1

试验工况	标准位移（mm）	毫米波雷达测量位移（mm）	偏差值（mm）
1	1	0.99	0.01
2	3	3.00	0
3	5	5.01	0.01
4	8	8.01	0.01

从试验数据可知，毫米波雷达在穿透 HDPE 外护套后，测试值与标准值的最大差值为 0.01mm，与毫米波雷达测试精度（优于 0.05mm）相比，证明毫米波雷达穿透护套后测试精度不受影响。

总结：毫米波雷达索力检测设备穿透 HDPE 护套后，作用到钢绞线上，测量出来的位移精度并不受穿透的影响；根据该特性，毫米波雷达设备可以广泛应用于钢绞线拉索的索力检测。由于钢绞线拉索的 HDPE 护套和钢绞线是分离的，因而采用传统的加速度测量方法测试索力的误差较大，甚至会出现测量不出来情况。采用毫米波雷达索力检测设备则可以穿透护套，直接测量钢绞线拉索的振动，通过快速傅里叶变换得到拉索的振动频率，进而准确计算拉索的索力[4]。

3.6.2　实桥索力测试分析

1）桥梁概况

某大桥跨越淮河河谷、河漫滩及一级阶地。桥梁全长 3302m，该桥起讫点的里程桩号为 K116 +067.5 ~ K119 +369.5。桥梁主桥结构形式为独塔双索面、塔墩梁固结体系的斜拉桥，主桥部分长 371m，其跨径组合为 246m +125m。主桥主梁采用钢箱梁，副跨则为预应力混凝土箱梁截面，采用分离式截面，左、右幅通过横梁联系。主塔采用方尖碑型混凝土桥塔，下部结构基础为承台及群桩基础[24]。测试桥梁结构立面布置图见图 3.6-7，其正面照片见图 3.6-8。

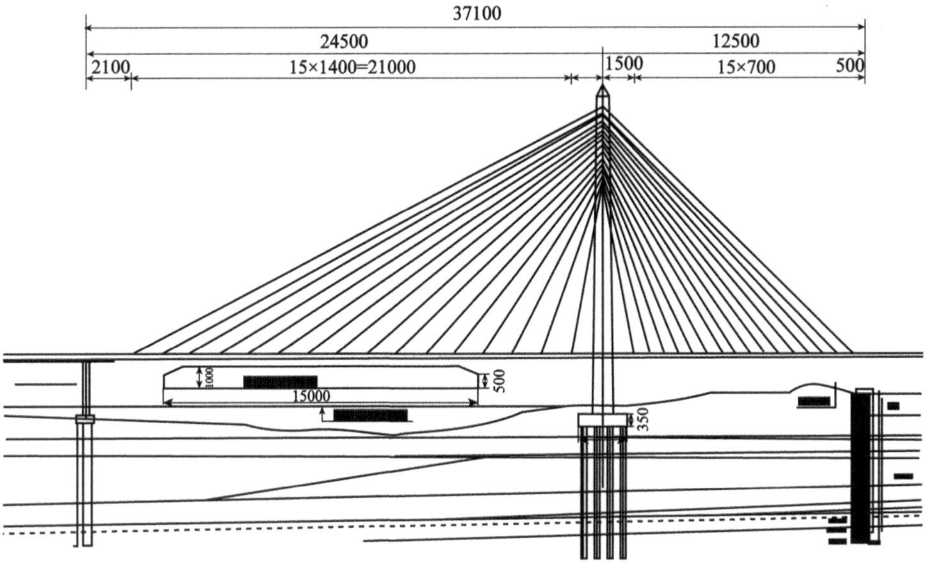

图 3.6-7 桥梁立面布置图(尺寸单位:cm)

图 3.6-8 桥梁顺桥向照片

该桥斜拉索采用同截面回转斜拉索结构,采用钢绞线拉索,在索塔斜置鞍部处进行单向预应力锚固。斜拉索采用双索面扇形布置,两索面分别布置在主梁防撞护栏的外侧,拉索在钢箱梁上间距为 14.0m,混凝土箱梁侧拉索间距为 7.0m,拉索在塔上间距为 2.85 ~3.4m 不等。在桥上单侧设 16 对拉索,全桥共有 32 对拉索,拉索设置有减震的阻尼装置[24]。拉索在主塔上的鞍座由锚体、导管、过渡管和延伸管组成,各部分在工厂制造现场通过法兰连接。斜拉索体系采用多层防腐系统,索体采用多股无黏结高强度镀锌钢绞线,钢绞线采用 PE 护套防护,拉索体系内部涂油防护,拉索外层装有高密度聚乙烯(HDPE)外护套管,为消除风雨震动效应,外护套管表面设置双螺旋线。锚固区钢绞线也始终处于平行独立的无黏结状态,以保证钢绞线斜拉索可以单根穿索、单根张拉,特别是在运营期间须能实现单根钢绞线监测和更换[25]。斜拉索采用高强度、低松弛的热镀锌 ϕ15.24mm 平行钢绞线索,极限强度 σ =1860MPa,镀锌钢绞线外包 PE 护套,锚具采用夹片锚,拉索设计构造详见图 3.6-9。

2)毫米波雷达索力测试方法

该桥拉索体系为钢绞线拉索体系,采用传统加速度方法测试索力的效果不佳,通过测试得到的拉索振动时程曲线很难分析得到其基频或频差。最终该桥采用毫米波雷达对桥梁拉索索力进行测试,现场测试见图 3.6-10。

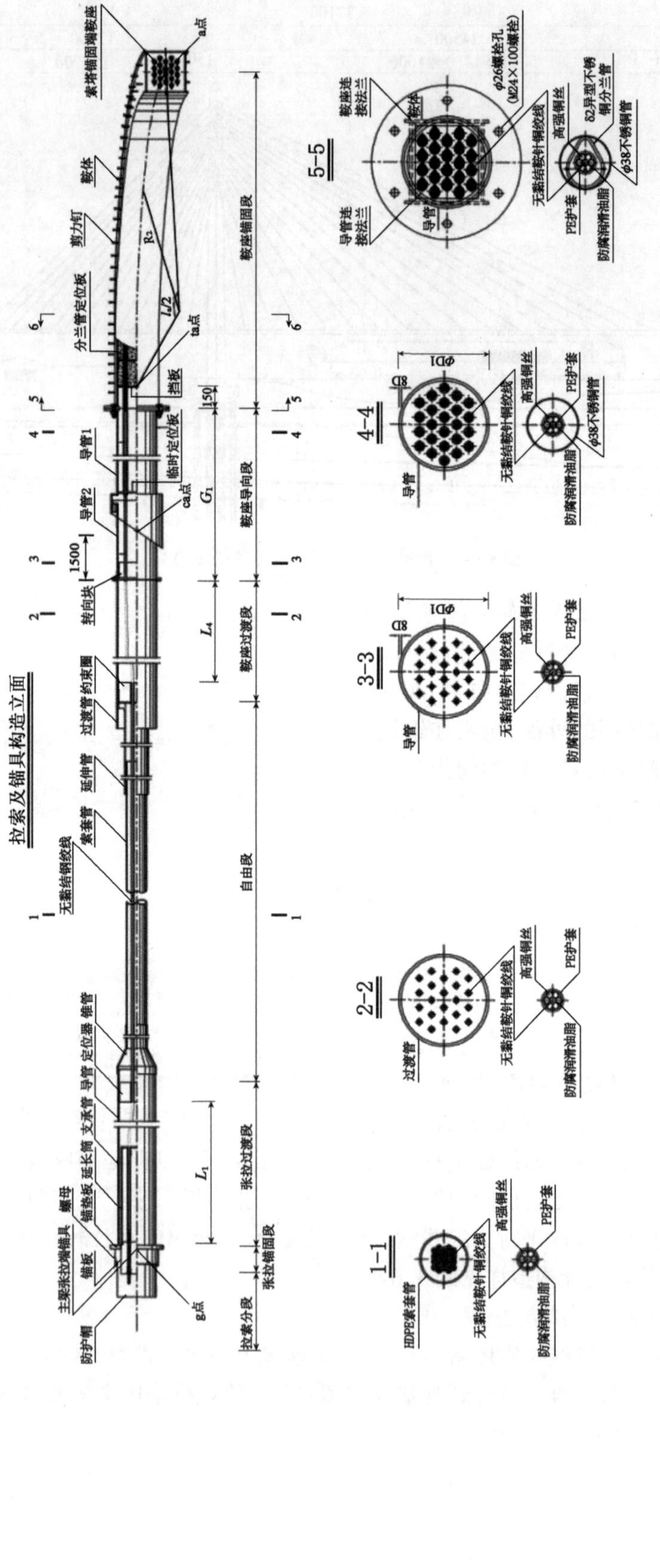

图 3.6-9 钢绞线拉索构造图

图 3.6-10　毫米波雷达索力测试

3）测试结果

通过对各个拉索时域变化曲线进行 FFT 变换，得到每根拉索的频率值。根据《公路桥梁荷载试验规程》（JTG/T J21-01—2015），当索的抗弯刚度可以忽略时，可以按下式计算索力[2]：

$$T=\frac{4wl^4f_n^2}{n^2g} \tag{3.6-1}$$

式中符号含义同式（3.2-2）。

采用频率法对桥梁拉索索力测试时，频率是计算索力的关键指标。全桥各拉索测试频率值，见表 3.6-2，根据索力计算公式以及拉索设计参数计算桥梁北端上、下游拉索及桥梁南端上、下游拉索的索力值、频率偏差及索力偏差，分别见表 3.6-3、表 3.6-4。

桥梁拉索测试频率一览表（单位：Hz）　　表 3.6-2

编号	桥梁北端-西	桥梁北端-东	编号	桥梁南端-西	桥梁南端-东
	频率	频率		频率	频率
AN1	2.09380	2.09070	AS1	2.09071	2.09070
AN2	1.86180	1.94830	AS2	2.13650	2.02200
AN3	1.51080	1.50572	AS3	1.92895	1.98390
AN4	1.35820	1.32768	AS4	1.88622	1.91520
AN5	1.10640	1.12929	AS5	1.80686	1.74734
AN6	0.96142	0.97159	AS6	1.58100	1.61000
AN7	0.80118	0.80373	AS7	1.45281	1.51843
AN8	0.79355	0.79966	AS8	1.33531	1.35311
AN9	0.76303	0.74167	AS9	1.23916	1.23103
AN10	0.70199	0.70199	AS10	1.15599	1.18060
AN11	0.61424	0.60737	AS11	1.09114	1.08859
AN12	0.62187	0.61958	AS12	0.91945	0.93395

续上表

编号	桥梁北端-西	桥梁北端-东	编号	桥梁南端-西	桥梁南端-东
	频率	频率		频率	频率
AN13	0.58754	0.58906	AS13	0.85078	0.85841
AN14	0.60127	0.59211	AS14	0.78135	0.78974
AN15	0.57380	0.57685	AS15	0.72030	0.72488
AN16	0.56770	0.57990	AS16	0.63790	0.64476

桥梁北端斜拉索索力检测结果 表 3.6-3

编号	单位索长质量(kg/m)	索长(m)	桥梁北端上游频率(Hz)	桥梁北端上游索力(kN)	桥梁北端下游频率(Hz)	桥梁北端下游索力(kN)	频率偏差率(%)	索力偏差率(%)
AN1	47.34	49.64	2.0938	2046.07	2.0907	2040.01	0.15	0.30
AN2	34.13	58.78	1.8618	1634.92	1.9483	1790.37	-4.44	-9.51
AN3	29.73	67.55	1.5108	1238.53	1.5057	1230.22	0.34	0.67
AN4	29.73	78.65	1.3582	1356.85	1.3277	1296.55	2.30	4.44
AN5	29.73	90.79	1.1064	1199.75	1.1293	1249.91	-2.03	-4.18
AN6	29.73	103.39	0.9614	1174.93	0.9716	1199.93	-1.05	-2.13
AN7	34.13	116.36	0.8012	1186.46	0.8037	1194.01	-0.31	-0.64
AN8	34.13	129.51	0.7936	1441.96	0.7997	1464.22	-0.76	-1.54
AN9	40.74	142.14	0.7630	1916.73	0.7417	1810.90	2.87	5.52
AN10	40.74	155.69	0.7020	1946.40	0.7020	1946.40	0.00	0.00
AN11	47.34	168.65	0.6142	2032.15	0.6074	1986.97	1.12	2.22
AN12	40.74	183.03	0.6219	2110.97	0.6196	2095.45	0.37	0.74
AN13	47.34	196.18	0.5875	2515.77	0.5891	2528.85	-0.27	-0.52
AN14	40.74	210.66	0.6013	2614.21	0.5921	2535.19	1.55	3.02
AN15	47.34	223.86	0.5738	3124.61	0.5769	3157.90	-0.54	-1.07
AN16	40.74	238.43	0.5677	2985.34	0.5799	3115.12	-2.10	-4.35

桥梁南端斜拉索索力检测结果 表 3.6-4

编号	单位索长质量(kg/m)	索长(m)	桥梁南端上游频率(Hz)	桥梁南端上游索力(kN)	桥梁南端下游频率(Hz)	桥梁南端下游索力(kN)	频率偏差率(%)	索力偏差率(%)
AS1	34.13	52.09	2.0907	1619.37	2.0907	1619.36	0.00	0.00
AS2	34.13	55.46	2.1365	1917.07	2.0220	1717.09	5.36	10.43

续上表

编号	单位索长质量(kg/m)	索长(m)	桥梁南端上游频率(Hz)	桥梁南端上游索力(kN)	桥梁南端下游频率(Hz)	桥梁南端下游索力(kN)	频率偏差率(%)	索力偏差率(%)
AS3	34.13	60.57	1.9290	1863.84	1.9839	1971.55	-2.85	-5.78
AS4	34.13	66.10	1.8862	2122.48	1.9152	2188.20	-1.54	-3.10
AS5	34.13	72.74	1.8069	2358.56	1.7473	2205.73	3.30	6.48
AS6	40.74	78.97	1.5810	2540.02	1.6100	2634.06	-1.83	-3.70
AS7	47.34	85.38	1.4528	2913.98	1.5184	3183.16	-4.52	-9.24
AS8	47.34	92.42	1.3353	2884.08	1.3531	2961.48	-1.33	-2.68
AS9	47.34	99.55	1.2392	2881.84	1.2310	2844.15	0.66	1.31
AS10	47.34	106.75	1.1560	2883.60	1.1806	3007.69	-2.13	-4.30
AS11	47.34	113.90	1.0911	2924.72	1.0886	2911.08	0.23	0.47
AS12	60.56	120.80	0.9195	2988.09	0.9340	3083.06	-1.58	-3.18
AS13	60.56	128.03	0.8508	2873.67	0.8584	2925.45	-0.89	-1.80
AS14	60.56	135.23	0.7814	2704.21	0.7897	2762.60	-1.06	-2.16
AS15	60.56	139.41	0.7203	2442.36	0.7249	2473.50	-0.64	-1.27
AS16	60.56	149.63	0.6379	2206.62	0.6448	2254.37	-1.08	-2.16

由于缺少桥梁运营期历次索力测试结果，本次将桥梁北端上、下游位置斜拉索检测频率以及桥梁南端上、下游位置斜拉索检测频率分别进行对比，经对比发现：

(1)桥梁同一侧上、下游位置对应拉索索力对称性较好，测试值基本一致。

(2)上、下游对应拉索频率偏差率在0%~5.36%区间内，桥梁北端偏差率最大为-4.44%，桥梁南端偏差率最大为5.36%。

(3)上、下游对应拉索索力偏差率在0%~10.43%区间内，桥梁北端索力偏差率最大为-9.51%，桥梁南端索力偏差率最大为10.43%。

4)测试各阶频率离散程度分析

桥梁北端上游和下游共计32根拉索，桥梁南端上游和下游共计32根拉索，全桥共计64根拉索。利用毫米波雷达测试数据分析拉索振动的各阶频率、阶数及离散程度见表3.6-5和表3.6-6。根据测试数据分析可以得到以下结论：

(1)钢绞线拉索索长越短，基频特征强，能分析出拉索的振动频率阶数较少；钢绞线拉索索长越长，基频特征较强，能分析出拉索的振动频率阶数较多。

(2)各阶频率之间离散程度极小，其标准差几乎接近为0，表明通过各阶次频率计算出来的基频较为接近，也验证了毫米波雷达在钢绞线拉索体系测试中同样具有较高的精度。

桥梁北端拉索各阶频率、阶次及离散程度一览表 表 3.6-5

桥梁北端(上游)									
拉索编号	各阶频率						基频		离散程度
	阶次	一阶(Hz)	二阶(Hz)	三阶(Hz)	四阶(Hz)	五阶(Hz)	平均值(Hz)	频差法(Hz)	标准差(Hz)
AN1	2	2.0938	4.1875	—	—	—	2.0938	2.0937	3.5355×10^{-6}
AN2	3	1.8618	3.7236	5.5854	—	—	1.8618	1.8618	0
AN3	3	1.5108	3.0216	4.5324	—	—	1.5108	1.5108	2.3570×10^{-6}
AN4	3	1.3582	2.7164	4.0746	—	—	1.3582	1.3582	0
AN5	2	1.1064	2.2128	—	—	—	1.1064	1.1064	0
AN6	4	0.9614	1.9228	2.8843	3.8457	—	0.9614	0.9614	1.4878×10^{-5}
AN7	4	0.8012	1.6025	2.4035	3.2047	—	0.8012	0.8012	3.2476×10^{-5}
AN8	5	0.7936	1.5871	2.3807	3.1742	3.9678	0.7936	0.7936	1.7119×10^{-5}
AN9	4	0.7630	1.5261	2.2891	3.0521		0.7630	0.7630	1.8042×10^{-5}
AN10	5	0.7020	1.4040	2.1060	2.8003	3.5099	0.7016	0.7020	2.9624×10^{-4}
AN11	5	0.6142	1.2285	1.8427	2.4570	3.0712	0.6142	0.6143	1.7119×10^{-5}
AN12	5	0.6219	1.2437	1.8658	2.4875	3.1094	0.6219	0.6219	1.8054×10^{-5}
AN13	5	0.5875	1.1758	1.7626	2.3501	2.9377	0.5876	0.5876	1.4401×10^{-4}
AN14	5	0.6013	1.2025	1.8038	2.4051	3.0064	0.6013	0.6013	1.6019×10^{-5}
AN15	5	0.5738	1.1476	1.7214	2.2952	2.8629	0.5736	0.5723	4.6296×10^{-4}
AN16	5	0.5677	1.1354	1.7031	2.2708	2.8385	0.5677	0.5677	0
桥梁北端(下游)									
拉索编号	各阶频率						基频		离散程度
	阶次	一阶(Hz)	二阶(Hz)	三阶(Hz)	四阶(Hz)	五阶(Hz)	平均值(Hz)	频差法(Hz)	标准差(Hz)
AN1	2	2.0907	4.1814	—	—	—	2.0907	2.0907	0
AN2	2	1.9483	3.8966	—	—	—	1.9483	1.9483	0
AN3	2	1.5057	3.0111	—	—	—	1.5056	1.5054	5.3033×10^{-5}
AN4	2	1.3277	2.6554	—	—	—	1.3277	1.3277	0
AN5	3	1.1293	2.2586	3.3879	—	—	1.1293	1.1293	0

续上表

AN6	3	0.9716	1.9432	2.9148	—	—	0.9716	0.9716	0
AN7	4	0.8037	1.6075	2.4111	3.2149	—	0.8037	0.8037	2.0729×10^{-5}
AN8	3	0.7997	1.5993	2.3990	—	—	0.7997	0.7997	2.0787×10^{-5}
AN9	5	0.7417	1.4833	2.2250	2.9667	3.7083	0.7417	0.7417	1.6735×10^{-5}
AN10	4	0.7020	1.4040	2.1060	2.8080	—	0.7020	0.7020	0
AN11	5	0.6074	1.2148	1.8221	2.4203	3.0369	0.6069	0.6074	3.6336×10^{-4}
AN12	5	0.6196	1.2392	1.8588	2.4783	3.0979	0.6196	0.6196	7.5233×10^{-6}
AN13	5	0.5891	1.1781	1.7672	2.3562	2.9453	0.5891	0.5891	1.7119×10^{-5}
AN14	3	0.5921	1.1842	1.7763	—	—	0.5921	0.5921	0
AN15	3	0.5769	1.1537	1.7306	—	—	0.5769	0.5769	2.0787×10^{-5}
AN16	5	0.5799	1.1598	1.7397	2.3196	2.8995	0.5799	0.5799	0

桥梁南端拉索各阶频率、阶次及离散程度一览表 表3.6-6

桥梁南端(上游)									
拉索编号	各阶频率						基频		离散程度
	阶数	一阶(Hz)	二阶(Hz)	三阶(Hz)	四阶(Hz)	五阶(Hz)	平均值(Hz)	频差法(Hz)	标准差(Hz)
AN1	2	2.0907	4.1814	—	—	—	2.0907	2.0907	0
AN2	3	2.1365	4.2730	6.4095	—	—	2.1365	2.1365	0
AN3	2	1.9290	3.8579	—	—	—	1.9290	1.9289	1.7678×10^{-5}
AN4	2	1.8862	3.7724	—	—	—	1.8862	1.8862	0
AN5	2	1.8069	3.6137	—	—	—	1.8069	1.8068	1.7678×10^{-5}
AN6	2	1.5810	3.1620	—	—	—	1.5810	1.5810	0
AN7	2	1.4528	2.9056	—	—	—	1.4528	1.4528	0
AN8	2	1.3353	2.6706	—	—	—	1.3353	1.3353	0
AN9	3	1.2392	2.3783	—	4.9567		1.2225	1.2392	2.3588×10^{-2}
AN10	3	1.1560	2.3112	3.4642	—	—	1.1554	1.1541	5.2868×10^{-4}
AN11	3	1.0911	2.1823	3.2734	—	—	1.0911	1.0912	2.0787×10^{-5}

续上表

AN12	3	0.9195	1.8389	2.7584	—	—	0.9195	0.9195	2.0787×10^{-5}
AN13	3	0.8508	1.7016	2.5523	—	—	0.8508	0.8508	1.5713×10^{-5}
AN14	4	0.7814	1.5627	2.3440	3.1254	—	0.7814	0.7813	2.5000×10^{-5}
AN15	4	0.7203	1.4406	2.1609	2.8812	—	0.7203	0.7203	0
AN16	4	0.6379	1.2758	1.9137	2.5516	—	0.6379	0.6379	0
桥梁南端(下游)									
拉索编号	各阶频率						基频		离散程度
	阶数	一阶(Hz)	二阶(Hz)	三阶(Hz)	四阶(Hz)	五阶(Hz)	平均值(Hz)	频差法(Hz)	标准差(Hz)
AN1	2	2.0907	4.1814	—	—	—	2.0907	2.0907	0
AN2	2	2.0220	4.0441	—	—	—	2.0220	2.0221	1.7678×10^{-5}
AN3	2	1.9839	3.9678	—	—	—	1.9839	1.9839	0
AN4	3	1.9152	3.8304	5.7456	—	—	1.9152	1.9152	0
AN5	2	1.7473	3.4947	—	—	—	1.7473	1.7474	1.7678×10^{-5}
AN6	2	1.6100	3.2200	—	—	—	1.6100	1.6100	0
AN7	2	1.5184	3.0369	—	—	—	1.5184	1.5185	1.7678×10^{-5}
AN8	2	1.3531	2.7164	—	—	—	1.3557	1.3633	1.8031×10^{-3}
AN9	4	1.2310	2.4621	3.6880	4.9241	—	1.2305	1.2285	7.9772×10^{-4}
AN10	4	1.1802	2.3603	3.5405	4.7206	—	1.1802	1.1801	2.0412×10^{-5}
AN11	3	1.0886	2.1772	3.2658	—	—	1.0886	1.0886	0
AN12	3	0.9340	1.8679	2.8019	—	—	0.9340	0.9339	1.7678×10^{-5}
AN13	4	0.8584	1.7168	2.5752	3.4336	—	0.8584	0.8584	0
AN14	4	0.7897	1.5795	2.3692	3.1590	—	0.7897	0.7898	2.0787×10^{-5}
AN15	5	0.7249	1.4498	2.1746	2.8995	3.6244	0.7249	0.7249	1.5713×10^{-5}
AN16	5	0.6448	1.2895	1.9343	2.5791	3.2238	0.6448	0.6448	1.6735×10^{-5}

本章参考文献

[1] 朱学武. 基于长标距应变的结构参数识别[D]. 南京:东南大学,2016.

[2] 肖春文,朱明亮,朱尚清. 基于微波雷达法与振动法索力测试的对比研究[J]. 市政技术,2020,38(S1):132-135.

[3] 王荣川. 索力动测仪测量结果不确定度初步研究[D]. 重庆:重庆交通大学. 2018.

[4] 李金鹿,肖春文,朱尚清. 安装阻尼器拉索索力测试方法研究[J]. 市政技术,2020,38(S1):142-146.

[5] 何玉珊,程崇国,韩文元. 公路水运工程试验检测专业技术人员职业资格考试用书:桥梁隧道工程[M]. 北京:人民交通出版社股份有限公司,2016.

[6] 孙恒飞,王瞳,沐波,等. 基于频率法的吊杆索力测试及影响因素研究[J]. 内蒙古公路与运输,2022,47(3):5-8.

[7] 严辉林. 关于博罗体育中心体育场监测技术研究[J]. 城市建设理论研究:电子版,2012,000(018):1-5.

[8] 孙全胜,郝向炜,王世杰. 桥梁检测与加固[M]. 北京:科学出版社,2016.

[9] 谌润水,胡钊芳. 公路桥梁荷载试验[M]. 北京:人民交通出版社,2003.

[10] 熊杰. 矮塔斜拉桥施工控制及索力误差分析[D]. 成都:西南交通大学,2009.

[11] 李雪峰. 斜拉桥的索力测试技术[J]. 交通世界,2013,000(007):230-231.

[12] 袁博. 斜拉索索力测试影响因素分析及模型修正方法研究[D]. 西安:长安大学,2012.

[13] 张立奎,杨洋,徐一超. 基于检监测数据的索承桥拉吊索评估指标体系的研究[J]. 黑龙江交通科技,2020,43(02):105-106+108.

[14] 彭庆添,韩大建. 用频率法进行斜拉桥索力测试的一种新方法[C]//计算机技术在工程建设中的应用——第十三届全国工程建设计算机应用学术会议论文集,2006:509-513.

[15] 戚斌,岳顺,宋亚宏. GBInSAR 技术在桥梁变形监测中的应用[J]. 地理空间信息,2017,15(07):97-98+11.

[16] 梁宝. 基于 ZFFT 的桥梁索力测量方法及其应用软件开发[D]. 长沙:湘潭大学,2016.

[17] 张军政. 缆索承重桥梁拉吊索时变索力识别研究[D]. 成都:西南交通大学,2021.

[18] 陈泽楚. 基于摄影测量的拉索索力测试[D]. 长沙:湖南大学,2015.

[19] 徐卫东,徐赫. 运用毫米波雷达和振动法对桥梁振动幅值测试的对比分析[J]. 现代交通与冶金材料,2022,002(002):71-75.

[20] 刘大洋,胡建新,张航,等. 基于桥面-拉索-阻尼器耦合振动的索力测试合理拾振位置研究[J]. 公路交通技术,2016,32(06):65-70.

[21] 唐钰昇,胡建新,刘大洋. 外置阻尼器对基于频率法索力测试的影响[J]. 湖南交通科技,2015,41(04):93-97.

[22] 马林,魏峰. 北京市五环路斜拉桥的索力测试和分析[J]. 铁道建筑,2008,48(01):13-15.

[23] 中华人民共和国交通运输部. 公路桥梁承载能力检测评定规程:JTG/T J21—2011[S]. 北京:人民交通出版社,2011.

[24] 尹永杰. 独塔单柱斜拉桥力学性能分析[D]. 合肥:合肥工业大学,2013.

[25] 商从晋,陈鑫,刘梦麟. 平南相思州特大桥总体设计分析[J]. 西部交通科技,2019,14(04):105-108.

第 4 章　毫米波雷达在桥梁静载试验中的应用

4.1　桥梁荷载试验

桥梁结构一直被视为生命线工程,在施工过程中一旦发生质量问题,或运营桥梁发生坍塌事故,将会对社会和人民的生命财产造成重大的损失[1]。随着科技的发展,桥梁结构的理论计算、计算机模拟、设计理论、施工技术等都发生了翻天覆地的变化。由于交通荷载超载、外部环境、结构性能退化等原因,使得我国现有公路桥梁的安全运营成了社会和公众的关注焦点。评定桥梁在运营过程中的承载力、安全性能和使用性能等,经常通过静、动荷载试验来检查大桥的设计和建造质量能否达到设计的标准规范要求,从而判断桥梁实际运营的荷载等级以及使用状况等。美国一名专家曾说过:“任何新的结构分析技术都无法替代实地试验来评价高速公路桥梁的性能。”因此,通过对桥梁结构的现场检测与在线监测,可以对其进行静态、动态参数的获取,从而使工程师能够更好地了解其结构的实际反应,并对其进行精确地健康评价[2]。

桥梁荷载试验是通过施加荷载方式对桥梁结构或构件的静、动力特性进行的现场试验测试。桥梁荷载试验是通过实测数据和结构的理论计算结果的对比分析,来评价桥梁结构的承载能力和动力性能[3]。桥梁静载试验是在桥梁结构上施加与控制荷载等效的静态外加荷载,利用测量仪器对桥梁结构控制部位与控制截面的静力学效应或参数进行现场测试[4,5]。而桥梁动载试验则是在动荷载和环境载荷作用下,对结构或构件的受迫振动和自振性能进行的现场试验[3]。桥梁静载和动载试验是荷载试验的两种方法,他们都是对桥梁结构承载能力评价的最直接、最有效的方法[6]。桥梁静载试验主要测试桥梁的静态参数(包括变形、变形等),并将其与荷载试验的理论结果进行对比和分析,根据静态参数的校验系数、残余变形、相关系数等来评价桥梁结构的承载能力[6]。桥梁结构动载试验是研究桥梁在汽车荷载等动荷载作用下的动力性能和动态响应[7]。桥梁结构的固有振动特征主要是由其固有频率、振型、阻尼比等组成;而桥梁结构在汽车动载作用下的动态响应测试,主要是采集行车、跳车、制动等各种试验工况下结构的动态响应参数,并对其进行动态响应分析,得到结构的阻尼比、冲击系数、振动幅值等参数,从而对其行车性能进行评估与分析[8]。

桥梁荷载试验的作用和目的,就是通过对桥梁结构直接加载后进行有关测试、记录与分析工作,包括试验准备、理论计算、现场试验、对试验结果分析整理等一系列内容,用来评估桥梁结构在试验荷载作用下的实际工作状态,进而评定桥梁结构施工质量和使用功能,为交竣工验收和深入探索提供科学依据[4,9,10]。

桥梁荷载试验是一门工程实践很强的技术科学,涉及桥梁结构理论知识、结构有限元分析、试验测试技术、仪器设备性能及原理、数值分析方法、新技术的应用、模态测试技术、现场组织实施等方面,要求检测人员具有较强的综合素质。同时桥梁荷载试验对桥梁结构技术状况、承载能力评定、安全性能评定起到关键性的作用,在确保桥梁安全运营、桥梁智慧化管养与决策能力方面发挥着重要的作用[11]。

新技术、新材料、新设备、新工艺的应用,使建造的桥梁还存在很多不确定性的因素(例如结构的材料特性、动力反应、阻尼比的理论计算)等,因此很难建立与桥梁实际结构完全吻合、一致的结构理论模型,需要通过桥梁荷载试验来直接测试以修正结构的有限元模型。受测试技术限制,桥梁结构荷载试验中的一些关键响应参数的测试精度、测试频率等也影响桥梁结构技术状况、承载能力和安全使用性能的评价。随着科学技术的发展,尤其是桥梁结构理论分析以及现代测试技术的发展,桥梁荷载试验也是一门不断发展的技术学科。

4.2 桥梁静载试验

4.2.1 静载试验的目的及分类

1)静载试验的目的

桥梁静载荷试验是对新建或运营中的桥梁结构或部件进行设计或等效载荷的缓慢加载,并对其在静载荷下的静态受力(变形、开裂、破坏)过程进行测试,将其与理论计算的结果进行比较和分析,根据相关的技术规范和技术要求,判定其工作性能和使用状态。

桥梁静载试验是通过等效加载试验测试桥梁结构静力响应,以研究其强度、刚度、抗裂性能等基本性能及其失效机理,通过分析结构或构件在各种静力荷载作用下应力、应变、挠度与所施加荷载的关系以及校验系数和残余变形等参数,为研究和判断结构工作性能提供科学、可靠的数据。桥梁静载试验试验的目的包括以下几个方面[12,13]:

(1)检查桥梁构件的施工质量,检验其稳定性和安全程度。

桥梁结构尤其是大跨度和复杂结构的施工是一项复杂的工作,其干扰因素多,施工控制困难,其施工质量受设计、施工工艺、材料、环境等因素影响可能会出现各种不同的问题。所以,在桥梁竣工后往往要采用静荷载试验来检查结构受力特点和承载能力是否满足工程设计文件和标准的要求,以评价桥梁结构的承载能力,为判断工程质量的优劣提出科学、可靠的依据。

(2)验证桥梁结构的设计理论与计算方法[2]。

随着科技的进步和新结构、新技术、新材料的推广应用,一些新型复杂结构的桥梁在设计、施工中必然会遇到一些新问题,因此需要通过静载试验来验证或确定设计、计算理论或设计参数。在大量试验数据积累的基础上,就能够逐渐地形成和丰富新型复杂桥梁的设计理论与计算方法,为今后的复杂桥梁工程建设奠定更加扎实的技术物质基础。

(3)了解桥梁结构的工作性能,评价桥梁结构的实际承载能力[14]。

随着我国经济建设的发展,已经建成的各类公路桥梁数量已将近100万座,许多早期建造的桥梁已经不能满足现状交通荷载的要求。早期建造的一些低等级荷载桥梁,由于设计、施工等原因产生的病害、运营环境影响、材料的退化等影响,以及交通量增加使桥梁处于超载运营状态,给桥梁结构的安全运营带来巨大的威胁[15]。近年来的中国各种桥梁坍塌事故已屡见不鲜,而且有些天灾和突发事件如地震、特大暴雨、泥石流和车船碰撞等也导致了部分桥梁发生不同程度的受损或毁坏[16]。所以,采用桥梁静载测试可对建筑物承载能力与使用状态做出判断,为桥梁采取限载措施或加固改造提供依据;对于桥梁结构出现局部构件损伤的情况,可以通过试验来判断构件的损伤程度及对整体承载能力、整体受力性能的影响[17,18]。

(4)评定桥梁承载能力,完善桥梁技术资料。

目前中国现役桥梁有不少都是在早期建造的,但因为管理不善或其他因素等原因已经无法查询到桥梁原设计、建造时间和竣工资料。对缺乏相应资料的桥梁,可以以实际通行荷载作为控制荷载对桥梁进行静载试验,以评价其使用状态和承载能力,从而判断桥的实际运营状态和通过条件,并补充完善相关技术资料。

2)桥梁静载试验的分类

根据试验目的、试验对象、试验场地和试验时间的不同,可以将试验方法分为不同的类型。根据静载测试的目的,可以将其划分为科学研究性试验和生产鉴定性试验两类;根据试验的对象不同,可以分为原型试验和模型试验;按照试验场地的不同,可以分为室内试验和现场试验;按荷载受力时间的长短,可将其划分为短期加载和长期加载两类;按受力结构的不同,可以将其划分为全桥整体试验和局部构件试验[12]。

4.2.2　试验控制荷载

桥梁的静载试验通常需要根据桥梁结构的形式来确定桥梁静载加载的控制截面和荷载试验工况[19]。静载试验控制截面根据结构的内力、应力、挠度、裂缝等关键指标来设定,控制截面的控制荷载需要通过桥梁结构的有限元计算分析来确定。

目前静载试验对控制截面内力、应力、挠度和裂缝等关键指标,主要是按照桥梁结构的设计荷载来计算,这对于新建的桥梁结构可能是比较合适的,因为新建桥梁的理论计算状态与设计状态之间差别较小。

对于既有运营的桥梁,由于桥梁结构病害、构件损伤、材质性能的退化以及缺乏桥梁历次维修加固资料等,若采用设计资料进行结构有限元分析,则桥梁结构模型与桥梁结构的真实受力状态之间可能会存在较大的偏差,最终会影响桥梁结构承载能力的评定结果。此外桥梁设计的荷载标准可能与桥梁实际运营状态的现状交通荷载往往不同,以原设计荷载标准的计算结果作为桥梁荷载试验的控制荷载也是不妥的。换句话来说,采用设计荷载作为计算试验控制荷载的依据,即使桥梁荷载试验的承载能力能满足原设计荷载的承载要求,也不能保证桥梁结构在现状交通状态下的安全运营[20]。

综上所述,在设计静载试验加载方案时,对于控制截面关键指标计算的试验控制荷载的选择包括:桥梁设计荷载指标和现状交通荷载模型指标。当桥梁结构实际受力状态与设计状态偏差较小,且现状交通荷载与设计荷载标准基本相当时,静载试验控制荷载计算可以选用设计荷载标准。当桥梁结构的受力状态与设计状态差别较大,应对桥梁结构进行详细的检测,依据检测结果来修正桥梁结构的模型。当桥梁现状交通荷载与设计荷载标准相差较大时,应该对桥梁通行的交通荷载进行调查统计,应以实际统计分析的交通荷载作为静载试验的控制荷载。

1)设计控制荷载

为保证荷载试验的有效性,要根据设计要求和现行的规范确定控制荷载,不同的行业对控制荷载的规定也有所差异[21]。

(1)公路桥梁

对于桥梁技术状况等级较好的桥梁,其设计状态与桥梁结构真实受力状态差别较小时,可以采用设计荷载标准作为试验控制荷载计算的依据。对于此类桥可以按照《公路桥涵设计通用规范》(JTG D60—2015)的设计荷载标准来计算;其荷载等级分为公路—Ⅰ级和公路—Ⅱ级;荷载分为车辆荷载和车道荷载,主梁、主拱、主桁等整体结构采用车道荷载控制,桥台、横隔板等局部加载采用车辆荷载[21]。

(2)城市桥梁

桥梁技术状况等级较好的桥梁,其设计状态与真实桥梁结构受力状态差别较小,此外由于城市桥梁超载相对较少,因此城市桥梁一般采用设计荷载标准作为试验控制荷载计算的依据。城市桥梁设计控制荷载标准可以按照《城市桥梁设计规范》(CJJ 11—2011)(2019 版)来计算;其荷载等级为城—A 级和城—B 级;汽车荷载应由车道荷载和车辆荷载组成,桥梁结构的整体计算应采用车道荷载,桥梁结构的局部加载、桥台和挡土墙压力等的计算应采用车辆荷载[22]。

对于其他行业的桥梁和人行专用桥等,当桥梁技术状况较好时,其试验控制荷载按照相关行业设计荷载标准来执行。

2)现状交通荷载作为控制荷载

当桥梁现状交通荷载与原设计荷载标准相差较大,即桥梁现状交通荷载远超过其设计荷载标准时,应以实际调查统计的交通荷载作为试验控制荷载[23]。

北京某国道上桥梁设计荷载等级标准为汽超—20 级,其设计荷载标准中主车车辆重力荷载标准值为 300kN,重车车辆的重力荷载标准值为 550kN[24]。朱尚清等对该国道桥梁安装动态称重系统(WIM),根据动态称重数据对桥梁的车辆荷载模型进行了研究,统计回归得到主车车辆重力荷载标准值为 570kN,重车车辆的重力荷载标准值为 760kN[18]。通过现状交通荷载模型与设计荷载标准对比可知,该国道上桥梁现状交通荷载远超设计荷载,采用设计荷载标准作为桥梁静载试验的荷载是偏于不安全的。

因此,对于早期建造的桥梁,当桥梁现状交通荷载与设计荷载标准相差较大时,即桥梁存在严重超载运营状态,桥梁静载试验控制荷载宜采用现状交通荷载,才能确保桥梁承载能力评定结果满足桥梁安全运营的需求[25]。

3)试验控制荷载的计算

对桥梁进行静载试验时,桥梁结构承载能力评定依据的数据,不管是理论计算值还是现场测试值,均是在试验荷载作用下对应的增量,不包括桥梁恒载产生的效应。因此,对于桥梁静载试验中的控制荷载可以是通过活载效应进行加载控制的,也可以通过设计中正常使用可变荷载来控制,也可以采用现状交通统计的活荷载来控制。在桥梁静载加载试验时,模拟设计或现状交通荷载所考虑的最不利受力状态,测试活载作用引起的结构效应。通常情况下,桥梁静载试验对于恒载产生的影响是无法计算的,可以利用施工期间或桥梁健康监测系统实施时布设预埋传感器等方法,测定控制部位的恒载应力,以收集尽可能多的原始数据,对结构性能做出客观、全面的判断[21]。

对采用多种设计活载控制的桥梁,需将各种活载对控制部位产生的最大效应进行比较,取最大者作为控制荷载。内力(或变形)控制值采用设计荷载图式在内力(或变形)影响线上布载得到,并按规范计入人群、冲击的影响。对预制装配式桥梁,如 T 梁桥、箱形梁桥肋拱桥等,需进行荷载横向分布计算,以构件为单元进行最不利加载[21]。

4.2.3　试验荷载

桥梁静载试验加载一般采用加载车辆或重物直接加载的方式,试验中进行实际加载的荷载为试验荷载[19]。试验荷载需要根据桥梁静载试验目的确定的控制荷载来确定,通常根据活载效应等效的原则,利用试验荷载图式来计算[26]。静载试验中实际使用的试验荷载与控制荷载通常有所不同,为保证试验有效性,一般采用控制截面的静载试验荷载效率加以控制。

1)试验荷载图式

荷载图式是由荷载性质、荷载分布、荷载作用点数量、荷载的作用方向等组成,分为两类:一是设计荷载图式,二是试验荷载图式[21]。一般情况下,因受条件所限或为简化加载计算常采用的试验载图式,其与设计载荷图式往往不同,但必须通过等效计算以保证两者在控制部位产生的效应相当[12]。

荷载等效计算中应注意以下几点原则[21]:

(1)试验荷载图式要与设计荷载图式尽量相近;

(2)试验荷载图式作用下,控制部位结构的主导内力(或位移)与设计荷载图式产生的效应相当;

(3)兼顾次要效应,如拱桥活载试验主要保证弯矩等效,但也应尽量兼顾轴力等效;

(4)非控制部位的结构效应尽量不超过标准值。

根据等效计算结果,确定加载车辆的规格、数量以及轴重等参数,这是一个反复试算不断优化的过程。

2)静载试验荷载效率

《公路桥梁荷载试验规程》(JTG/T J21-01—2015)对静载试验荷载效率 η_q 的规定为[3,29]:

$$\eta_q = \frac{S_s}{S(1+\mu)} \tag{4.2-1}$$

式中:S_s——静载试验荷载作用下,某一加载试验项目对应的加载控制截面内力或位移的最大计算效应值[26];

S——控制荷载产生的同一加载控制截面内力或位移的最不利效应计算值[19];

μ——按规范取用的冲击系数值。

《公路桥梁荷载试验规程》(JTG/T J21-01—2015)中规定:对交(竣)工验收荷载试验,静载试验荷载效率 η_q 宜介于0.85~1.05之间;对于其他试验目的的静载试验,η_q 宜介于0.95~1.05之间[30]。

《公路桥梁承载能力检测评定规程》(JTG/T J21—2011)中对于静力荷载试验效率 η_q 定义为:某一控制截面在试验荷载作用下的计算效应与该截面对应的设计控制效应的比值[31]。

$$\eta_q = \frac{S_s}{S'(1+\mu)} \tag{4.2-2}$$

式中:S_s——静载试验荷载作用下,某一加载试验项目对应的加载控制截面内力或位移的最大计算效应值[26];

S'——检算荷载产生的同一加载控制截面内力或位移的最不利效应计算值[19];

μ——按规范取用的冲击系数。

《公路桥梁荷载试验规程》(JTG/T J21-01—2015)和《公路桥梁承载能力检测评定规程》(JTG/T J21—2011)对于静载试验荷载效率 η_q 规定的异同点如下[32]：

(1)对于试验荷载效率 η_q 定义中采用的控制效应值略有不同,《公路桥梁荷载试验规程》(JTG/T J21-01—2015)采用是控制荷载,而《公路桥梁承载能力检测评定规程》(JTG/T J21—2011)采用的是检算荷载。

(2)《公路桥梁承载能力检测评定规程》(JTG/T J21—2011)主要适用的范围是既有公路桥梁承载能力的检测评定,其使用荷载变化情况复杂且长期处于各种荷载作用之下,为使荷载试验能充分反映结构的受力特点,一般要求采用较高的荷载试验效率,其取值范围宜介于0.95～1.05之间。

(3)《公路桥梁荷载试验规程》(JTG/T J21-01—2015)适用于新建、加固或改建的公路桥梁的荷载试验。对于新建公路桥梁交(竣)工验收静载试验,其规定:静载试验荷载效率 η_q 宜介于0.85～1.05之间;而对于其他试验目的的静载试验,其静载试验荷载效率 η_q 规定值与《公路桥梁承载能力检测评定规程》(JTG/T J21—2011)的规定值一致。

4.2.4 雷达测试桥梁挠度的基本原理

根据毫米波雷达微变形监测的基本原理可知,其测试的微变形是在雷达波束角范围内目标体相对于雷达视线方向的变形量 d_{los}。而桥梁静载试验通常是需要测试桥梁在静载加载时垂直于桥身方向的竖向变形,即桥梁的挠度。采用毫米波雷达测试时得到的雷达视线方向的形变量需要通过数据的处理计算得到桥梁的挠度。毫米波雷达对于桥梁挠度测试换算应根据形变量的大小,采用合理的计算方法才能得到桥梁准确的桥梁挠度测试值。对于中小跨径桥梁,桥梁在静载试验或正常运营过程中桥梁竖向挠度值相对较小,可以采用直接投影法进行直接计算;对于大跨径桥梁,如斜拉桥和悬索桥,桥梁进行静载试验或正常运营过程中桥梁挠度值可能达到几十厘米,需要利用变形前后的几何关系进行计算。

1)直接投影法

对于采用雷达测试桥梁挠度时,桥梁挠度值较小时可以将视线向的形变量 d_{los} 直接作为垂向形变 d 在雷达视线向的分量进行计算,用于垂直方向的变形量相对较小能保证换算的精度[35],见图4.2-1。雷达测试桥梁挠度时,通常将雷达测试设备安放在桥梁正下方的位置,为得到桥梁测试位置处的较强的电磁波反射信号需要在测试位置安装角反射器,见图4.2-2。

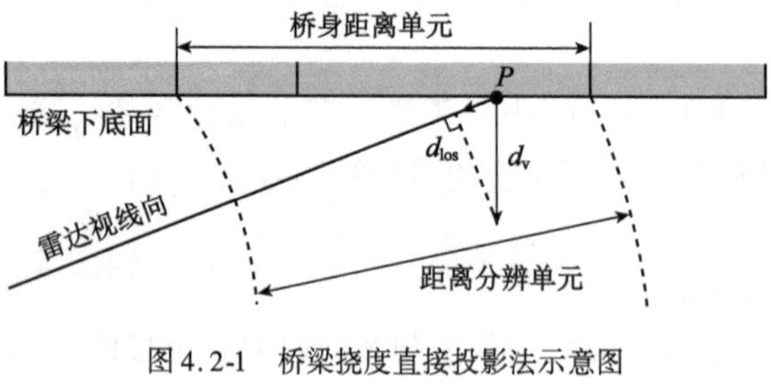

图4.2-1 桥梁挠度直接投影法示意图

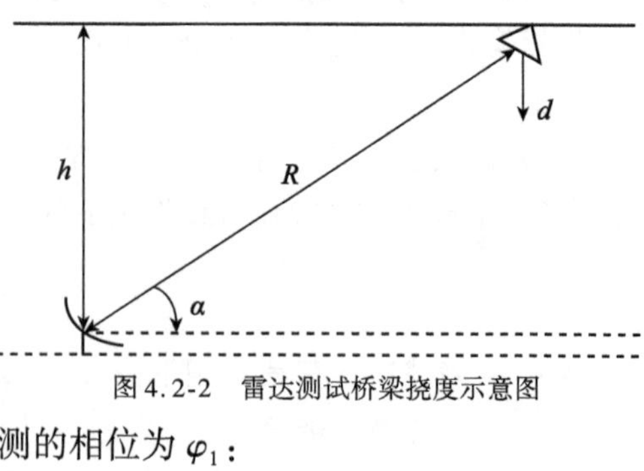

图4.2-2 雷达测试桥梁挠度示意图

采用雷达第一次进行观测时,测试位置第一观测的相位为 φ_1：

$$\varphi_1 = \frac{4\pi R_1}{\lambda} \tag{4.2-3}$$

式中：λ——雷达电磁波的波长；

φ_1——第一次观测时的相位；

R_1——第一次观测时目标体距离雷达的距离。

桥梁在测试时发生向下竖向形变 d 后，则第二次观测时相位为 φ_2：

$$\varphi_2 = \frac{4\pi R_2}{\lambda} \tag{4.2-4}$$

式中：φ_2——第二次观测时的相位；

R_2——第二次观测时目标体距离雷达的距离。

根据两次观测距离之间几何关系，则有：

$$R_2 = R_1 + d\sin\alpha \tag{4.2-5}$$

根据图4.2-2中几何关系可知：

$$\sin\alpha = \frac{h}{R} \tag{4.2-6}$$

式中：R——观测点距离雷达视线方向上的距离；

h——观测点距雷达垂直方向的距离。

两次干涉测量相位差 φ 为：

$$\varphi = \varphi_2 - \varphi_1 = \frac{4\pi}{\lambda} d\sin\alpha = \frac{4\pi hd}{\lambda R} \tag{4.2-7}$$

因此桥梁在竖直方向的挠度 d 可通过下式计算：

$$d = \frac{\lambda}{4\pi}\varphi \frac{R}{h} \tag{4.2-8}$$

特殊情况下，当雷达安放在桥梁测点正下方时，即 $\alpha = 90°$，则雷达视线方向的形变与桥梁挠度值相同，则：

$$d = \frac{\lambda}{4\pi}\varphi \tag{4.2-9}$$

2）利用几何关系计算

当采用毫米波雷达测试桥梁竖向变形相对较大时，采用直接投影法计算的精度可能相对较低，则需要利用两次测量的几何关系进行计算才能保证挠度测试结果的精度。当桥梁挠度测点 P（图4.2-3）位于某距离分辨单元内，且为该单元内最强的反射点。桥梁发生竖向形变发生后，P 点变动至 P_1 位置，由于桥身水平向形变微小，P_1 点仍处于原分辨单元内，而雷达视线距离由 R 变为 R_1，其差值即是雷达探测到的形变值 d_{los}[35]。

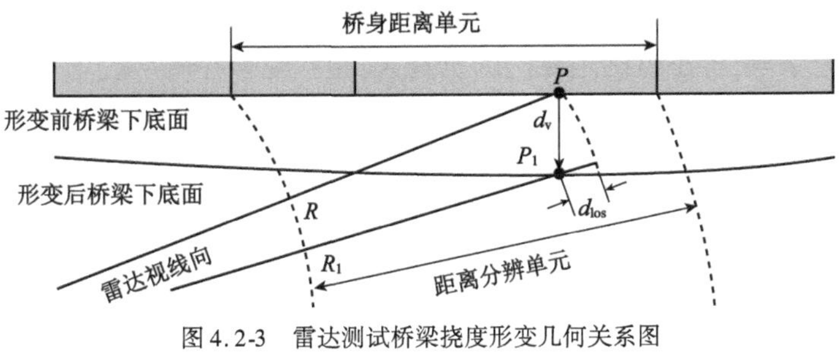

图4.2-3 雷达测试桥梁挠度形变几何关系图

由于桥梁测点水平方向的水平位移可以忽略不计，设雷达观测点到桥身下边缘的高度为 h，那么 P_1 点处的雷达视线向形变 d_{los} 和垂向形变 d_v 满足：

$$(R-d_{los})^2-(h-d_v)^2=R^2-h^2 \tag{4.2-10}$$

4.2.5 静载试验现场测试

桥梁静载的现场测试包括试验前期准备工作、试验现场的组织、数据采集与记录以及安全控制与异常情况处理等内容[7]。

1)试验前期准备工作

试验前期准备工作主要包括试验桥梁相关资料的收集、桥梁现场探勘、结构的检查及静载试验方案的制订。其中最为关键的工作是静载试验方案的制订，静载试验方案是静载试验现场测试工作的指导性文件[36]。

在制订桥梁静载试验方案前，应针对测试桥梁开展资料收集、现场调查和检测、结构理论计算或检算等工作。收集的桥梁资料包括桥梁结构的设计、施工、监理、试验、竣工验收等资料，以及桥梁运营过程中检测和维修加固、水文与地质状况及其他历史资料等[20,37]。在制订静载试验方案前需要对桥梁进行现场调查和检测：现场调查可以掌握静载试验的场地情况、加载条件、交通组织、选择典型试验跨等，便于制订有针对性的试验方案；通过桥梁检测可以掌握桥梁结构病害及缺损状况、结构的材质状况、几何状态参数等，这也是进行桥梁结构模型计算修正或检算的重要依据。在桥梁资料收集以及现场调查和检测的基础上，根据试验控制荷载对桥梁结构进行有限元模型计算，来确定静载试验方案的关键内容。

静载试验方案一般包括控制荷载、试验荷载、试验加载工况、测试控制截面、测试内容、控制截面各种参数测点布置、试验过程控制和试验数据的分析等关键内容。此外静载试验方案还包括项目概况、静载试验的检测及评定依据、主要仪器设备、现场加载组织、交通导改组织、人员组织、主要技术措施、保障措施及安全措施等。

2)试验现场的组织

桥梁静载试验是一项相对较为复杂的现场试验，涉及现场测试人员组织、加载现场组织、交通导改组织等内容。

(1)人员组织

静载试验人员组织是保证试验测试顺利进行的关键，试验过程中应根据测试内容、试验复杂程度、试验人员能力和水平，设置合理的项目组织机构，并根据技术人员的专业特长进行合理的人员分工。静载试验现场测试一般配置一名现场负责人对整个现场测试进行总体指挥和调度，确保整个试验过程顺利进行；同时应配备各专业的工作小组，如交通导改、加载车辆调度、各参数测试、记录等，各小组确定专门的负责人，相互配合并服从现场负责人的统一指挥和调度。

(2)加载现场组织

静载试验的加载组织是试验现场组织的一项关键工作，包括现场加载荷载的准备和试验加载。

①加载荷载的准备

根据静载试验的内容确定试验加载的方法：对于公路桥梁的静载试验通常采用加载车辆

进行加载;单梁静载试验通常采用重物加载或利用加载装置采用千斤顶加载的方式;而人行桥通常采用水箱加载或沙袋等重物进行加载。公路桥梁采用车辆加载时,加载荷载的准备工作主要包括以下内容[21]:

a. 荷载准备需由专人负责。根据静载试验方案,落实加载车辆的数量、规格,测量车辆的实际轴距、轴数等参数并做好记录。

b. 落实装载重物和装载机械,根据静载方案要求的轴重、总重对加载车辆进行装载。装载过程中需要对加载车进行过磅称重,通过对装载物的装载量和分布来调整车辆总重和轴重分布,有时经过反复调整才能满足加载方案的要求。加载车称重满足要求后应做好记录,记录车辆牌号、总重、轴重、轴距等参数。

c. 根据车辆的称载结果,对车辆进行组合和编号,确定各个加载工况每辆加载车辆的具体位置。

d. 正式加载前,应将加载车辆上桥顺序、注意事项向每名驾驶员交代清楚,以提高加载效率。

e. 加载线布设。

试验前在桥面上对加载位置进行放样,宜采用不同颜色的标志区分各加载工况的车辆位置。

加载前及卸载后的加载车辆的安排应注意两个问题:一是对试验桥跨(部位)的受力无影响;二是不能使停放位置的桥跨出现超载现象,应尽量拉大车辆间距,车辆停放位置应作明显的标志。

②试验加载

a. 预加载。

在正式进行静载荷测试前,首先要对其进行 1 ~ 2 次预荷载,以消除其非弹性变形,从而达到正常工作状态[38]。预加载过程中,要对试验仪器的工作状态、设备性能的可靠性、人员的组织和操作的娴熟程度进行检查。

b. 加载试验。

在加载前,对每一台仪器进行初始值的读取。试验荷载必须严格按照设计的荷载加载程序进行,并保证荷载、截面内力均由小至大逐步增大。加载车辆在桥面上行驶到指定位置时,应在结构变形稳定后进行测试,再进行下一级荷载的加载。加载间隔应符合结构响应稳定的时间要求,应在前一级荷载阶段内结构静力响应相对稳定、进行了有效测试及记录后方可进行下一级荷载的加载[31]。当进行主要控制截面最大内力(变形)加载试验时,分级加载的稳定时间不应少于 5min;对新建尚未投入运营的桥梁,首个工况的分级加载稳定时间不宜少于 15min[31,39]。

加载和卸载的持续时间可以通过两种方法进行:一种是按预定程序持荷的规定时间;另一种是以结构变形是否达到稳定来确定[21]。如静载试验某级加载结构在最后 5min 内的变形增量小于量测仪器最小分辨值,或结构最后 5min 的变形增量小于前一个 5min 变形增量的 15%,均认为结构变形达到相对稳定[10,40]。

c. 加载时机。

现场荷载试验是一种短期的试验,需要考虑日照和昼夜温度变化等测试环境对结构静力数据测试结果的影响,加载试验应安排在气温相对稳定的时段(如阴天或夜间 10 时至凌晨 5

时)进行,同时记录试验的环境状况[21]。

d. 加载分级。

为了确保结构在静载荷作用下的安全以及得到结构的应变、变形等参数随荷载的变化规律,需对荷载进行分级加载[21]。

根据《公路桥梁荷载试验规程》(JTG/T J21-01—2015)中相关规定,试验荷载应分级施加,加载级数应根据试验荷载总量和荷载分级增量确定,可分成3~5级[31,39]。当桥梁的技术资料不全时,应增加试验加载分级数量;重点测试桥梁在荷载作用下的响应规律时,可加密加载分级[31]。

加卸载过程中,应保证非控制截面内力或位移不超过控制荷载作用下的最不利值。当试验条件限制时,附加工况的控制截面可只进行最不利加载[19]。

3)数据的采集与记录

每个加载工况在加载前、加载后(包括分级加载)及卸载后均需进行测量。使用计算机采集的仪器设备,应进行多次测量以消除其随机误差[21]。加载到最大荷载、卸载后等重要加载阶段,则应分批次(如荷载施加到位后、持荷一定时间后等)进行测量。另外,每个测站应保证数据采集的同步性[21]。

仪器采集的数据必须准确可靠,能及时记录。记录员要对各测点的测量值的变动情况进行检查,并分析其数值的变动是否与试验规律相符,并检验其是否超过了理论上的计算结果[21]。对于测试数据不正常的测点,应检查仪器设备的安装是否正确以及其他可能的故障因素,及时排除故障[21]。加载测试的控制点要时刻观察,并计算加载工况各级的实测值并向试验指挥员汇报,如果实际测试的数值超出了计算的合理范围,则应暂停加载,待查明原因再决定是否继续加载[21,31]。

4)安全控制及异常情况处理

(1)加载过程中的观察

加载过程中随时观测结构各部位既有裂缝或损伤的变化情况以及是否产生的新裂缝或损伤。静载试验加载过程加强对结构、构件的观察,出现异常情况应立即停止加载并及时采取相应的措施。加载过程中观察的主要内容包括:构件薄弱部位有无开裂、破损,组合构件的结合面是有无开裂,支座附近混凝土是否开裂,横隔板的接头是否拉裂;结构在加载过程中有无异常响动;加载时墩台有无晃动等情况[21,31]。

(2)裂缝的观察与记录

在试验之前,要对桥梁结构构件的原有裂缝长度、宽度、分布和走向进行观察,并做好相应的标记;观察新裂缝长度、宽度及裂缝发展情况,绘制裂缝的分布和方向,并进行详细的记录。

裂缝观测的重点是结构承受拉力较大部位及原有裂缝较长、较宽的部位[31,39]。裂缝记录一般包括裂缝的长度、宽度、走向以及相应的试验加载工况[31,39]。

(3)加载结束的条件

在加、卸载过程中,应按不同加载工况的加载分级,观察和分析各结构控制点的应变/变形、薄弱部位的破坏状况,并将其与理论计算结果进行比较[31]。在测试期间出现以下情形时,应暂停荷载试验并查明其原因,在采取相应的措施后决定是否进行试验[31,39]:

①控制点的应变值已经达到或超出了计算的范围;

②控制点的变形(或挠度)超出了计算的范围;

③结构裂缝的长度、宽度或数量都有明显的增加[41];

④实测变形分布规律异常;

⑤桥梁在试验中发出异常响声或出现其他异常情况[42];

⑥斜拉索或吊索(杆)索力增量实测值超过计算值[31]。

4.2.6 试验数据分析与桥梁结构性能评定

1)试验数据的分析

静载试验数据的分析是对试验数据进一步处理与分析,在理论上探求其内在规律,使原始数据系统化、条理化、图表化的过程[43]。现场原始数据、原始记录、文字和图形等资料是结构性能评价的重要依据。原始数据是桥梁结构工作性能的客观反映,但这些资料庞杂、不直观和缺乏条理性,同时可能还存在难以避免的误差,不能直接用于结构性能的评定。在数据处理分析过程中,应充分挖掘和利用原始数据中的有效信息,保持原始数据的严肃性和完整性。对某些可以确认和量化的系统误差,可进行有依据的修正[44]。

(1)数据修正

①测值修正:是根据各类仪表的参数进行测试结果偏差修正的工作,这类偏差多属系统误差[43]。如根据应变片的灵敏系数、测试回路的线缆电阻,对应变测试结果进行修正。

②支点沉降影响的修正:当支点沉降较大,特别是在临时墩台上进行构件试验时,应对挠度值进行插值修正。当支点有沉降发生时,支点沉降修正量可按式(4.2-11)计算[44]。

$$C=\frac{l-x}{l}\cdot a+\frac{x}{l}\cdot b \tag{4.2-11}$$

式中:C——测点的支点沉降修正量;

l——A 支点到 B 支点的距离;

x——挠度测点到 A 支点的距离;

a——A 支点沉降量;

b——B 支点沉降量。

③温度影响修正:温度变化对测试结果的影响比较复杂,一般不宜进行该项修正。如能通过特定的技术手段对温度变化及温度影响进行准确量化,则也可对测试结果有依据地进行修正[44]。

桥梁被测结构的试验数据受环境温度的影响非常复杂,需采取相应方法降低环境温度对试验数据精度的影响[31]。检测数据受温度的影响主要表现为:所检测部位表面温度与内部环境温度之间的差值、贴片部位与非贴片部位之间的温差、局部贴片与整体贴片间的温差、贴片与补偿片间的温差等[31,39]。一般采用减少试验加载时间,选取环境温度变化比较稳定的时间段进行试验等措施,尽可能降低环境温度对试验精度的影响。必要时,也可以使用在加载前测试的温度稳定性数据,通过建立环境温度变化与测点测量数值变化的相关曲线,进行温度修正[31,39]。

温度对测试结果的影响修正可按式(4.2-12)进行计算[26,31]:

$$\Delta S_{\mathrm{t}}=\Delta S-\Delta tK_{\mathrm{t}} \tag{4.2-12}$$

式中：ΔS_t——温度修正后的测点加载测值变化量；

ΔS——温度修正前的测点加载测值变化量；

Δt——相应于 ΔS 观测时间段内的温度变化量（℃），对应变宜采用构件表面温度，对挠度宜采用气温；

K_t——空载时温度上升1℃时测点测值变化量；如测值变化与温度变化关系较明显时，可采用多次观测的平均值。

$$K_t = \frac{\Delta S_1}{\Delta t_1} \tag{4.2-13}$$

式中：ΔS_1——空载时某一时间区段内测点测值变化；

Δt_1——相应于 ΔS_1 同一时间区段内温度变化量。

（2）测点应变、位移计算

根据结构性能评定的需要，静载试验测试参数应进行总位移（应变）、弹性位移（应变）和残余位移（应变）的计算[19,39]：

总变位（或总应变）：

$$S_t = S_l - S_i \tag{4.2-14}$$

弹性变位（应变）：

$$S_e = S_l - S_u \tag{4.2-15}$$

残余变位（应变）：

$$S_p = S_t - S_e = S_u - S_i \tag{4.2-16}$$

式中：S_t——试验荷载作用下测量的结构总位移（或总应变）值；

S_e——试验荷载作用下测量的结构弹性位移（或应变）值；

S_p——试验荷载作用下测量的结构残余位移（或应变）值；

S_i——加载前的测值；

S_l——加载达到稳定时的测值；

S_u——卸载后达到稳定时的测值。

（3）应力的计算

对于梁式构件或杆式构件采用单轴应变计或应变片的数据可利用胡克定律，由实测应变和材料的弹性模量来计算应力；对于应力比较复杂受力区域，采用应变花测试的数据可利用相关计算公式计算主拉应力、剪力等参数。

（4）横向分配系数计算

对于装配式桥梁，通过测定各构件控制截面的挠度值，可计算任一构件的荷载横向分配系数[21]。

2）静载试验曲线的绘制

对于静载试验数据分析时，需要绘制试验曲线以直观形象地表征结构在加载工作过程中结构的工作性能[17]。对于桥梁静载试验在试验数据分析时，通常绘制的试验曲线如下所述。

（1）荷载—变形曲线。

根据各种变形如挠度、转角、应变实测结果，绘制控制测点的荷载（内力）—变形曲线，以表示荷载（内力）与变形之间的关系。荷载—变形关系能反映结构的基本状态和工作性质，能反映桥梁结构在加载中处于的工作阶段,有时还能反映混凝土开裂等局部信息[46]。

(2)结构位置—实测变形曲线。

根据实测结果绘制结构纵向和横向变形曲线,反映桥梁的刚度、整体工作性能及荷载横向分布规律,同时也可验证计算模型的合理性。

(3)截面应变分布曲线。

根据沿截面高度布置的应变测点的测试结果,绘制截面应变分布曲线.可以确定实际中性轴的位置,检验应变是否符合平截面假定,判断试验结构是否处于弹性工作状态[17,38]。

(4)理论值—实测值关系曲线。

将前述的几种实测值曲线与理论计算值绘制在一起,进行实测值与理论值的比较,可以检验实际结构与设计要求的符合程度[47]。

(5)对于钢筋混凝土结构,应绘制裂缝分布图,并注明裂缝宽度、长度等信息[40]。

3)桥梁结构性能评定

根据桥梁静载试验的实测结果、理论计算以及规范的相关规定对桥梁静力性能进行综合评价。静载试验静力性能评价的主要指标包括两个方面:一是将静力性能主要参数(如应力、应变和挠度等)的实测值与理论计算值进行比较,该指标反映了实际结构与设计状态或目标状态的符合程度,说明结构的工作性能及安全储备;二是控制测点的实测值与规范值的比较,说明结构所处的工作状态[48]。

(1)校验系数

校验系数是控制测点的实测值与理论值的比值,实测值可以是挠度、应变或应力,其计算结果分别为挠度、应变或应力校验系数,其表达式如下[49]:

$$\eta = \frac{S_e}{S_s} \tag{4.2-17}$$

式中:η——位移或应变(应力)校验系数;

S_e——试验荷载作用下控制测点的弹性位移或弹性应变(应力)实测值;

S_s——试验荷载作用下控制测点的弹性位移或弹性应变(应力)理论计算值。

当$\eta=1$时,说明实测值与理论值完全相符;$\eta<1$时,说明结构工作性能较好,承载力有一定的富余,结构有一定的储备;$\eta>1$时,说明结构工作性能不理想,可能存在设计强度不足等问题,承载能力不能满足要求[50]。

《公路桥梁荷载试验规程》(JTG/T J21-01—2015)中对于常见桥梁结构试验的应变(或应力)、挠度的校验系数给出了推荐的常值范围,见表4.2-1[39]。

常见桥梁结构试验校验系数常值表 表4.2-1

桥梁类型	应变(或应力)校验系数	挠度校验系数
钢筋混凝土板桥	0.20~0.40	0.20~0.50
钢筋混凝土梁桥	0.40~0.80	0.50~0.90
预应力混凝土桥	0.60~0.90	0.70~1.00
圬工拱桥	0.70~1.00	0.80~1.00

续上表

桥梁类型	应变(或应力)校验系数	挠度校验系数
钢筋混凝土拱桥	0.50~0.90	0.50~1.00
钢桥	0.75~1.00	0.75~1.00

同一类型桥型校验系数越小,结构的安全储备越大。校验系数过大或过小应从多方面分析原因。校验系数过大可能因为组成结构的材料强度或弹性模量较低,结构各部分连接性能较差,刚度较低等;校验系数过小可能因为材料的强度或弹性模量较高,桥面铺装及人行道等与主梁(肋)共同受力,拱上建筑与拱圈共同作用,计算理论或简化图式的影响等。试验时加载物的称量误差、仪表的观测误差等也对校验系数有一定影响。一般来说,新建桥梁的校验系数较小,旧桥的校验系数较大。校验系数超出常值范围时,通常结合动载试验成果进行综合分析判断[39]。

(2)残余变形

为评价桥梁结构承载能力,利用相对残余位移(应变)分析结构的弹性工作性能。测点的相对位移(应变)计算见下式[26]:

$$\Delta S_{\mathrm{p}} = \frac{S_{\mathrm{p}}}{S_{\mathrm{t}}} \times 100\% \tag{4.2-18}$$

式中:ΔS_{p}——相对残余位移或应变;

S_{p}——试验荷载作用下测量的结构残余位移(或应变)值;

S_{t}——试验荷载作用下测量的结构总位移(或总应变)值。

桥梁静载试验中主要控制测点的相对残余变形(或应变)ΔS_{p} 越小,说明结构越接近弹性工作状况。ΔS_{p} 不宜大于 20%,当 ΔS_{p} 大于 20% 时,表明桥梁结构的弹性状态不佳,应分析原因,必要时再次进行荷载试验加以确定[31]。

《公路桥梁荷载试验规程》(JTG/T J21-01—2015)中对于相对残余变形的限值也做了明确的规定,见表 4.2-2。表 4.2-2 中 α_1 取值:对于预应力混凝土桥与组合结构,其值为 0.20,即 20%;对于钢筋混凝土结构与圬工结构,其值为 0.25,即 25%。如果试验中采用逐级递增的循环加载方式,α_1 的值乘以 1.33 取用。

相对残余变形取值规定表 表 4.2-2

桥梁结构类型	第一次试验	第二次重复试验	第三次重复试验
预应力混凝土桥与组合结构	≤20% (α_1)	≤$0.5\alpha_1$	$\leqslant\frac{\alpha_1}{6}$
钢筋混凝土结构与圬工结构	≤25% (α_1)	≤$0.5\alpha_1$	$\leqslant\frac{\alpha_1}{6}$

当第一次试验相对残余变形不满足表中要求时,需进行第二次重复试验,如第二次试验结果仍不满足,则需进行第三次重复试验试验。如果第三次试验满足表中的限值,为了最后确定结构的可靠性,还必须进行动载试验[39,46]。

4.3　桥梁挠度测试方法

桥梁挠度是通过挠度测试评定桥体静力刚度，通过动态挠度测试评定桥梁动力特性，综合评定桥梁冲击系数和桥梁行驶性能的一项桥梁静、动载试验的重要技术指标。通常情况下，桥梁结构是跨越河流、山谷等地貌地形的构造物，桥下净空高度和桥下河道对选择挠度测试方法有一定限制，所以选择挠度测试方法要考虑挠度测试方法的适用范围和影响测试精度的因素，比如桥下河道的挠度测试方法。为提高其测试精度，确保测试结果的准确评定，在桥梁静载试验中，应根据现场测试条件、挠度测试常值范围、测试精度要求等，选择适宜的方法对桥梁挠度进行测试。

桥梁挠度测试方法按其测试原理可以分为：机械式挠度测试、电子式挠度测试、电阻式挠度测试、光学类挠度测试、图像式挠度测试、激光类挠度测试、GPS 挠度测试以及毫米波雷达挠度测试等。本节主要介绍桥梁静载试验中静挠度的测试方法，静挠度测试主要仪器设备包括：机械式和数显百分表、电阻式挠度计、光学原理的桥梁挠度仪、图像式桥梁挠度仪以及毫米波雷达等。

机械式挠度测试方法最典型的是机械式百分表、千分表等测量方法；电阻式挠度测试采用电阻式位移计进行测量，通过静态采集系统进行数据采集；光学类挠度测试仪器传统的有精密水准仪、全站仪等测量设备，此外还有基于光电成像的桥梁挠度仪等；激光类挠度测试主要是利用激光测距的原理，通过激光位移计对桥梁静态挠度进行测试；图像式桥梁挠度测试方法有基于图像的桥梁挠度仪；GPS 挠度测量方法主要是利用全球定位系统 GPS 对大跨径桥梁挠度进行测试；雷达类挠度测试方法主要是利用毫米波雷达对桥梁挠度进行测试。

1）机械式百分表、千分表

机械百分表和千分表（图 4.3-1），其主要工作原理是通过机械式测量杆驱动齿轮旋转，以读出位移的变化，仪器的读数由人工读取，所以只能用来测试桥梁的静态变形。机械百分表、千分计在进行桥梁静载试验时，必须将试验支架与桥梁结构分开，并将其进行固定；或用细钢丝把铅锤挂在试验桥的主梁底面上，机械百分表和千分表固定在一个稳固的地面或支架上，测量杆与铅锤的底面相接触，因为细钢丝的变形可以忽略，所以测量铅锤底面的垂直变形值就是桥梁的挠度值（图 4.3-2）。

2）电子百分表或挠度计

电子百分表或挠度计的测试原理同机械式仪表相类似，即利用测量杆带动齿轮转动来读取位移变化量，不同之处是通过电子元件将位移量采用数字的方式进行显示（图 4.3-3）。电子百分表或挠度计在进行桥梁静载挠度测试时可以利用固定支架或悬挂铅锤法进行测试。

3）光学类挠度测试仪器

（1）高精度全站仪

全站仪是集电子经纬仪、光电测距仪和数据采集记录于一体的测量仪器，在桥梁挠度测试时，通过全站仪测站读取斜距、竖直角和水平角来计算变形值[21]。对于大跨径桥梁静载试验，其适用于测试变形量较大的主梁跨中、斜拉桥或悬索桥主塔的变形，通常采用无棱镜式全站仪进行测试。

图 4.3-1 机械式百分表

图 4.3-2 百分表进行挠度测试

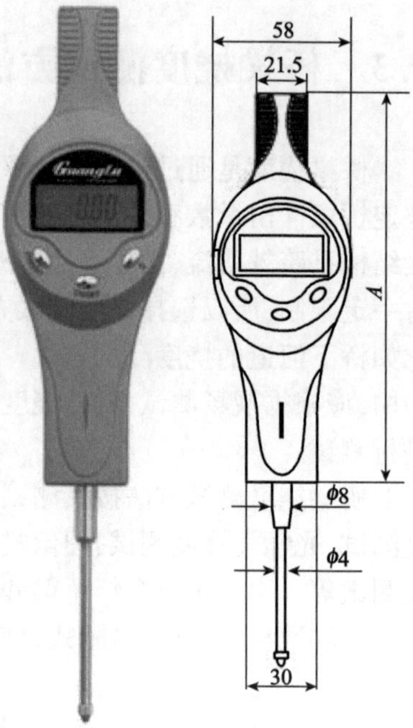

图 4.3-3 电子百分表(尺寸单位:mm)

(2)精密水准仪

精密水准仪能够精密地整平视线和测试高程的变化,它是将计算机电子与精密水准仪光学技术结合的新型精密水准仪(图 4.3-4)。精密水准仪适用于桥梁静载试验主梁难以采用接触式挠度测量的情形,利用该设备在桥面布设测点可以测试桥梁在静载试验中的挠度变化。

(3)桥梁光电挠度仪

桥梁光电挠度仪的工作机理,是将专用的靶标固定在被测量的桥梁测点,从而使靶标和桥梁的挠度测点固定在一起同步振动,以便于将桥梁测点的振动转换成特定波长的光源振动,进而通过光学解析系统将待测光信号解析至专用的精密工业型 CCD 上,利用 CCD 上的光图形中心位置的变化,就能够很精确地测量桥梁挠度测点在荷载作用下的纵、横向位移及其随时间的变化曲线。

由于受到采样频率的限制,全站仪和精密水准计只能用来测试桥梁的静态挠度,而桥梁光电挠度仪可以对桥梁静态和动态挠度进行测试。桥梁挠度仪用于静态挠度测试时,能够在同一时间对多个测点进行静态挠度测试,在需要检测的位置设置专门的靶标。在进行桥梁静态挠度测试之前,首先要对各测量点的靶标进行标定,然后由仪器自动记录目标的方位信息(例如角度、距离),完成一个靶标标定后,再进行下一个靶标的标定。采用桥梁挠度仪进行静态挠度测试时,仪器将按照预先标定的靶标位置,依次对多个测点的静挠度进行测量(图 4.3-5)。桥梁挠度仪在进行动态挠度测试时,只能对一个测点的动挠度进行实时动态的测试。

4)图像式桥梁挠度仪

图像式桥梁挠度测量系统的工作原理是通过图像识别技术,对目标点的位置进行连续的测量。在进行桥梁挠度测试前需要在图像范围内对测点进行标识,测试时仪器能准确跟踪被测物上标识点及被测物上点与点之间的运动轨迹,准确测量物体的动静挠度位移。图像式桥梁挠度仪的主要特点:①无须在被测点上安装靶标或标志点,仅需要在图像上标识待测的目标点即可,在特殊工况下使用更为方便;②可同时对图像范围内的多个测点进行动态挠度或者静态挠度进行测试,测试效率更快、精度更高;③可对目标点进行二维测量提取桥梁静态挠度,解决目前所有仪器存在的技术壁垒;④可以采用先拍摄视频录像,事后再进行处理分析的方式,弥补现场测量可能存在的盲点或不足;⑤只需更换个别备件,即可实现多功能测量,比如用于材料力学分析(尤其是高低温、高速冲击、疲劳测试等特殊工况),应变测量等。

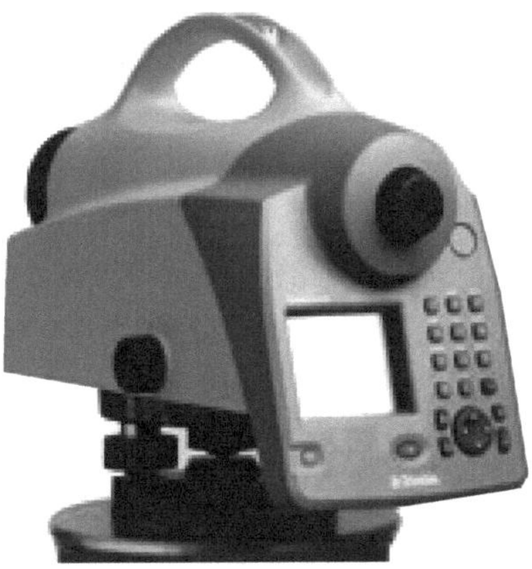

图 4.3-4　精密电子水准仪

图 4.3-5　桥梁光电挠度仪

5) GPS 测量方法

GPS 的定位是利用卫星基本三角定位原理,GPS 接收装置以测量无线电信号的传输时间来量测距离,以距离来判定卫星在太空中的位置,这是一种高轨道与精密定位的观测方式[53]。GPS 对于桥梁挠度的测量精度较低,通常用于变形较大的大跨径桥梁的挠度测试,桥梁静载测试采用静态差分计算精度相对较高,动态挠度采用实时差分计算精度相对较低。

6) 毫米波雷达

毫米波雷达是通过发射、接收电磁波实现微变形测量的设备,其电磁波工作在毫米波波段 30 ~ 300GHz 频域(波长为 1 ~ 10mm)[54]。毫米波雷达测量原理是利用两次测量接收电磁波干涉测量的相位差来实现目标微变形测量的,近年来在桥梁挠度测试中有广泛的应用。毫米波雷达(图 4.3-6)具有全天候、非接触测量、高精度、多目标同时测量、采样频率高等特点,同传统的挠度测试方法相比具有明显的优势。

图 4.3-6　毫米波雷达挠度测试仪

4.4 毫米波雷达挠度测试

毫米波雷达采用电磁波的原理，利用干涉测量技术实现结构物微变形的精确测试，雷达视线方向的测试精度可以达到纳米级。IBIS 系统雷达工作的频段为 16.6 ~ 16.9GHz 的 Ku 波段，其带宽 B 为 0.3GHz，其距离向的分辨率为 0.5m。而国内主流的毫米波雷达挠度检测设备工作频率为 16.9GHz，电磁波波长相对 IBIS 系统也较短，测试精度相对较高。毫米波雷达微变形检测设备通过采用步进频率连续波（SFCW）或线性调频连续波（LFMCW）技术、干涉测量技术以及合成孔径雷达（SAR）技术，提高了雷达空间分辨率和微变形测试的精度。理论上最小可识别的位移变化为 0.000154mm，虽然毫米波雷达现场测试的精度会有一定的下降，但毫米波雷达微变形测试技术对于桥梁或结构物的变形测试来讲，其精度较高，是工程微变形检测和监测的有力工具。

4.4.1 雷达挠度检测、监测设备

目前国内应用于微形变测试的地基雷达产品是意大利的 IBIS 系统，该系统是意大利 IDS 公司与佛罗伦萨大学联合开发的，可以持续、全面地监测结构的目标[55]。IBIS 系统应用于结构微变形检测和监测的产品主要有 IBIS-S（IBIS-S）和 IBIS-L（IBIS-L）[56]。IBIS-S 主要用于对桥梁、建筑物、高塔等易发生微小变化的目标点进行精确的监测，得到目标点的位移变化量[56]。此外，通过该设备对桥梁或建筑物微变形的精确测试，提取关键的评估参数可用来进行结构的健康诊断和评估。IBIS-S 的测程为 0.01 ~ 2km，精度为 ±（0.1 ~ 0.01）mm，最大采样频率 200MHz。IBIS-L 可对大坝、边坡、建筑物等易发生微小位移变化的物体进行精确的监测，得到被测物每部分的位移变化量，分析水库变形机理和变形特征，评价地质灾害。此外，通过该设备能够及时对各种危险区域做出灾害预报，极大减少或避免灾害对人民生命财产造成的损失。IBIS-L 的测程为 0.2 ~ 4km，监测精度为 ±0.1mm，最小采样间隔为 5min[56,57]。

国内一些科研机构、生产厂家对于地基雷达的微变形检测也进行了大量的研究，开发出一系列毫米波雷达的检（监）测产品。目前国内应用较多的产品是中公智联（北京）科技有限公司生产的一系列毫米波雷达产品，主要产品包括：雷达动位移/索力检测仪、荷载试验检测仪、动位移监测仪以及索力监测仪，见图 4.4-1，各产品主要技术参数见表 4.4-1。

a)雷达动位移/索力检测仪　　b)荷载试验检测仪

图 4.4-1

c)动位移监测仪　　d)索力监测仪

图 4.4-1 国内典型毫米波雷达系列产品

国内毫米波雷达产品主要技术参数表　　表 4.4-1

产品主要技术参数	雷达动位移/索力检测仪	荷载试验检测仪	动位移监测仪	索力监测仪
测试范围	≤500m	≤50m	≤100m	≤100m
测试精度	0.02mm	0.05mm	0.05mm	0.05mm
频率精度	‰2FS	—	—	‰5FS
采样频率	≤200Hz	≤100Hz	≤50Hz	≤100Hz
供电/功耗	≥16h	≥16h	≤2W	≤2W

目前国内还有其他科研机构和生产厂家也在开发和生产的不同毫米波雷达产品，其工作频段主要集中在 16.6 ~ 16.9GHz 和 24GHz[58]，产品的主要测量原理相同，产品性能和主要技术参数可能稍有差异。

4.4.2 雷达测试挠度的测点布设

采用毫米波雷达进行桥梁静载挠度测试时，为提高桥梁测试位置电磁波信号的反射强度，通常需要在测点位置安装角反射器，见图 4.4-2。毫米波雷达发出是窄波束的电磁波呈扇形分布，在满足一维径向分辨率的情况下，若有多个测点位于波束角内，雷达同时对各个测点的微变形进行测试。基于雷达干涉测量技术的上述特点，可以建立多点同时测量系统，便于结构物检测和监测过程中的多测点数据的采集[59]。

图 4.4-2 雷达测试的角反射器

由于雷达受一维向分辨率、几何坐标等影响，干涉雷达在现场的测量精度低于试验室中的测量精度。所谓一维向分辨率，即干涉雷达只能识别到雷达不同径向距离的单元而无法识别出到干涉雷达相同径向距离的单元[60]。如图 4.4-3 所示，ΔR 为径向分辨率，P_1 和 P_2 位于干涉雷达所能识别的同一径向单元内，因而干涉雷达只能识别出表征 P_1 和 P_2 变形特征的一个综合值，而无法分别获得 P_1 和 P_2 的变形[61]。

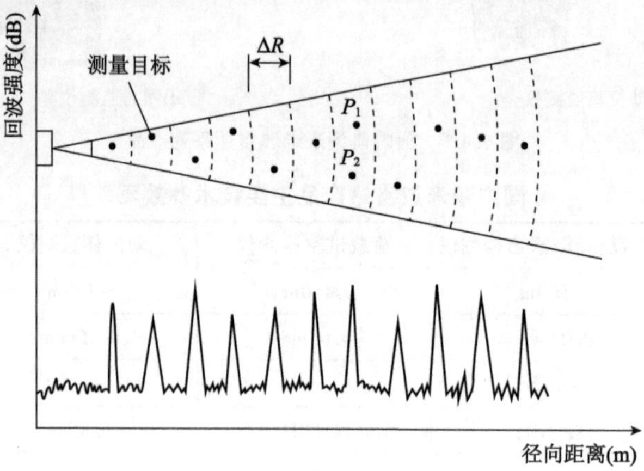

图 4.4-3　一维向距离分辨率剖面示意图

为减小一维径向分辨率对测试的影响，在桥梁静载试验中通常的做法是在测点处安装角反射器和在现场调整雷达位置使待测目标点满足测试要求[61]。由于金属具有极强的反射电磁波的特点，可在测点处安装金属角反射器；通过移动雷达位置来获得角度向分辨率，以识别出径向距离相满足要求点位的变形[61]。

在桥梁静载试验中，需要测试关键控制截面各测点的挠度，测点通常布置沿直线布设在控制截面上。采用毫米波雷达测量桥梁静载挠度时，角反射器在控制截面布置如图 4.4-4 所示，在梁体挠度测试截面布设 4 个挠度测点，测点处安装角反射器并安装牢固，根据雷达位置调整好角反射器的角度，确保雷达能够接收到明显的回波[61]。假定角反射器测点间的水平间距为 ΔL，雷达波的径向分辨率为 Δr，根据雷达一维径向分辨率来调整雷达的位置和角度，当 ΔL 大于 Δr（所用雷达径向分辨率为 0.5m）时，雷达在一个固定位置就能同时测试 4 个测点（或更多测点）的挠度[61]。实际上，只要雷达与各测点不在同一水平直线上，ΔL 始终大于 Δr，因此雷达很容易找到一个合适的架设位置[61]。

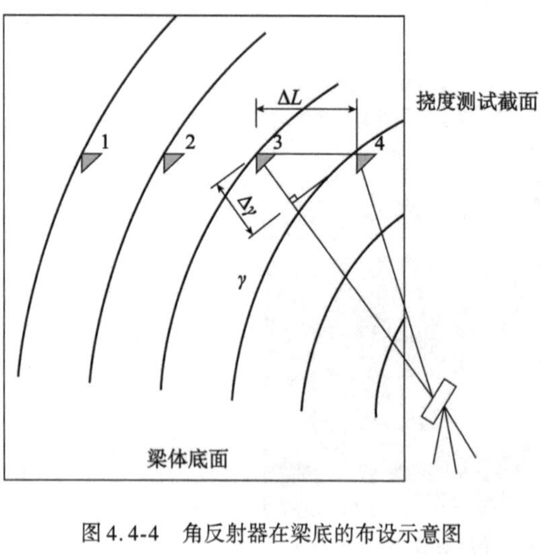

图 4.4-4　角反射器在梁底的布设示意图

在桥梁静载试验时，按照以上方法布设角反射器可以避免受一维向分辨率的影响，保证所有的测点位置在测试过程中位于不同径向距离的单元中而能够被有效地识别，从而保证测点的测试精度。

4.4.3 无线分布式毫米波雷达测试系统

1)系统功能

无线分布式毫米波雷达测试系统适用于桥梁静载试验中多测点挠度同步采集,系统包括:毫米波雷达挠度采集装置、基于 WiFi 技术的无线数据传输装置、PC 端数据处理分析装置。该系统适用于桥下净空小或者可搭设支架的桥梁静载试验的挠度测试,测试时毫米波雷达挠度采集装置安装在地面或者支架上,系统通过微波干涉技术测量梁体的竖向变形[62,63]。桥梁静载试验每个加载工况的所有测点初始值和变形值都可以通过无线 WiFi 实时传输至 PC 端的采集软件,在 PC 端提前设置好数据文档格式,数据处理分析程序实时显示各测点实测挠度值,并通过预先编制的计算公式自动计算校验系数、残余变形。与现有的测试技术相比,无线分布式毫米波雷达系统安装方便、操作简单,无须人工多次读数记录。采用无线传输技术避免了仪器间接线的烦琐,能够快速采集多个测点的挠度值,在现场实时生成测试数据电子文档,以供检测人员及时判断桥梁承载能力状况和编制检测报告[62]。

2)系统组成

中小跨径桥梁静载试验采用毫米波雷达需要安装角反射器,会增加测点布设的成本,工作效率较低。根据毫米波雷达测试桥梁挠度的原理,当雷达主机与目标体的视线方向与水平方向的夹角 $\alpha = 90°$时,雷达视线方向的变形量即为桥梁结构的竖向挠度变形。这样就可以利用雷达发射电磁波的反射比较强的回波信号来识别目标位置,同样利用多次测量的相位差来实现梁体竖向变形的精确测试,由于测试形变值不需要进行换算,进一步提高了测试的精度。

无线分布式毫米波雷达是基于上述原理开发的测试系统,系统包括毫米波雷达挠度检测仪、无线发射模块、基于 WiFi 技术的无线数据传输装置模块、PC 端数据处理分析系统等组成,见图 4.4-5 和图 4.4-6。在图 4.4-6 中:1 为现场测试控制 PC 端,包括控制电脑硬件及采集软件系统;2 为无线路由器组成现场局域网,通过无线网通控制 PC 端和雷达设备无线发射模块连接;3 为毫米波雷达与无线发射模块组成采集、无线发射模块,即图 4.4-5 中所示的模块;4 为测试桥梁主梁结构,测试时雷达发射和接收面应垂直对准梁体测试位置;5 为桥下安放毫米波雷达的地面或支架平台。

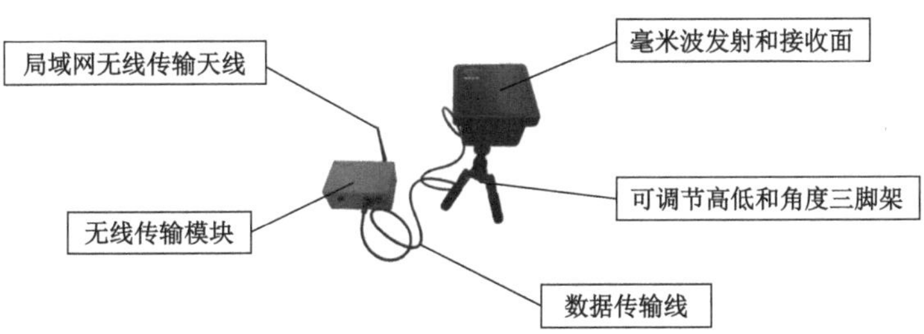

图 4.4-5 毫米波雷达采集、无线发射模块

3)系统主要特点

无线分布式毫米波雷达测试系统具有以下特点:

(1)无须在梁底安装角反射器,省去了拆装角反射器的流程,大大降低了桥梁静载试验的

措施费,提高了工作效率。

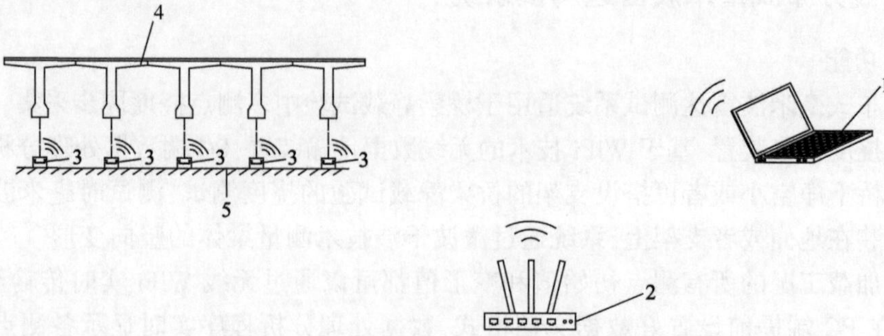

图 4.4-6　无线分布式毫米波雷达测试系统

(2)每台雷达对应一个主梁测点位置,通过增加测试雷达主机数量可以组成多点同步测试的局域网,实现桥梁多目标同时测试。

(3)测试系统通过无线局域网组成了无线分布式测试系统,能实现现场采集数据的实时传输与控制。

(4)采集软件分析软件可以通过发射电磁波和接收反射电磁波的相位差来记录测点随时间变化的微小振动,并自动选取某一时间段内测点的动挠度平均值作为该测点的竖向挠度值。

(5)采集系统分析软件能够根据现行规范要求,预先编写校验系数和残余变形的计算公式,导入各加载工况挠度测点的理论计算值,对于不同测试截面,自动计算各测点的校验系数和残余变形,并生成电子数据文档,采集系统软件进行数据处理分析的流程见图 4.4-7。

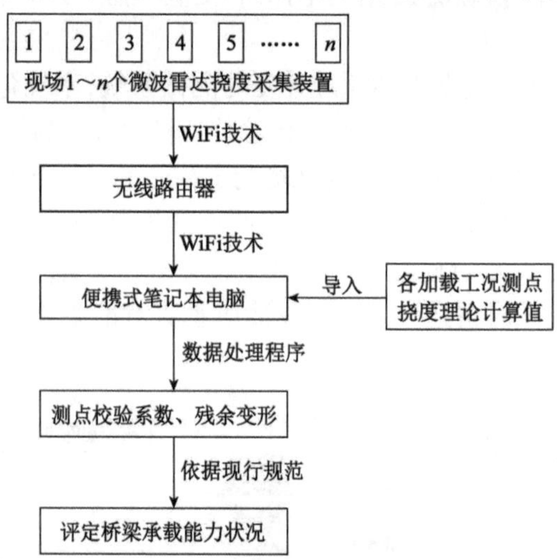

图 4.4-7　数据处理分析的流程图

(6)传输模块自带充电蓄电池,能够给自身和雷达供电,可连续工作 30h。

4)现场测试的步骤

桥梁静载试验时,根据静载试验方案确定的桥梁挠度控制截面及测点数量,来确定无线分布式毫米波雷达测试系统所需要系统配置。测试系统需要的雷达主机和无线发射模块的数量由测点数量来确定,由于该系统利用电磁波直达波的回波信号来进行测试,每台雷达设备对应一个桥梁挠度测点。采用无线分布式毫米波雷达测试系统现场测试的主要步骤如下:

(1)根据桥梁静载试验方案确定系统中测试雷达和无线模块的数量,配置测试系统。

(2)在测试桥跨地面或搭设支架平台安放毫米波雷达,调整雷达发射、接收面使其垂直对准测试主梁位置,并打开电源开关。

(3)将雷达主机、无线发射模块、无线路由器号和笔记本电脑通过无线局域网连接,进行测试系统调试,使其进入正常工作状态。

(4)测试系统调试完毕,打开测试软件界面对测试雷达进行通道配置,正确设置串口及配置参数。

(5)开始对雷达进行测试,根据直达电磁波能量较强的回波信号的距离向信息,点击确定测点,见图4.4-8。图4.4-8中在距离向9.39m处雷达电磁波的反射回波信号最强,根据现场测试雷达与主梁结构测试距离进行复核确定该位置是否为对应主梁测点,经复核后无误后在回波幅度曲线上拾取该位置作为桥梁挠度测点位置。

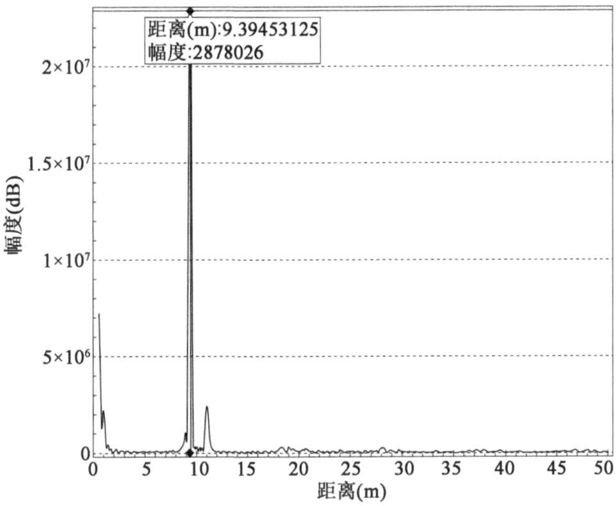

图4.4-8　测点回波信号幅值图

(6)确定1台雷达测点位置后,设置采样频率、终止条件等信息后进行采样,查看该测点挠度变形信号是否正常。若该测点挠度采样信号异常,则需要对该雷达设备进行进一步调试、调整配置参数,直到测试信号正常,保存采样参数的设置。

(7)1台雷达调试完毕后进行下一台雷达设备的通道设置、串口信息配置以及测点确定及调试等工作,按照步骤(4)~(6)进行。

(8)直到所有雷达设备通道、串口、采样参数配置完毕,各测点数据工作正常,整个测试系统准备工作完成。

(9)设置数据存储路径,开始进行静载试验挠度的测试。

4.5　桥梁静载试验中的应用案例

毫米波雷达系统具有全天候、受环境因素干扰小、精度高、采样频率高等优点,能同时实现对波束角范围内多目标进行实时动态的动位移测试,使该技术在桥梁静载试验中得到了广泛的应用。

4.5.1 挠度测试精度的验证

毫米波雷达采用步进频率连续波或线性调频连续波技术、合成孔径雷达、干涉测量技术等关键技术,提高了毫米波雷达的空间分辨率和微变形测量的精度[64]。步进连续波或线性调频连续波两种信号调制技术提高了毫米波雷达距离向的分辨率,合成孔径雷达技术则提高了角度的分辨率,干涉测量技术通过比较不同时刻的相位信息来计算获取桥梁挠度测点的变形量[65]。毫米波雷达的测量原理决定了其同传统形变测量相比具有自身的优势,理论上测量精度甚至可以达到亚微米级,如工作频率为 17GHz 的雷达,其理论最小分辨率可以达到 0.000068mm。

1)毫米波雷达理论测量精度

根据毫米波雷达测量原理,仪器设备的测量精度取决于雷达工作频段电磁波波长和系统分辨率的最小相位差。根据干涉测量原理,仪器设备能够检测到的最小变形量为[13]:

$$d_{\min} = -\frac{\lambda}{4\pi}(\varphi_2 - \varphi_1)_{\min} \tag{4.5-1}$$

式中: λ——雷达电磁波波长;

$(\varphi_2 - \varphi_1)_{\min}$——雷达设备系统分辨的最小相位差。

对于不同的毫米波雷达测试系统,根据其电磁波波长和系统分辨率的最小相位差可以分析其理论可以达到的精度。

对于 IBIS-S 系统,其雷达工作频率为 17GHz,电磁波波长为 17.679mm,系统分辨率最小相位差:

$$(\varphi_2 - \varphi_1)_{\min} = 1'' = \frac{\pi}{648000} \tag{4.5-2}$$

根据式(4.5-1)计算 IBIS-S 系统能检测到最小理论形变量为 0.000068mm。

对于中公智联(北京)科技有限公司生产的毫米波雷达,其工作频率为 24GHz,电磁波波长为 12.5mm,系统能分辨率的最小相位差为 1″,则其毫米波雷达产品可以检测到最小理论形变量为 0.000048mm[66]。

2)测试精度验证

雷达微变形检测设备虽然理论上能测试的微变形能达到亚微米级,但实际现场测试时其精度可能会受到噪声、信号衰减等测试环境影响有所降低,但现场试验的研究证明其标称的精度可以达到亚毫米级。为验证雷达在微变形测试的精度,国内外学者针对雷达系统做了大量的测试研究,验证其现场测试精度能够满足桥梁及结构工程微变形测试的需求。

(1)IBIS 系统精度测试

金旭辉等人针对 IBIS 系统做了室内验证试验:在室内距离 IBIS-S 雷达 20m 处设定了一个测量目标,并使用 IBIS 雷达系统测量目标物的模拟变形量,对目标的变形量则采用游标卡尺(精度 0.02mm)来精确地调整,并把调整的结果与 IBIS 所测定的实际变化数值加以比对[66]。试验共分为四次完成,针对目标变形 3mm 和 4mm 两种情况分别测试四次数据并进行对比,测试结果见表 4.5-1[66]。

对比 IBIS-S 测量变形量与真值,IBIS-S 系统测量中误差为 0.08mm,通过该实验可以看出 IBIS 系统能够很精确的监测到目标物的变化情况,这就验证了 IBIS-S 系统具有较高的测量精度[66]。

IBIS-S 系统精度测试结果(单位:mm)　　表 4.5-1

IBIS-S	真　值	差　值	IBIS-S	真　值	差　值
3.05	3.00	0.05	3.99	4.00	-0.01
2.94	3.00	-0.06	4.12	4.00	0.12
3.01	3.00	0.01	3.89	4.00	-0.11
2.91	3.00	-0.09	4.10	4.00	0.10

国内外其他学者也针对 IBIS-S 系统做了大量室内试验,Bernardini 于 2007 年针对 IBIS-S 系统进行弹簧试验振动试验,测试结果表明在实验室的条件下,测距为 7m 的情况下 IBIS-S 对位移变化的监测精度优于 0.02mm[66,67]。

(2)线性调频连续波雷达精度测试

目前国内生产的毫米波雷达主要采用线性调频连续波技术对雷达信号进行调制,一些学者对雷达也进行了室内测试精度的验证,国内雷达产品精度可以达到 0.1mm,甚至一些产品精度优于 0.05mm。

针对中公智联(北京)科技有限公司生产的 IICC-NDW 毫米波雷达,采用上海正信 ZXT500MA06 平移台进行室外现场测试验证其测试精度。ZXT500MA06 平移台的性能参数:行程 100mm,分辨率为 0.00125mm,重复定位精度小于 0.003mm。测试方法将毫米波雷达架设在三脚架上,在距离雷达 40m 处安放另一台三脚架,并将角反射器固定在三脚架上的 ZXT500MA06 平移台上。调整好雷达设备控制移动 ZXT500MA06 平移台的移动,移动范围为 0~4mm,移动步距为 1mm,在移动过程中对形变量进行连续测试,见图 4.5-1。对形变曲线进行误差分析得出结果,在测距 40m 范围内其误差精度在 0.05mm 范围内。

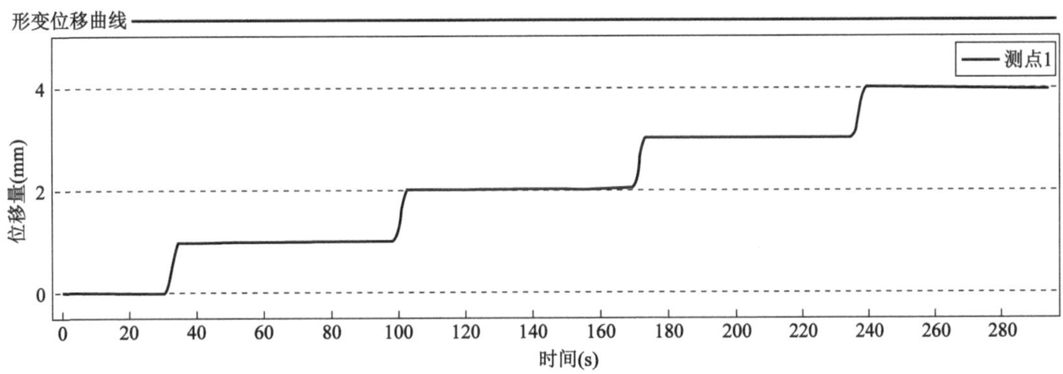

图 4.5-1　IICC-NDM 雷达精度测试形变曲线

(3)桥梁现场测试精度验证

为验证毫米波雷达在桥梁静载试验现场测试的精度,通过实际桥梁静载试验中同其他方法进行对比测试来验证。

选取北京市某国道一座连续梁桥作为测试桥梁,桥梁上部结构为预应力混凝土连续箱梁,跨径组合为 6×30m[68]。在静载荷试验中,选取了试验跨的跨中作为挠度控制截面,挠度测试分别采用毫米波雷达和百分表两种方法进行测试。测试箱梁底面布设 7 个百分表挠度测点，挠度测点间距为 1.0m，挠度测点布置如图 4.5-2 所示[69]。采用百分表进行桥梁挠度测试，挠度测试采用桥梁静载最直接的挠度测试方法—悬垂法，即通过固定在箱梁底面的细钢丝下端的铅锤竖向变形来测量桥梁挠度变形，测试精度达可以达到 0.01mm[70]。

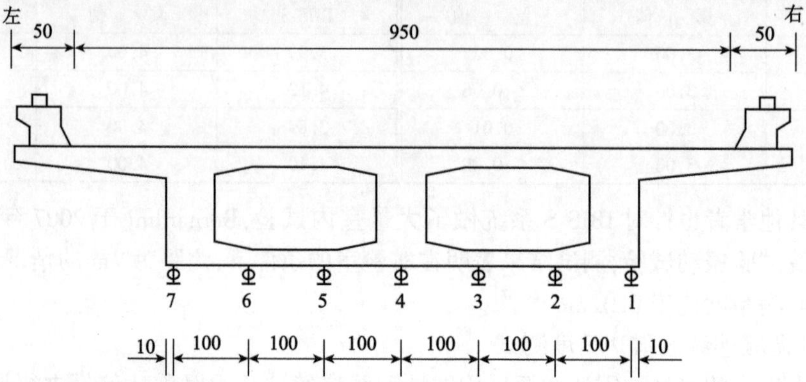

图 4.5-2　跨中截面挠度测点断面布置图(尺寸单位：cm)

图 4.5-3　箱梁底面毫米波雷达测点

为便于对比分析两种测试方法，在图中对应 2 号测点和 4 号测点位置分别布设 2 个毫米波雷达测点，测点处安装角反射器，见图 4.5-3。图 4.5-3 中的观测点 1 对应的百分表挠度测点编号为 2 号测点，观测点 2 对应的百分表挠度测点编号为 4 号。

桥梁静载试验采用分级加载方式进行试验，静载加载过程采用四级加载后一次卸载的方式，在测试过程中雷达法能实时显示整个加载过程中的挠度值[59,61]。在加载测试过程中能明显发现各级加载后时程曲线呈明显的台阶状分布，选取对应时间点附近稳定波动曲线的平均值作为该级静载的挠度读数。两种测试方法静载挠度测试结果对比见表 4.5-2，静载试验的弹性挠度值见表 4.5-3。

静载试验挠度实测值对比表(单位：mm)　　表 4.5-2

测点编号	1 级加载	2 级加载	3 级加载	4 级加载	卸载后
百分表 2 号测点	3.15	4.21	5.13	6.06	0.10
雷达 1 号测点	2.95	4.15	5.06	6.15	0.08
百分表 4 号测点	3.10	4.17	5.06	5.97	0.05
雷达 2 号测点	2.85	4.11	5.15	6.11	0.11

静载弹性挠度值对比表(单位：mm)　　表 4.5-3

测点编号	1 级加载	2 级加载	3 级加载	4 级加载
百分表 2 号测点	3.05	4.11	5.03	5.96
雷达 1 号测点	2.87	4.07	4.98	6.07
百分表 4 号测点	3.05	4.12	5.01	5.92
雷达 2 号测点	2.73	4.00	5.04	6.00

虽然百分表测试精度较高，其测试值并非桥梁静载加载时挠度的真值，因此以百分表测试结果作为基准进行评价也有一定的偏差。连续梁桥的静载试验采用百分表和毫米波雷达两种方法进行对比试验，以百分表的测试结果作为基准，实测挠度和弹性挠度值偏差均在2%以内。两种方法对比试验测试挠度偏差较小，表明毫米波雷达在现场测试也具有较高的精度，满足桥梁静载试验挠度测试的要求。

室内试验测试精度和现场对比试验均验证了毫米波雷达的测试精度，因此毫米波雷达在桥梁静载试验挠度测试中具有很好的应用前景。

4.5.2　桥梁静载试验案例一

1）桥梁概况

某简支梁桥位于北京市怀柔区G111京漠线，中心桩号K91+629。桥梁全长为141.3m，桥梁跨径组合为6×22.2m，桥梁全宽为9.0m，行车道宽为7.0m，桥下净空为7.5m，见图4.5-4。

图4.5-4　试验桥梁的顺桥向照片

桥梁上部结构为6跨钢筋混凝土简支T梁，下部结构为钢筋混凝土双柱式桥墩、双柱框架式桥台。桥面采用沥青混凝土铺装，桥面两侧设钢筋混凝土栏杆，两桥台处各设1道型钢伸缩缝[63]。

此桥类型为大桥，桥梁与河道正交。桥梁建于1974年，设计荷载汽车—15级，验算荷载为挂车—80[70]。

本桥拟通过静载试验对桥梁承载能力进行评价，桥梁静载试验的挠度采用毫米波雷达进行测试。

2）静载试验方案

本次试验采用弯矩等效方法进行等效换算，以桥梁跨中弯矩的影响线进行加载计算[71]。由于本桥试验跨为简支T梁，跨中截面为最不利正弯矩控制截面，因此试验加载工况为最大正弯矩工况[26]。

桥梁静载试验的控制荷载标准按汽—15级荷载等级标准进行加载控制。荷载试验采用重车进行加载，加载采用2辆车辆对称加载。桥梁荷载试验加载分为4级加载，最大荷载效率系数控制在0.95～1.05范围内，测试截面见图4.5-5。

挠度测试主要测试最不利位置(跨中位置)的挠度以及横向分布,断面布置5个挠度测点[69]。挠度测量采用毫米波雷达进行测试,雷达在测试现场组成无线分布式挠度测试系统,每片主梁下布设1台雷达,测试系统共布设5台雷达,见图4.5-6,系统组网见图4.5-7。

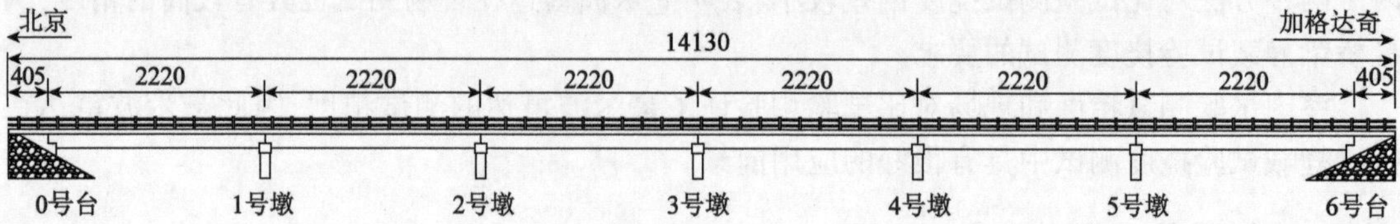

图4.5-5　桥梁测试截面示意图(尺寸单位:cm)

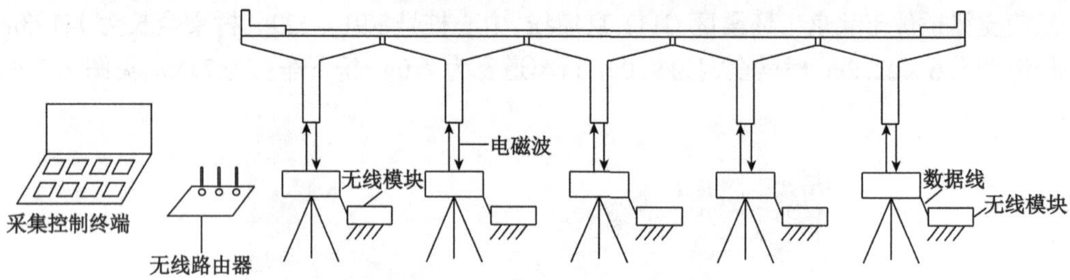

图4.5-6　毫米波雷达测点布设示意图

由于本节主要介绍桥梁静载挠度测试的内容,应变测点的布设以及后续分析中不单独列出。

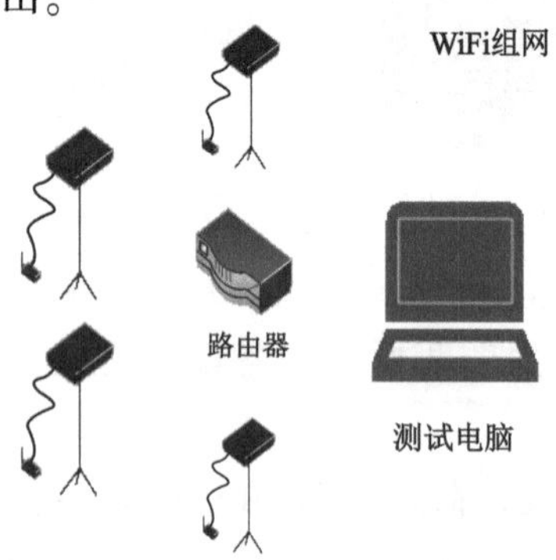

图4.5-7　毫米波雷达分布式系统网络示意图

3)桥梁结构理论分析

本次试验采用有限元方法对桥梁结构进行理论分析,采用MIDAS分析软件用梁格法建立有限元模型。上部结构主梁和横隔梁均采用梁单元进行模拟,全桥共有244个梁单元,桥梁有限元模型如图4.5-8所示[72]。

根据桥梁静载试验方案在桥梁结构有限元模型进行加载计算,在最大加载荷载(第4级加载)下桥梁结构挠度变形见图4.5-9,各测点在加载过程中理论计算值见表4.5-4。

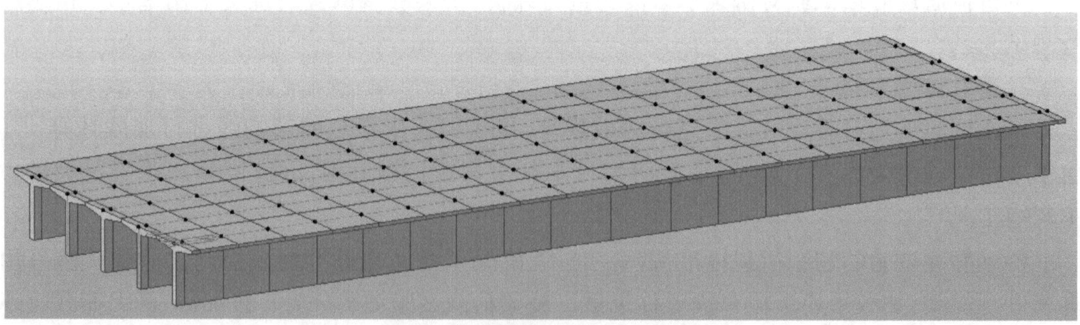

图4.5-8　桥梁结构计算有限元模型

4)挠度实测结果

利用无线分布式毫米波雷达测试系统对桥梁在加载过程中的挠度进行测试。试验加载前应对测试系统进行调试,系统调试正常后设置测试的各项参数。在桥梁静载加载前的数据采集应在封闭交通后进行,整个加载、卸载过程均需要对桥梁静载挠度进行连续测试,直到试验结束。毫米波雷达测试的数据能够显示桥梁整个桥梁静载过程中挠度的动态变化,根据动态测试曲线分析各级荷载下的挠度值,主要受力的主梁2号、3号、4号雷达测点时程曲线见图4.5-10～图4.5-12。

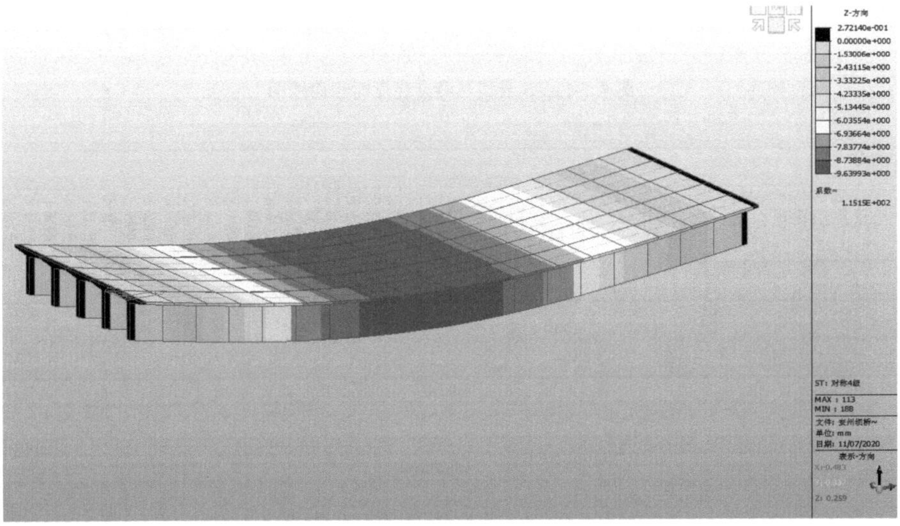

图4.5-9　桥梁第4级加载时变形图

静载加载工况各测点挠度理论计算值(单位:mm)　　表4.5-4

梁　编　号	1级理论值	2级理论值	3级理论值	4级理论值
1	-5.58	-7.00	-8.05	-9.47
2	-5.69	-7.13	-8.19	-9.64
3	-5.63	-7.06	-8.11	-9.55
4	-5.69	-7.13	-8.19	-9.64
5	-5.58	-7.00	-8.05	-9.47

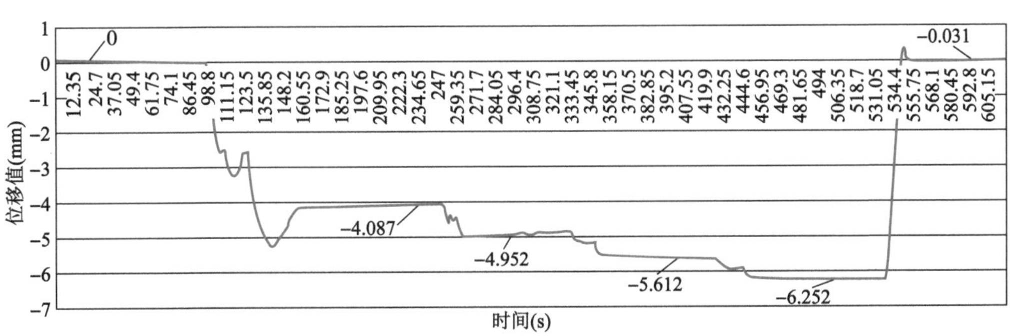

图4.5-10　2号雷达测点挠度时程曲线图

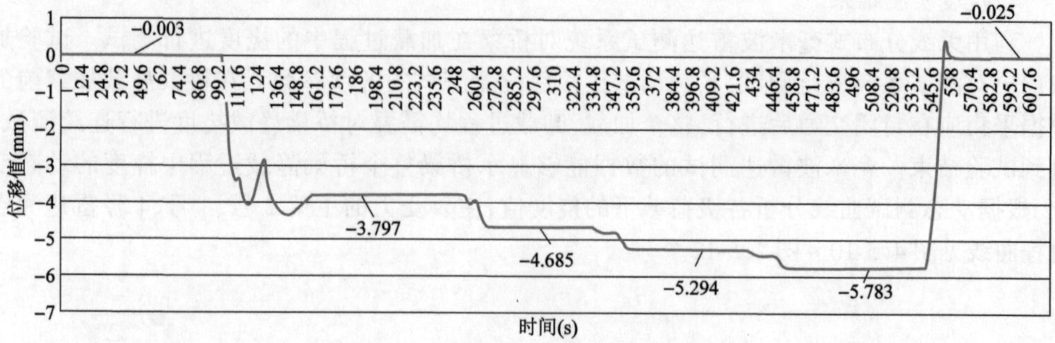

图 4.5-11　3 号雷达测点挠度时程曲线图

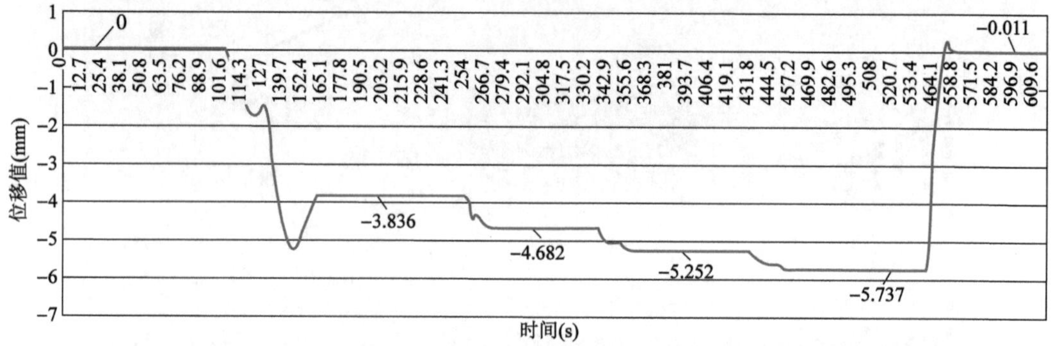

图 4.5-12　3 号雷达测点挠度时程曲线图

根据桥梁静载加载主要受力的 3 片主梁雷达测点的挠度时程曲线可以得出以下规律：

(1)各测点挠度的时程曲线是连续的动态时程曲线，能够显示桥梁静载加载前、1 级加载、2 级加载、3 级加载、4 级加载及卸载后的挠度变化的整个过程[73]。

(2)各级加载平稳后挠度数据稳定基本呈水平状态，不同加载级别的数据成台阶状分布。

(3)挠度时程曲线能显示加载车辆在桥上移动的加载过程，1 级加载读数平稳前挠度有两次较大的数据波动，这是由于两辆加载车在桥上调整位置所引起。桥梁静载加载采用两辆加载车进行加载，各级加载横向位置不变通过移动纵向位置来实现车辆加载，见图 4.5-13。2 级、3 级和 4 级加载时，两辆车辆由于车辆横向位置不变，仅通过车辆纵向位置的移动来实现加载，从挠度曲线上能明显看出各测点读数平稳前，挠度仅有 2 次微小波动。

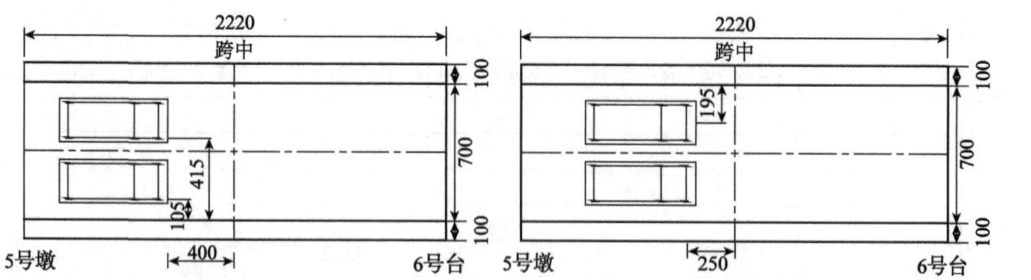

图　4.5-13

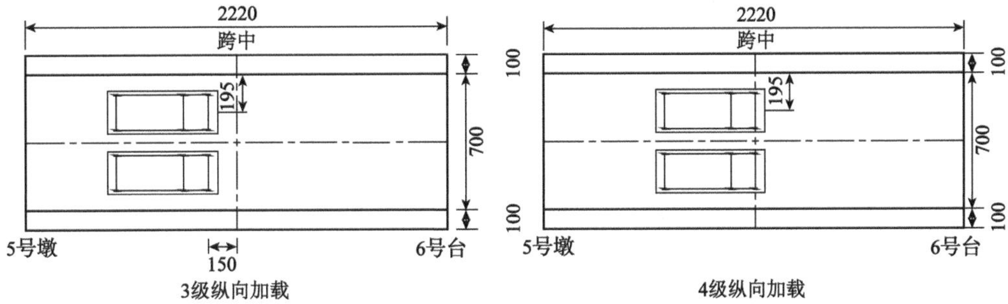

图4.5-13 桥梁加载纵向位置布置图(尺寸单位:cm)

桥梁静载加载试验各测点的挠度实测值见表4.5-5。

桥梁加载各级荷载的测点实测挠度值 表4.5-5

测点编号	加载前读数(mm)	1级实测值(mm)	2级实测值(mm)	3级实测值(mm)	4级实测值(mm)	卸载后挠度(mm)
1	-0.01	-3.16	-3.90	-4.39	-4.78	0.02
2	0.00	-4.09	-4.95	-5.61	-6.25	-0.03
3	0.00	-3.80	-4.69	-5.29	-5.78	-0.03
4	0.00	-3.84	-4.69	-5.25	-5.74	-0.01
5	0.00	-3.77	-4.5	-4.99	-5.37	-0.02

注:挠度测数据“-”表示向下挠度。

5)挠度测试结果分析

(1)静载加载弹性挠度值

根据《公路桥梁荷载试验规程》(JTG/T J21-01—2015)相关规定计算各测点的弹性挠度值,见表4.5-6[74]。

桥梁加载各级荷载的测点弹性挠度值 表4.5-6

测点编号	1级弹性挠度值(mm)	2级弹性挠度值(mm)	3级弹性挠度值(mm)	4级弹性挠度值(mm)
1	-3.17	-3.93	-4.42	-4.81
2	-4.06	-4.92	-5.58	-6.22
3	-3.77	-4.66	-5.26	-5.75
4	-3.83	-4.68	-5.24	-5.73
5	-3.75	-4.48	-4.97	-5.35

注:挠度测数据“-”表示向下挠度。

(2)挠度校验系数

根据桥梁静载加载工况最大荷载时挠度的理论计算值和弹性挠度值,计算主梁各挠度测点挠度校验系数,见表4.5-7。

桥梁静载加载工况挠度校验系数 表4.5-7

梁编号	弹性挠度值(mm)	理论挠度值(mm)	校验系数
1	-4.81	-9.50	0.51
2	-6.22	-9.61	0.65
3	-5.75	-9.55	0.60
4	-5.73	-9.61	0.60
5	-5.35	-9.50	0.56

注:挠度测数据"-"表示向下挠度。

从表4.5-7中可以看出,桥梁静载加载工况加载满载时各挠度测点挠度校验系数介于0.51~0.65之间。根据《公路桥梁荷载试验规程》(JGJ/T J21-01—2015)表5.7-8的规定,钢筋混凝土梁桥挠度校验系数的常值范围为0.5~0.9,因此桥梁各主要挠度测点校验系数满足规范要求,说明桥梁上部结构刚度满足汽车—15级荷载承载能力要求[39,69,70]。

(3)相对残余变形

桥梁静载加载工况,主梁挠度测点的挠度残余变形见表4.5-8。

桥梁静载加载加载工况挠度残余变形表 表4.5-8

测点编号	挠度残余值 S_p(mm)	总值 S_t(mm)	$\frac{S_p}{S_t}\times100$(%)	评定
1	0.02	-4.81	0.4	满足要求
2	-0.03	-6.22	0.5	满足要求
3	-0.03	-5.75	0.5	满足要求
4	-0.01	-5.73	0.1	满足要求
5	-0.02	-5.35	0.4	满足要求

注:挠度测数据"-"表示向下挠度。

桥梁静载加载工况主梁挠度相对残余变形在0.1%~0.5%之间,均小于20%,说明桥梁在加载过程中处于弹性工作阶段,主梁弹性工作性能良好。

(4)挠度横向分布

桥梁静载加载工况下,主梁的实测弹性挠度横向分布和理论挠度横向分布见表4.5-9,各测点挠度沿桥梁横向分布见图4.5-14。

桥梁静载加载工况挠度横向分布表 表4.5-9

梁编号	实测弹性最大挠度(mm)	理论最大挠度(mm)	梁编号	实测弹性最大挠度(mm)	理论最大挠度(mm)
1	-4.81	-9.50	4	-5.73	-9.61
2	-6.22	-9.61	5	-5.35	-9.50
3	-5.75	-9.55			

桥梁静载加载工况各测点的实测弹性挠度与理论挠度的变化趋势基本一致,在最大荷载作用下实测弹性挠度值均小于理论值[75]。

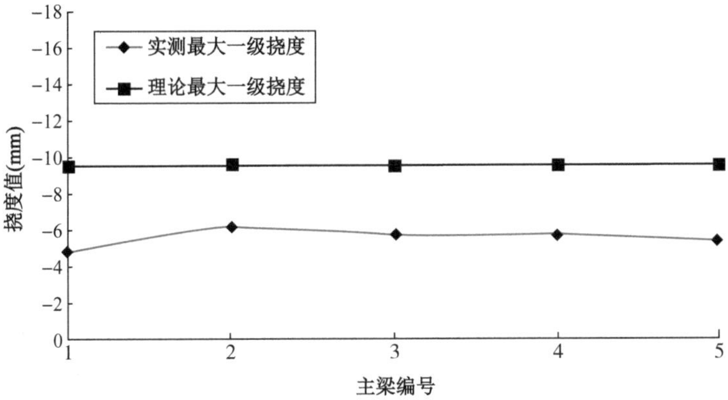

图 4.5-14　桥梁加载工况挠度各测点横向分布图

(5)挠度—荷载曲线

桥梁静载加载工况,主要受力的1号～5号测点的挠度—荷载曲线图见图4.5-15～图4.5-19。

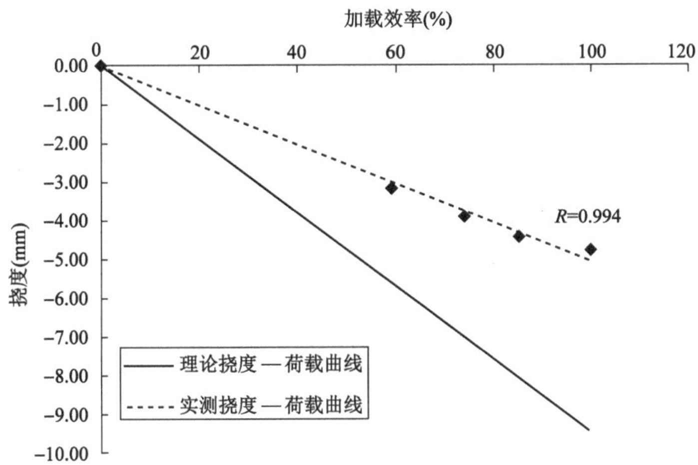

图 4.5-15　1号梁挠度测点挠度—荷载曲线图

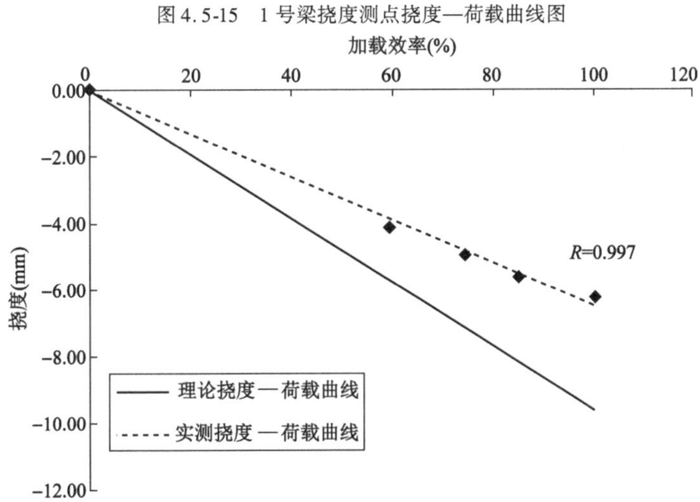

图 4.5-16　2号梁挠度测点挠度—荷载曲线图

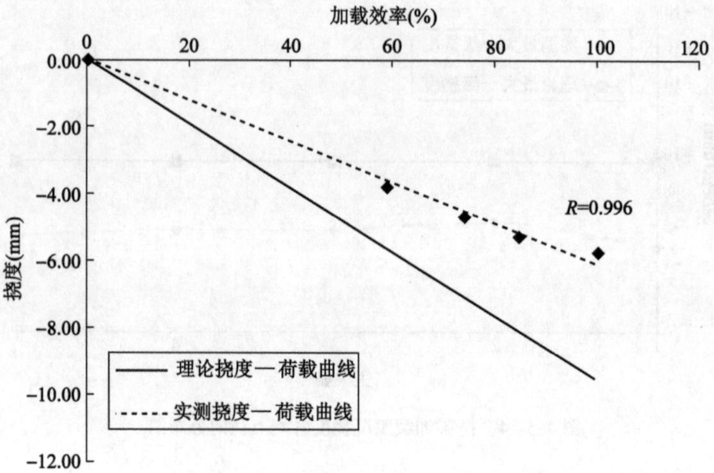

图 4.5-17　3 号梁挠度测点挠度—荷载曲线图

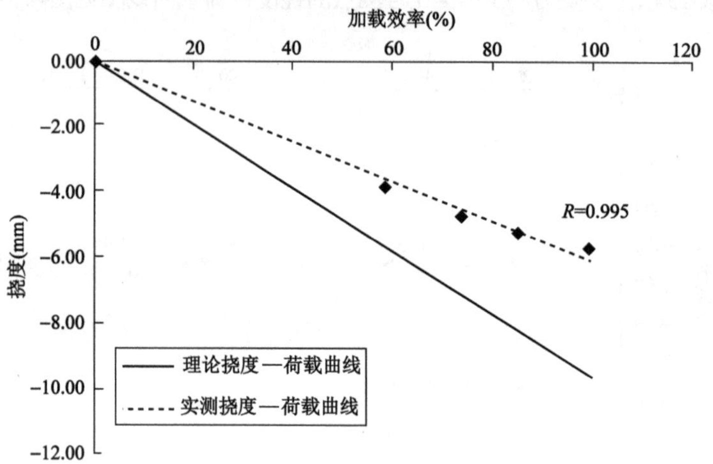

图 4.5-18　4 号梁挠度测点挠度—荷载曲线图

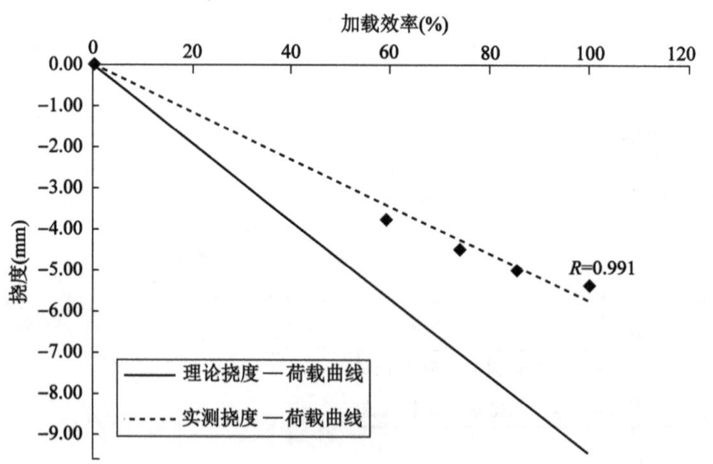

图 4.5-19　5 号梁挠度测点挠度—荷载曲线图

桥梁静载加载工况，主要受力主梁跨中截面挠度测点在满载时实测挠度均小于理论计算值，线性相关系数在 0.991 ~0.997 之间，线性相关性良好，主梁的弹性工作性能良好。

6）桥梁静载试验结论

桥梁静载试验包括桥梁挠度、应力/应变等静力参数的测试，本节主要对桥梁静载试验中挠度参数的测试结果进行评定，应力、应变评定方法相同。

（1）静载试验桥梁状况评定

①载试验加载效率为 1.00，满足《公路桥梁荷载试验规程》（JGJ/T J21-01—2015）中荷载加载效率的要求 $0.95 < \eta \leq 1.05$[77]。

②桥梁在静载加载工况下，主梁各挠度测点的校验系数均满足规范要求[74]，说明桥梁上部结构刚度满足汽车—15 级荷载承载能力要求[61,78]。

③挠度横向分布。

各挠度测点的实测挠度与理论挠度的变化趋势基本一致，在最大荷载作用下实测弹性挠度值均小于理论值[79]。

④残余变形。

主梁各挠度测点的相对残余变形均小于规范限值，主梁弹性工作状况良好[80]。

（2）静载试验结论

桥梁上部结构的刚度满足汽车—15 级荷载承载能力的要求[81]。

4.5.3 桥梁静载试验案例二

1）桥梁概况

某桥梁上部结构为 3 跨变截面连续钢箱梁，桥跨组合为（50 +80 +50）m，桥面单向设置 3 车道，桥宽为 13.75m，桥面横向分布：0.5m（防撞护栏）+12.75m（车行道）+0.5m（防撞护栏）=13.75m，见图 4.5-20、图 4.5-21。设计荷载：城—A 级，公路—Ⅰ级荷载复核验算。

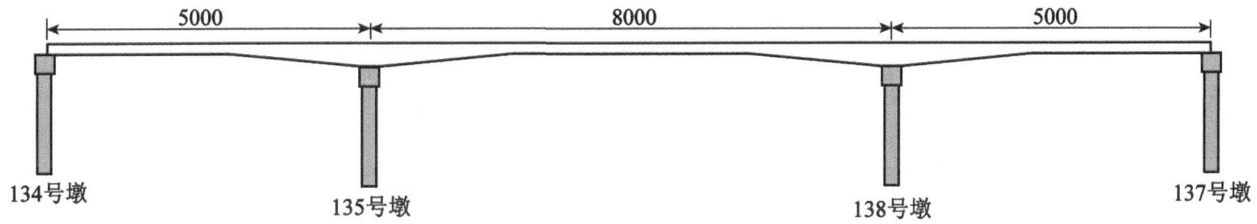

图 4.5-20 桥型布置图（尺寸单位：cm）

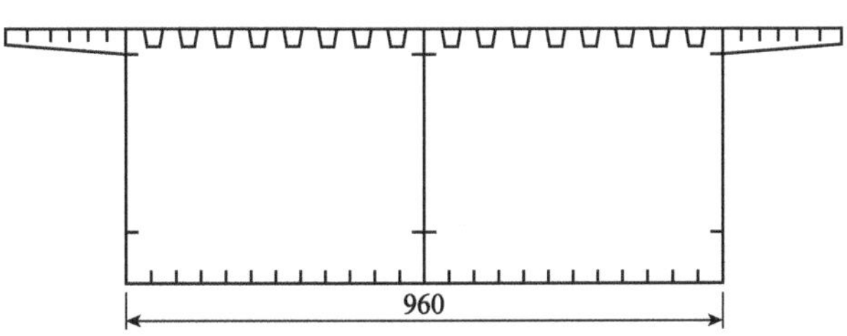

图 4.5-21 上部结构典型断面图（尺寸单位：cm）

本桥拟通过静载试验对桥梁承载能力进行评价，桥梁挠度采用毫米波雷达进行动态测试。

2)静载试验方案

采用桥梁专业有限元软件 MIDAS Civil 对桥梁上部结构进行有限元建模分析。有限元建模分析时主梁采用梁单元进行模拟,建立 3 跨连续梁的模型,主梁钢材采用 Q355qD。桥梁结构有限元模型如图 4.5-22 所示[83]。

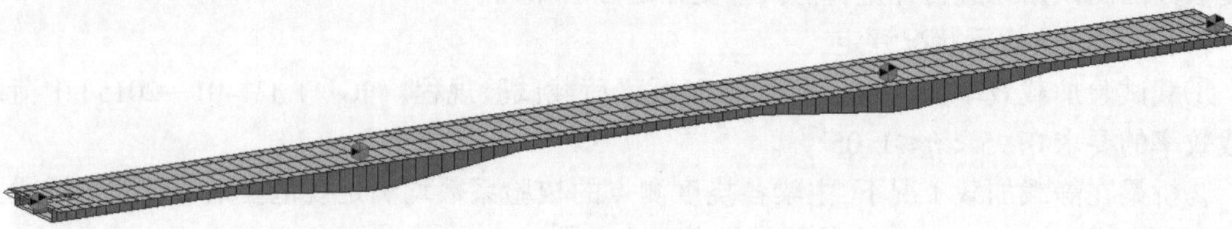

图 4.5-22 桥梁结构的有限元模型

具体荷载工况与观测截面如表 4.5-10 和图 4.5-23 所示。

加载工况和观测截面 表 4.5-10

工　况	工况名称	观测截面	测试内容
1	边跨最大正弯矩-偏载	*A-A*	连续钢箱梁梁体应变、挠度
2	边跨最大正弯矩-中载	*A-A*	连续钢箱梁梁体应变、挠度
3	墩顶最大负弯矩-偏载	*B-B*	连续钢箱梁梁体应变
4	墩顶最大负弯矩-中载	*B-B*	连续钢箱梁梁体应变
5	中跨最大正弯矩-偏载	*C-C*	连续钢箱梁梁体应变、挠度
6	中跨最大正弯矩-中载	*C-C*	连续钢箱梁梁体应变、挠度

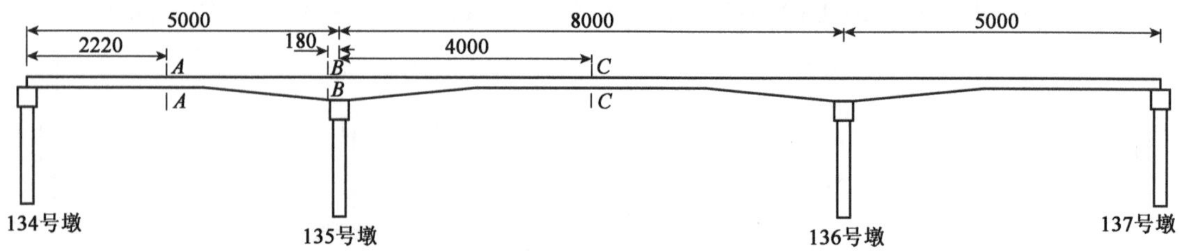

图 4.5-23 测试截面位置示意图(尺寸单位:cm)

应变测点:分别在 *A-A*、*B-B*、*C-C* 测试截面,箱梁梁底面布置 6 个应变片,腹板布置 2 个应变片。

挠度测点:分别在 *A-A*、*C-C* 测试截面,箱梁梁底位置布置 6 个挠度测点。挠度测量采用毫米波雷达进行测试,雷达在测试现场组成无线分布式挠度测试系统,每个测点下布设 1 台雷达,挠度测试系统共布设 12 台雷达。挠度和应变测点布置图见图 4.5-24[85]。

桥梁静载加载采用 8 辆 4 轴载重汽车进行等效加载。本次荷载试验,桥梁控制荷载为"城—A 级",车队纵向位置按 MIDAS Civil 软件计算的影响线进行布设,为保证试验效果,对于某一特定荷载工况,试验荷载的大小和加载位置的选择采用静载试验效率系数进行控制,静力试验荷载的效率系数即试验施加荷载产生的作用效应和设计荷载作用效应(考虑冲击影响)的比值一般控制在0.85～1.05之间[82,83,85]。根据桥梁结构的受力特点以及有限元计算的结果,静载试验共设置6个试验加载工况,各加载工况对应的荷载效率见表4.5-11[87]。

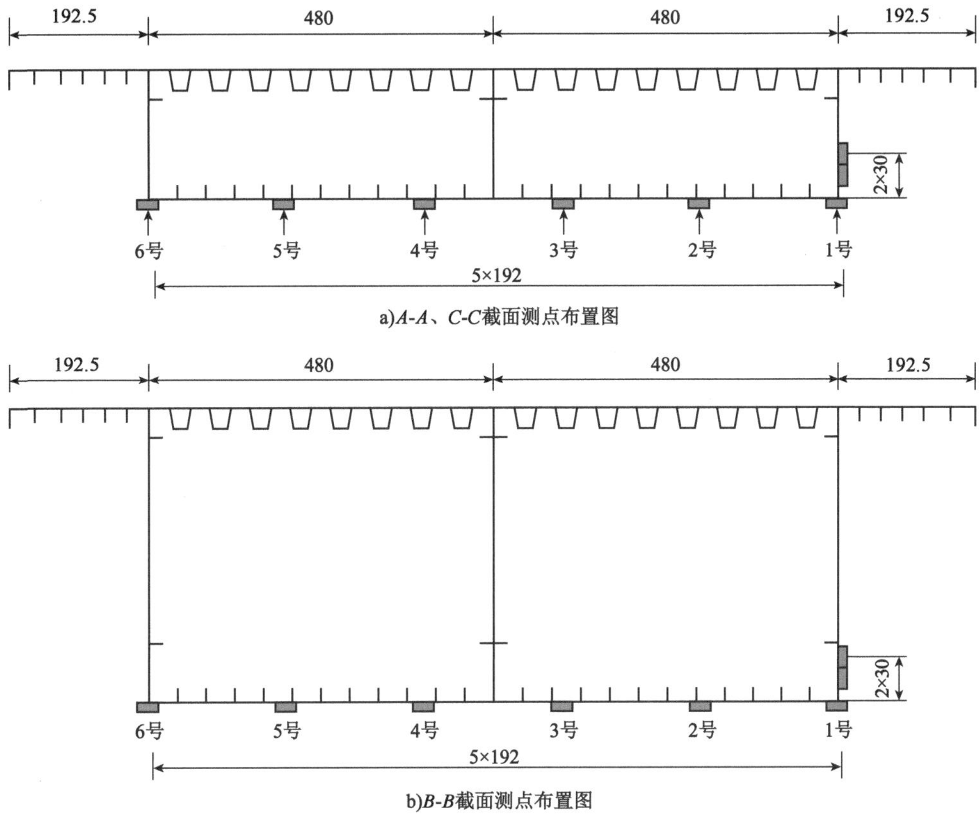

图4.5-24　测试截面测点布置(尺寸单位:cm)

静载试验加载工况与荷载效率系数表　　表4.5-11

工况	工 况 名 称	设计荷载效应(kN·m)	试验荷载效应(kN·m)	荷载效率系数 η_d
1	边跨最大正弯矩-偏载	15630	15649	1.00
2	边跨最大正弯矩-中载	15630	15649	1.00
3	墩顶最大负弯矩-偏载	-24926	-24616	0.99
4	墩顶最大负弯矩-中载	-24926	-24616	0.99
5	中跨最大正弯矩-偏载	17849	17686	0.99
6	中跨最大正弯矩-中载	17849	17686	0.99

3)挠度实测结果

为节省篇幅,本处只列出毫米波雷达挠度测试结果[88]。

(1)工况1:边跨最大正弯矩-偏载挠度测试结果

边跨最大正弯矩偏载工况:挠度测试结果见表4.5-12,主要挠度测点挠度随加载效率变化曲线见图4.5-25和图4.5-26,各测点挠度实测值与理论值分布曲线见图4.5-27。

挠度测试结果(单位:mm) 表 4.5-12

测点	空载	一级加载	二级加载	三级加载	卸载	理论挠度	校验系数	相对残余挠度(%)
1号	0.00	-17.80	-33.76	-41.57	-0.03	-52.50	0.79	0.1
2号	0.00	-16.55	-31.47	-39.34	-0.02	-49.76	0.79	0.1
3号	0.00	-15.85	-30.25	-37.74	-0.01	-47.02	0.80	0.0
4号	0.00	-15.41	-29.47	-36.04	-0.02	-44.28	0.81	0.1
5号	0.00	-14.98	-28.71	-34.42	-0.07	-41.54	0.83	0.2
6号	0.00	-14.56	-27.97	-32.87	-0.07	-38.80	0.85	0.2

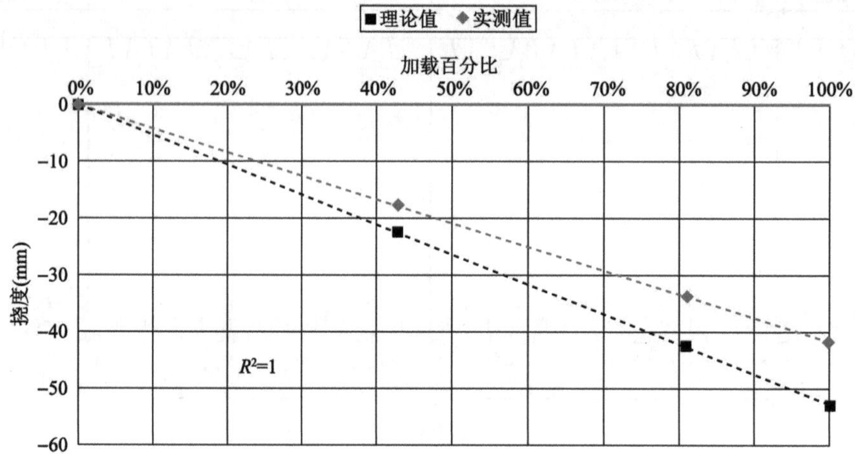

图 4.5-25 1 号测点挠度随荷载变化图

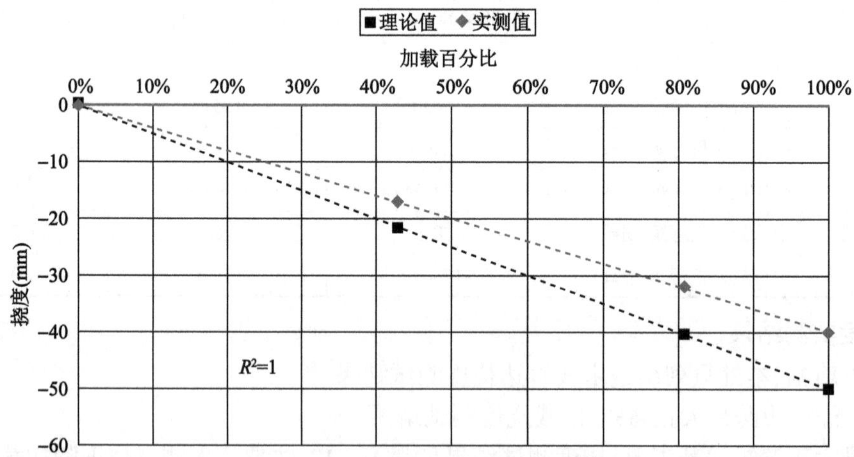

图 4.5-26 2 号测点挠度随荷载变化图

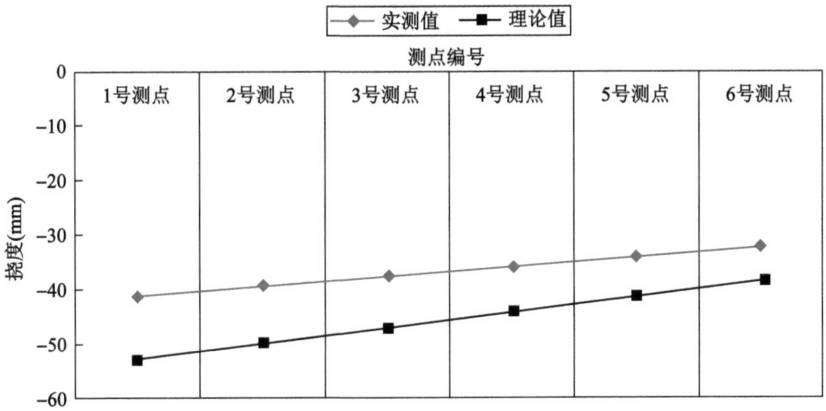

图4.5-27 最大荷载作用下各主梁挠度实测值与理论值对比分析图

(2)工况2:边跨最大正弯矩-中载挠度测试结果

边跨最大正弯矩中载工况:挠度测试结果见表4.5-13,主要挠度测点挠度随加载效率变化曲线见图4.5-28和图4.5-29,各测点挠度实测值与理论值分布曲线见图4.5-30。

挠度测试结果(单位:mm) 表4.5-13

测点	空载	一级加载	二级加载	三级加载	卸载	理论挠度	校验系数	相对残余挠度(%)
1号	0.00	-17.92	-33.22	-40.28	-0.31	-45.65	0.88	0.8
2号	0.00	-17.4	-32.39	-39.86	-0.03	-45.65	0.87	0.1
3号	0.00	-17.05	-31.77	-39.72	-0.05	-45.65	0.87	0.1
4号	0.00	-16.35	-30.60	-38.98	-0.09	-45.65	0.85	0.2
5号	0.00	-15.63	-29.43	-38.21	-0.19	-45.65	0.83	0.5
6号	0.00	-14.88	-28.24	-37.40	-0.27	-45.65	0.81	0.7

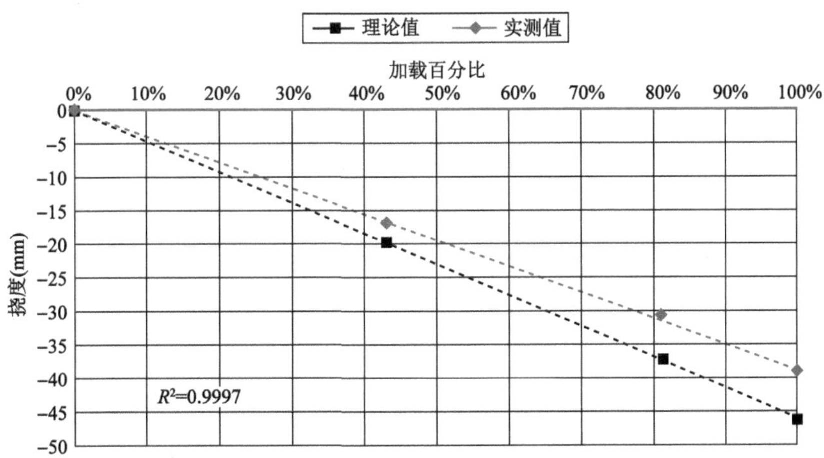

图4.5-28 3号测点挠度随荷载变化图

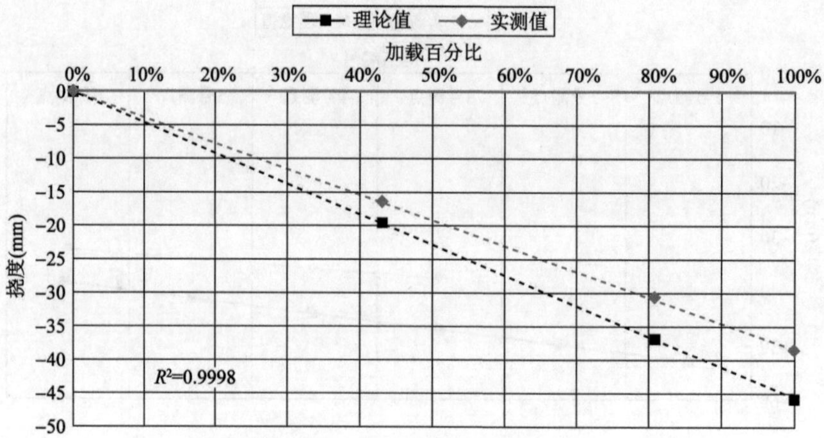

图 4.5-29　4 号测点挠度随荷载变化图

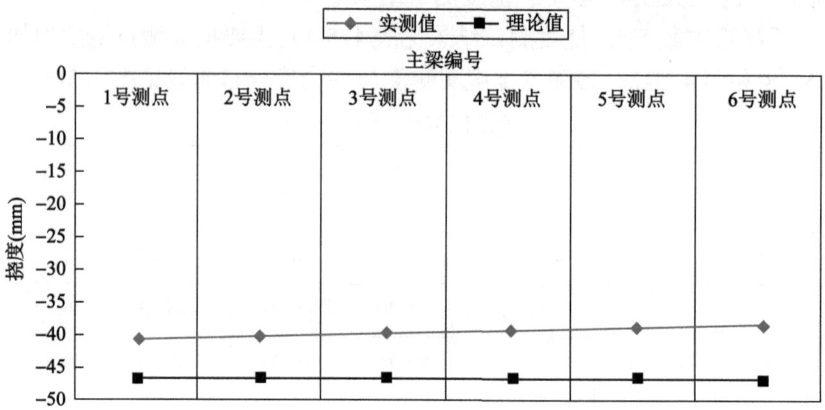

图 4.5-30　最大荷载作用下各主梁挠度实测值—理论值对比分析图

(3)工况 5:中跨最大正弯矩-偏载挠度测试结果

中跨最大正弯矩偏载工况:挠度测试结果见表 4.5-14,主要挠度测点挠度随加载效率变化曲线见图 4.5-31 和图 4.5-32,各测点挠度实测值与理论值分布曲线见图 4.5-33。

挠度测试结果(单位:mm)　　表 4.5-14

测点	空载	一级加载	二级加载	三级加载	卸载	理论挠度	校验系数	相对残余挠度(%)
1 号	0.00	-38.48	-72.08	-88.00	-0.19	-117.76	0.75	0.2
2 号	0.00	-35.93	-68.32	-84.19	-0.07	-111.62	0.75	0.1
3 号	0.00	-34.94	-65.11	-81.59	-0.08	-105.47	0.77	0.1
4 号	0.00	-33.53	-62.18	-78.53	-0.12	-99.33	0.79	0.2
5 号	0.00	-32.64	-61.82	-78.81	-0.06	-93.18	0.85	0.1
6 号	0.00	-31.77	-61.46	-79.09	-0.06	-87.04	0.91	0.1

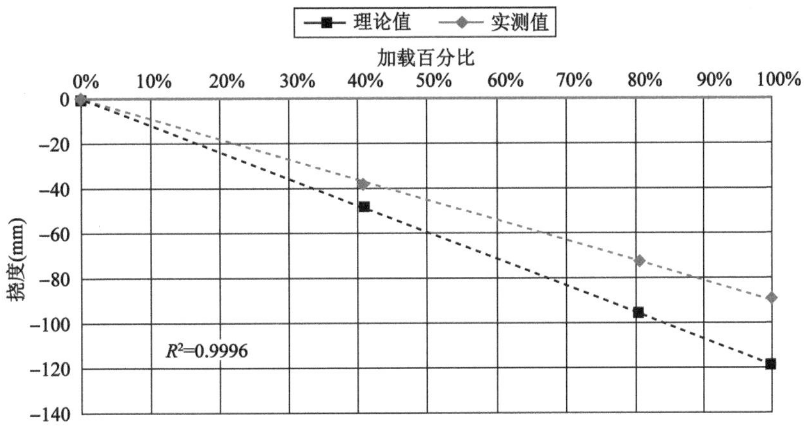

图 4.5-31　1 号测点挠度随荷载变化图

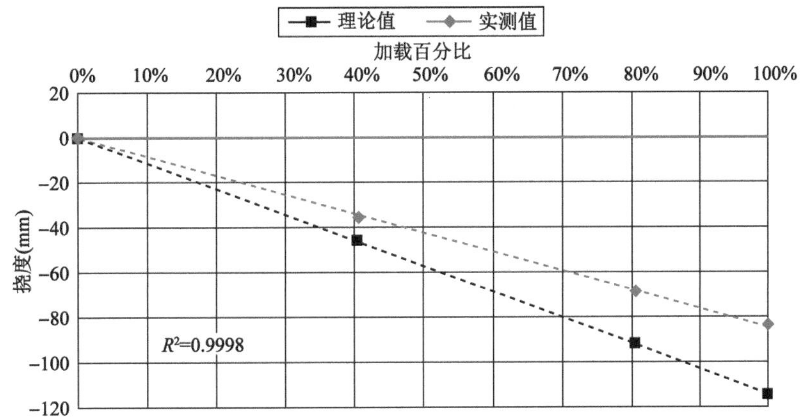

图 4.5-32　2 号测点挠度随荷载变化图

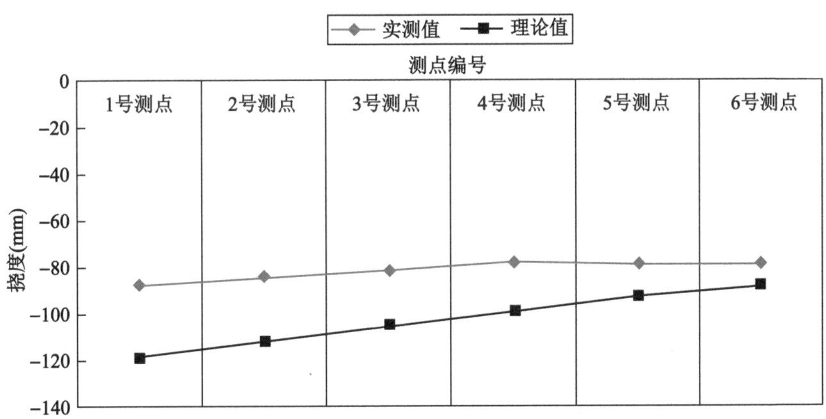

图 4.5-33　最大荷载作用下各主梁挠度实测值—理论值对比分析图

(4)工况 6:中跨最大正弯矩-中载挠度测试结果

中跨最大正弯矩偏载工况:挠度测试结果见表 4.5-15,主要挠度测点挠度随加载效率变化曲线见图 4.5-34 和图 4.5-35,各测点挠度实测值与理论值分布曲线见图 4.5-36。

挠度测试结果(单位:mm) 表 4.5-15

测点	空载	一级加载	二级加载	三级加载	卸载	理论挠度	校验系数	相对残余挠度(%)
1号	0.00	−34.26	−63.18	−80.10	−0.61	−102.4	0.78	0.8
2号	0.00	−34.88	−64.07	−80.05	−0.67	−102.4	0.78	0.8
3号	0.00	−34.01	−64.36	−79.28	−0.02	−102.4	0.77	0.0
4号	0.00	−35.35	−66.10	−80.52	−0.06	−102.4	0.79	0.1
5号	0.00	−35.55	−69.80	−83.35	−0.02	−102.4	0.81	0.0
6号	0.00	−35.75	−73.70	−86.27	−0.11	−102.4	0.84	0.1

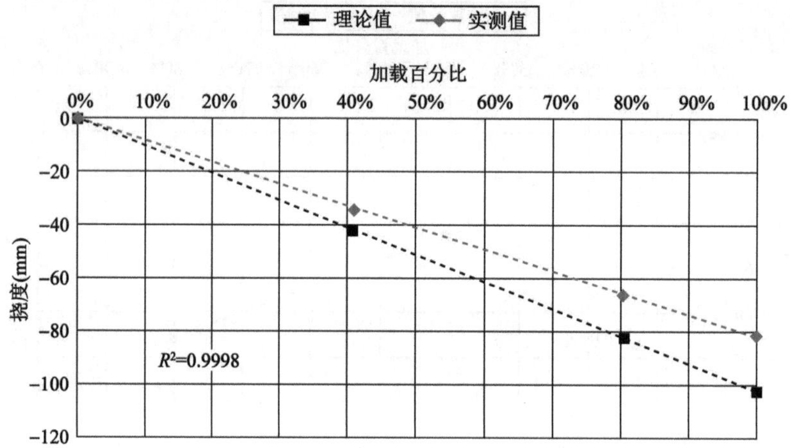

图 4.5-34 3号测点挠度随荷载变化图

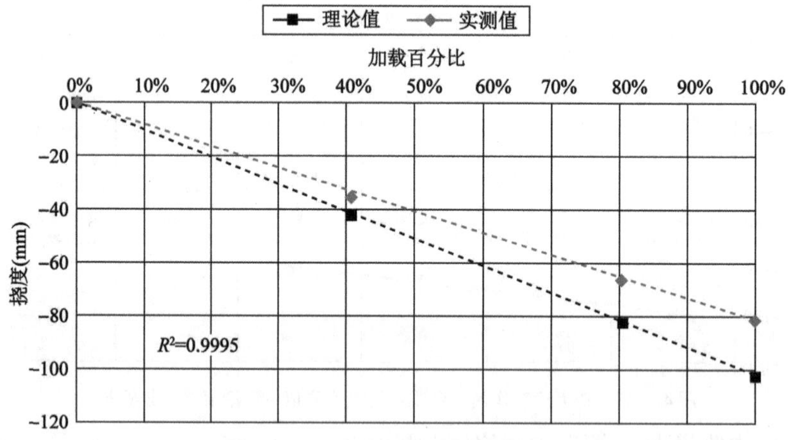

图 4.5-35 4号测点挠度随荷载变化图

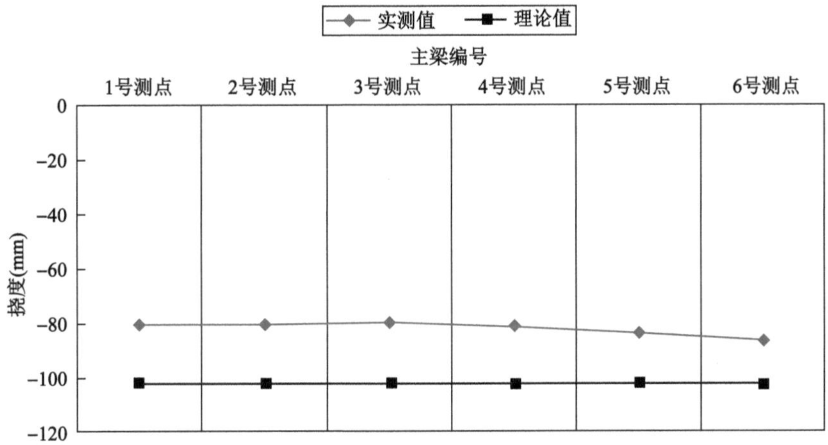

图4.5-36　最大荷载作用下各主梁挠度实测值—理论值对比分析图

4)静载试验结果评定

(1)各测试截面主要测点挠度校验系数为0.75～0.91,均小于1,满足规范要求;各测试截面主要测点相对残余变形为0.0%～0.8%,均小于20%,满足规范要求[90]。

(2)各测试截面应变、挠度测点实测值与计算值均呈线性相关关系,相关性良好。

(3)各测试截面各挠度测点应变及挠度实测横向分布与计算分析结果基本吻合,表明各测试截面之间横向联系良好。

本章参考文献

[1] 刘翠,胡宗军.某特大桥吊装扣塔系统主体结构的力学分析[J].工程与建设,2013,27(02):159-161.

[2] 谌润水,胡钊芳,邓经国.公路桥梁荷载试验[M].北京:人民交通出版社,2003.

[3] 中华人民共和国交通运输部.公路桥梁荷载试验规程:JTG/T J21-01—2015[S].北京:人民交通出版社股份有限公司,2015.

[4] 姚曙光.加宽后新旧桥梁整体性能评估的荷载试验分析[J].河南科学,2013,31(07):1021-1026.

[5] 白雨.大跨度系杆拱桥荷载试验研究[D].成都:西南交通大学,2012.

[6] 姚党照,张国明.桥涵施工与管理[M].郑州:黄河水利出版社,2014.

[7] 胡强,张勇,巴力.公路预制梁静载试验方法及评定标准研究[J].铁道建筑,2018,58(09):4-7.

[8] 徐卫东,徐赫.运用毫米波雷达和振动法对桥梁振动幅值测试的对比分析[J].现代交通与冶金材料,2022,2(02):71-75.

[9] 任东华,唐英.基于可靠度理论的桥梁荷载试验效率的研究[J].铁道建筑,2013,53(11):5-7.

[10] 杨庆印.石拱桥静荷载试验评估和加固研究[D].合肥:合肥工业大学,2009.

[11] 项海帆.高等桥梁结构理论[M].北京:人民交通出版社,2001.

[12] 钟明亮.考虑随机交通流参数联合分布的连续刚构桥试验荷载研究[D].西安:西安建筑科技大学,2016.

[13] 施尚伟,向中富,梁波.桥梁结构试验检测技术[M].重庆:重庆大学出版社,2012.

[14] 徐卫东,徐赫.运用毫米波雷达和振动法对桥梁振动幅值测试的对比分析[J].现代交通与冶金材料,2022,2(02):71-75.

[15] 李应根.预应力钢绞线网加固RC肋拱桥承载能力研究[D].重庆:重庆交通大学,2017.

[16] 何健.基于车辆动力响应的梁式桥损伤识别研究[D].合肥:合肥工业大学,2019.

[17] 陈剑云.李家沙特大桥斜拉桥结构的动静载试验研究[D].深圳:华南理工大学,2014.

[18] 朱尚清,韩强.北京市公路桥梁车辆荷载模型研究[R].北京市交通科技项目研究报告,2013.

[19] 占劲松,黄志刚.公路桥梁检测与维修加固指南[M].北京:人民交通出版社股份有限公司,2017.

[20] 谌润水,刘群安.公路桥梁荷载试验的作用与基本原则[J].公路交通科技,2006,2(05):5-8.

[21] 孙全胜,郝向炜,王世杰.桥梁监测与加固[M].北京:科学出版社,2016.

[22] 郭发忠.桥梁工程技术[M].北京:人民交通出版社,2006.

[23] 刘东海.基于动测的桥梁承载力评估方法研究[D].哈尔滨:哈尔滨工业大学,2017.

[24] 张喜刚.公路桥梁汽车荷载标准研究[M].北京:人民交通出版社股份有限公司,2014.

[25] 张运清,赵庆云,孟涛.混凝土连续箱梁体外预应力加固技术研究[J].中外公路,2020,40(03):164-167.

[26] 武警交通指挥部应急救援工程技术研究所.桥梁应急检测与评估技术手册[M].北京:人民交通出版社股份有限公司,2017.

[27] 张晔.基于荷载试验的T型梁桥安全性评估[J].水利与建筑工程学报,2012,10(06):133-137.

[28] 彭放枚,侯攀.双塔单索面矮塔斜拉桥荷载试验承载能力评估[J].河南科技,2021,40(13):85-89.

[29] 向峻昌.菖蒲港大桥桥梁荷载试验仿真分析[J].北方交通,2018,41(01):5-8.

[30] 李万恒,王元丰,李鹏飞,等.三塔悬索桥荷载试验研究[J].公路交通科技,2017,34(01):61-66.

[31] 中华人民共和国交通运输行业标准.公路桥梁承载能力检测评定规程:JTG/T J21—2011[S].北京:人民交通出版社,2011.

[32] 周秀丽.双曲拱桥结构损伤后受力分析及加固设计方案研究[J].福建交通科技,2020,40(01):47-53.

[33] 王愉龙.中小跨径梁桥荷载试验加载效率研究[D].西安:长安大学,2013.

[34] 陈向阳,檀威.空间梁格模型与平面单梁模型计算简支梁桥内力比较分析[J].湖南交通科技,2015,41(04):117-121.

[35] 徐亚明,王鹏,周校,等.地基干涉雷达IBIS-S桥梁动态形变监测研究[J].武汉大学学报(信息科学版),2013,38(07):845-849.

[36] 黄小国.桥梁施工阶段单梁静载试验效率计算方法分析探讨[J].天津建设科技,2018,

28(04):50-52.

[37] 乔仲发,李尚.盾构大件运输全周期桥梁检测与评估[J].公路,2012,57(04):108-114.

[38] 翟磊.钢筋混凝土桥梁荷载试验中的应变测试方法研究[D].重庆:重庆交通大学,2013.

[39] 彭爱勤.基于《公路桥梁荷载试验规程》的桥梁荷载试验分析[J].广东建材,2018,34(7):5.

[40] 张俊.基于现场测试的某桥承载力评定[J].工程与建设,2014,28(05):652-654.

[41] 姚国文.桥梁检测与加固技术[M].北京:人民交通出版社股份有限公司,2014.

[42] 何恒波.既有现浇混凝土空心板桥纵向裂缝分析与处理[D].长沙:长沙理工大学.2016.

[43] 谌润水,胡钊芳.公路桥梁荷载试验[M].北京:人民交通出版社,2003.

[44] 周晟亮.某独塔斜拉桥荷载试验研究[D].杭州:浙江工业大学,2015.

[45] 王尚.在役预应力混凝土小箱梁极限承载能力研究[D].石家庄:石家庄铁道大学,2021.

[46] 司徒毅.预应力混凝土单片梁静载试验应变校验系数随机分析及评估指标研究[D].深圳:华南理工大学,2012.

[47] 黄侨.桥梁钢—混凝土组合结构设计原理[M].北京:人民交通出版社,2004.

[48] 陈凡,向中富,王海城,等.桥梁结构检测与评定——《城市桥梁检测与评定技术规范》实施指南[J].岩土力学,2016,37(S1):529.

[49] 庞鹏.提高桥梁结构性能测评方法客观性的探讨与研究[D].重庆:重庆交通大学.2010.

[50] 雷林.桥梁结构挠度、线形测评方法研究和应用技术探讨[D].重庆:重庆交通大学.2015.

[51] 吴腾飞.不等跨预应力混凝土单箱双室连续箱梁桥荷载试验分析[J].福建交通科技,2019,39(06):105-108.

[52] 田桂涛.普通钢筋砼桥梁结构应力测评方法的探讨与研究[D].重庆:重庆交通大学,2011.

[53] 姜晨光.现代土木工程测量技术[M].北京:化学工业出版社,2009.

[54] 马飞跃,王晓年.无人驾驶汽车环境感知与导航定位技术应用综述[J].汽车电器,2015,56(02):1-5.

[55] 金旭辉.地基雷达在桥梁微变形监测中的应用研究[D].南京:东南大学,2015.

[56] 王俊宇.微变形监测雷达(IBIS 系统)[J].城市勘测,2011,26(06):101-105+108.

[57] 蔡虎,何路.一种用于山体滑坡监测的雷达装置:CN202735512U[P].2013.

[58] 刘忠臣.基于毫米波雷达的汽车并线辅助系统研究[D].长沙:湖南大学,2017.

[59] 王姗.一种基于毫米波雷达的桥梁桥墩监测系统 202023290704.[Z].2020.

[60] 佟兆杰,任远,黄侨,等.干涉雷达在桥梁检测中的应用研究[J].中外公路,2015,35(06):100-105.

[61] 马奔,吴杰,车功健.微波干涉测量技术在桥梁静载试验中的应用[J].市政技术,2020,38(05):78-81.

[62] 北京路桥瑞通科技发展有限公司,北京路桥瑞通养护中心有限公司,北京市政路桥管理养护集团有限公司.基于激光测距的桥梁挠度分布测试系统:CN209783537U[P].2019-12-13.

[63] 张立雄.怀柔区公路桥梁混凝土裂缝原因及防治[D].北京:北京工业大学,2012.

[64] 贾住平,郑禄璟,郑禄林.基于干涉雷达 IBIS-M 的露天边坡监测及治理[J].现代矿业,2014,30(07):142-145.

[65] 丁克良,刘明亮,于龙昊,等.基于地基微波雷达的梁式桥加载测试研究[J]北京建筑大学学报.2018,34(04):16-20.

[66] 金旭辉,汪森,华远峰,等.微波干涉测量技术及其在桥梁变形观测中的应用[J].现代测绘.2013,36(06):3-5 +9.

[67] Chivers J W H . Microwave interferometer: US, US4359683 A[P].

[68] 孙安卿, 邓苗毅,孙丽霞.基于环境振动测试的桥梁柔性桥塔动力特性识别[J].河南科学,2011,29(10):1198-1202.

[69] 朱尚清.基于模型修正的整体现浇板承载能力评估[J].公路交通科技(应用技术版),2013,9(04):223-225.

[70] 禹智涛,韩大建.某钢筋混凝土桥梁现有状况评定及维修加固方案[J].广东工业大学学报,2004,31(01):83-87.

[71] 陈郭,王浩.大型钢栈桥安全检测技术研究与应用[J].葛洲坝集团科技,2021,000(003).14-18.

[72] 李田义,卢九章,朱尚清.既有刚架拱桥承载能力评定研究[C]//《市政技术》2015 年增刊(1),2015:70-72 +75.

[73] 何少阳.基于成桥荷载试验的连续刚构桥梁状态评估[J].工程技术研究,2022,7(04):5-7.

[74] 雷明金.中承式连续钢桁系杆拱桥静力性能试验分析与研究[J].城市道桥与防洪,2020,37(02):89-91 +12.

[75] 缪锋.受车辆撞击后人行天桥的损伤评估[J].福建建筑,2016,34(04):89-93.

[76] 赵侗.北京市政空心板桥梁荷载试验分析[J].公路交通科技(应用技术版),2018,14(03):253-256.

[77] 祝孝成,刘晋华.某双塔单索面预应力混凝土矮塔斜拉桥成桥荷载试验研究[J].北方交通,2020,43(09):35-38.

[78] 郝博.基于灰色理论的桥梁状况评定和桥梁管理系统开发[D].沈阳:沈阳建筑大学,2018.

[79] 陈勇.潮州市 S231 线倒桥溪中桥静载试验[J].居舍,2018,38(13):194.

[80] 陈树辉.贝雷梁钢桥的检测与性能评估[J].福建建材,2017,36(06):21-22 +45.

[81] 马奔.基于荷载试验的旧桥承载能力评定[J].公路交通科技(应用技术版),2018,14(11):178-180.

[82] 亓祥宇,余健,白绘杉.基于大件运输的车辆选择及荷载标准研究[J].公路,2020,65(08):126-132.

[83] 张克礼.山区铁路高墩大跨连续刚构桥静动力计算分析研究[D].成都:西南交通大学,2017.

[84] 段鈜.大挑臂钢箱结合梁斜拉桥主梁剪力滞效应试验研究[D].成都:西南交通大

学,2014.

[85] 朱彦姿.基于荷载试验的RC简支梁桥刚度计算方法研究[D].西安:长安大学,2016.

[86] 李本发.某下承式混凝土拱桥动静载试验分析[J].现代交通技术,2013,10(03):33-36.

[87] 钟军,郭庆辉,李旺新.青岛—银川高速公路丹山斜拉桥静载试验[J].山东交通科技,2001,23(04):13-16+26.

[88] 巴伊卓玛.市政桥梁设施技术状况监测研究[D].合肥:合肥工业大学,2018.

[89] 周胜怡.宽大薄壁砼连续箱梁桥的加固方法探讨[D].重庆:重庆交通大学,2010.

[90] 赵国华,袁雁飞,翟旸,等.大跨径简支钢箱梁静动载试验方法探讨[J].工程建设,2014,46(03):39-42+58.

第5章 毫米波雷达在桥梁动载试验中的应用

5.1 桥梁动载试验

5.1.1 概述

不同类型的桥梁在运营过程中都要承受不同类型的荷载,如车辆荷载、风荷载、水流荷载、地震荷载、车船撞击、环境振动、疲劳荷载等。桥梁在运营中引起桥梁振动的因素有很多,如汽车发动机的抖动、路面不平整、人群荷载、风荷载、地震等。随着我国公路交通量的增加、重型车辆的增多以及桥梁逐渐向轻型、大跨和超大跨结构的发展,大跨桥梁结构受车辆的冲击、阻尼的变化以及风致振动等动力学问题已经成为设计、计算、营运以及管养过程中的重要问题[1,2]。大跨桥梁结构由于振动过大可能会导致桥梁结构出现开裂、构件破坏等损伤,甚至会导致整体结构的失效或垮塌,因此桥梁因动力引起的振动异常、疲劳损伤、稳定等问题需要我们不断深入地进行研究[1,3]。桥梁结构动载试验就是利用振动测试技术对受动荷载作用的结构进行动力参数测试,并据此对行车、抗疲劳、抗震、抗风性能以及结构在特定环境下的适应性进行试验分析的过程[3]。

由于桥梁结构的振动是一个非常复杂的问题,其影响因素也是众多的,因此,从理论上进行分析是很困难的。阻尼作为反映结构自振性能的一个重要指标,在大跨桥梁结构中常常会引起结构的风致振动问题。但是,目前的桥梁阻尼无法像自振频率一样精确地从理论上进行计算,必须由实际测量才能获得。桥梁结构冲击系数的计算也是根据试验观测结果,采用统计回归的经验公式加以确定。不同桥梁结构振动幅值大小与行车速度、车辆荷载以及桥面平整度等关系,振动幅值与桥梁振动剧烈程度的评价等问题还需要进一步的试验研究。因此结构振动分析需采用理论与实测相结合的方法,而随着动载加载方法和振动测试技术的发展,结构动载试验研究已成为人们解决结构振动问题的重要手段[4]。

从系统的观点来看,桥梁结构的振动系统包括振源(系统输入)、桥梁结构系统特征(系统)和结构响应(系统输出)三个方面。振源是指作用在桥梁结构上的各类动荷载输入,响应是指结构在振动激励作用下的各类动力参数(如动挠度、动应力、冲击系数、振动幅值、速度、加速度等),这些动力响应都是评价结构动力性能的重要指标。桥梁结构的系统特征是指桥梁结构自身的动力特性,包括桥梁结构自振频率、振型、阻尼,与动荷载的输入无关[5,6]。

桥梁结构的振动是由外部载荷的输入和摩擦损失引起的,即由内部的摩擦、连接、支承等引起的。桥梁结构的振动本质上是结构体系的变形能量和运动能量相互转化的周期性过程[7]。在桥梁结构系统中,外部载荷的输入或感应强度与结构自振频率和输入频率的比率

(也就是谐振度)有着直接关系[7,8]。不同的振源特性和激励强度对于相同的结构,其响应输出也不同;反之对于相同的激励,结构特性不同,其响应可能有很大差异[3,9]。小阻尼结构,出现频率耦合的频带较窄,但一旦耦合则动力增大效应比大阻尼结构更为显著;对于混凝土拱桥、梁式桥等动刚度较大的桥梁,动载试验应重点关注的是结构行车动力性能,而大跨径的斜拉桥、悬索桥等柔性结构的桥梁,抗风就成为主要的研究课题。

桥梁结构动力试验试验主要研究分析的内容包括以下几个方面:

(1)桥梁结构的动力特性分析

采用多种激励方式,对自振频率、振型、阻尼比等模态参数进行测量。桥梁结构的动力特性是反映桥梁结构动刚度和结构整体运营性能的重要指标,同时也是研究桥梁结构抗震、抗风、车桥耦合振动的重要基础。

(2)结构的动力响应分析

通过测试桥梁结构在各类实际动荷载(如跑车试验、跳车试验、制动试验等)作用下的动力响应,如动位移、动应力、振动加速度、冲击系数等,研究受振动作用的结构是否安全可靠以及其存在的主要问题[3]。

(3)振源的分析

通过测定和研究振源的频率特性、荷载特性、作用时间等,可以在理论上求解结构在动荷载作用下的动力响应,也是指导桥梁结构抗震、减振设计的主要依据[3]。

桥梁结构动载试验有别于静力试验,主要体现在以下几个方面:首先是模拟结构真实振动状态的技术手段复杂,如结构抗震、抗风试验则需要使用的地震台、风洞设备;第二是量测技术以及数据分析相对复杂,要求试验人员具备较扎实的振动理论、工程信号处理等专业知识;第三是受限于现场条件以及动力试验的特殊性,桥梁构件动力试验一般都是缩尺的室内模型试验,且大多为目的性、针对性较强的科研试验,对模型的相似设计也有更高要求,需要保证模型与原型时间相似、初始条件相似以及质量分布相似;针对现场的桥梁静载试验,一般只进行结构自振特性、行车动力响应测定分析等鉴定性试验。

5.1.2　桥梁动载试验的分类

桥梁结构的动载试验与静载试验在试验目的、加载方式、测试内容、试验设备以及评价方法等方面有所不同,但对于全面分析掌握桥梁结构的工作性能是同等重要[10]。根据试验对象、试验加载手段、试验环境的不同,可以将桥梁结构动力试验分为成桥动载试验和模型动力试验。

1)成桥动载试验

成桥动载试验是对新建成或正在运营的桥梁进行的,其主要测试内容包括桥梁结构自身的动力性能和在车辆荷载等动荷载作用下的桥梁结构的动力响应两个方面[11]。桥梁结构的动力特性测试是对其振动频率、振型、阻尼比等模态参数进行测试与分析;而桥梁结构动力响应测试主要对在跑车、跳车、制动等车辆动荷载作用下的桥梁结构动应变、动挠度等动力响应参数进行测试,根据测试结果计算桥梁结构的阻尼比、冲击系数、振动幅值等参数,对桥梁结构的行车性能进行评价和分析[12]。

桥梁的自振性能或动力性能参数是衡量结构整体刚度和运营状态的一个重要指标[6]。桥梁结构的低阶模态频率与结构刚度有着明确的关系。对于既有桥梁结构,可以通过对自振频率的变化规律的监测数据来评价桥梁的长期运营性能,甚至可以用来识别桥梁病害与损伤。桥梁自振频率变化不仅能反映结构整体性能和受力体系的改变,通过进一步的数据挖掘和分析还能够进行结构损伤情况定位和诊断。因此通过测试桥梁结构的自振频率变化,可以评价桥梁结构整体工作性能和健康状况[13]。

桥梁动载试验中需要对一些重要动力响应参数进行测试,如冲击系数是衡量动荷载效应相对应于相同静荷载的动态增量,冲击系数直接影响桥梁设计的安全性和经济性。桥梁振动的幅值过大可能会引起驾乘人员和行人的不适,振动幅值的测试也是一项重要的参数。

目前,我国现场动载试验主要采集和分析的参数有自振频率、阻尼比、动挠度、冲击系数、振动加速度等参数,但动态参数直接用于桥梁承载力的定量评价还不太系统和成熟[14]。《公路桥梁承载能力检测评定规程》(JTG/T J21—2011)中对于桥梁结构自振频率的评价有明确的规定,通过实测自振频率与理论频率的比值来评价,其评定标度值分别为 1 ~ 5 标度[15]。《公路桥梁荷载试验规程》(JTG/T J21-01—2015)中通过动载试验对结构性能分析的规定主要包括:实测自振频率与理论频率比较来评价桥梁结构的动刚度;实测冲击系数与设计所用冲击系数比较,没有明确定量指标;将自振频率、振型和阻尼比实测值与计算值或历史数据进行对比来判断桥梁技术状况的变化[15]。目前现行规范对频率的评定有明确的定量标度,但对于冲击系数、阻尼比、振型等参数的评定基本属于定性的评价。对于桥梁振动幅值、振动加速度、速度等动力响应目前评价体系也没有明确的规定。

因此,桥梁结构性能评定主要以静力试验为主,动载试验作为一个辅助性的分析测试项目,主要是通过动力试验从宏观上判断桥梁的整体刚度和运营性能,为确定使用条件提供辅助性评定指标[1]。

2)模型动力试验

桥梁结构模型动力试验,是以与原型相似的缩尺比例构件或桥梁模型为研究对象,通过模拟结构所承受的实际动荷载历经或振动形态,进行结构动力性能试验研究的方法,包括模拟地震振动台试验、风洞试验、疲劳试验等。模拟地震振动台试验是通过对结构输入各种形式的地震波,观测桥梁结构在地震波作用下各个阶段的动力性能,并对各阶段的实测数据进行分析,从而对地震的破坏机理进行研究的试验方法,见图 5.1-1;风洞试验是一种能够产生和控制气流,模拟桥梁结构周围的空气流动,并量测和研究气流对结构物作用的试验方法,主要应用于大跨柔性桥梁的抗风试验,见图 5.1-2;疲劳试验主要研究结构在重复交变荷载作用下的抗裂性能、刚度、疲劳强度等的变化规律以及破坏特性。

图 5.1-1　多点地震模拟振动台试验

图 5.1-2　桥梁风洞试验

5.1.3　成桥动载试验

成桥动载试验主要测试内容包括:桥梁结构的自振特性和桥梁结构的动力响应[15]。桥梁自振特性测试是通过测试桥梁结构的速度、加速度等参数来分析桥梁结构的自振频率、振型和阻尼比等模态参数[11,15]。而桥梁结构响应测试主要是测试分析车辆荷载行车、制动等条件下桥梁结构的冲击系数、动挠度、动应变、速度、振动加速度、振动幅值等动力响应参数。

1)桥梁自振特性测试

自振特性是桥梁结构自身的固有特征,主要包括自振频率、阻尼比、振型等。这些参数的确定取决于结构形式、质量分布、刚度和连接边界条件,而不受外部载荷的影响[16]。在桥梁结构自振性能测试中,常用的激励方法有:自由振动法、共振法、环境随机激振法等。

(1)自由振动法

自由振动法是使桥梁产生有阻尼的自由衰减振动,测试记录桥梁结构振动图形的衰减振动曲线。桥梁结构自由振动法测试一般常用突然加载和突然卸载两种方法[17]。

突然加载法就是在被测桥梁结构上突然施加一个冲击作用力[18]。桥梁现场测试时,通常采用试验车辆的后轮从三角垫块上突然下落的方式对桥梁产生冲击作用,激起桥梁的竖向振动,即跳车试验;对于索长较短的拉索或吊杆进行测试时,采用橡皮锤敲击的方法产生冲击作用,也属于突然加载法[19]。

突然卸载法是指在桥梁结构上预先施加一个荷载作用,使结构产生一个初位移,然后突然卸去荷载来激发结构的振动,其振动是利用结构的弹性使其产生有阻尼的自由衰减振动[19]。突然卸载法卸落荷载时,通常采用自动脱钩装置或剪断绳索等方法,有时也设计专门的断裂装置来卸载,即当预施加力达到一定数值时,在绳索中间的断裂装置便突然断裂,由此激发结构的振动[20]。

行车试验的余振也可以用于桥梁自振特性测试,类似于突然卸载的方法。行车试验时车辆在桥梁上行驶会使结构产生受迫振动,车辆驶离桥面后桥梁的振动形式由强迫振动即变成了无车辆荷载的自由衰减振动[21]。这种方法对结构刚度和阻尼较小的桥梁效果较好,但有时不能得到所需要的振型[21]。为提高信噪比,获取尽可能大的余振信号,可采用不同的车速进行多次试验,或在桥跨特征截面设置弓形障碍物进行激振(有障碍行车激振)[21],见图5.1-3。

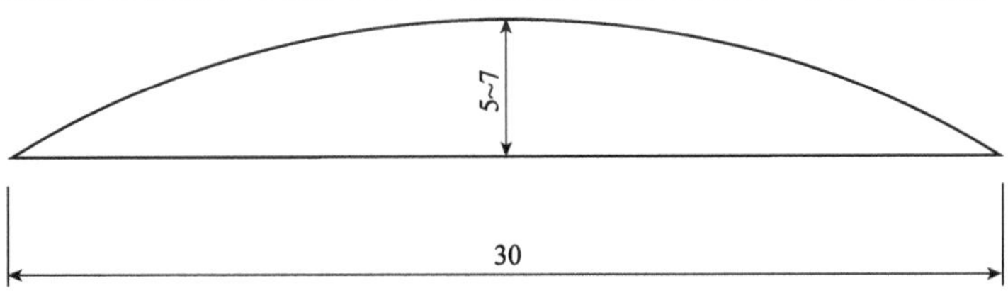

图5.1-3　弓形障碍物断面尺寸示意图(尺寸单位:cm)

(2)强迫振动法(共振法)

强迫振动法是利用专门的激振装置对桥梁结构施加激振,使结构产生强迫振动,利用共振来确定结构的动力特性。对于既有桥梁结构的动载试验,常采用的跑车对桥梁进行激振(简称“跑车试验”),试验车辆以不同的行驶速度通过桥梁,使桥梁结构产生不同程度的强迫振动[22,23]。

(3)环境随机振动激振法(脉动法)

环境随机激振法(脉动法)[24],是指在桥面无任何交通荷载以及桥址附近无规则振源的情况下,通过测试桥梁由风荷载、地脉动、水流等随机激励引起的微幅振动来识别结构自振特性参数的方法。桥梁进行脉动测试时,数据分析时需对采集的长样本信号进行能量平均,以便消除随机因素的影响,因此脉动法试验需要采样时间应满足模态分析的要求。对悬索桥、斜拉桥等自振频率较低的桥型,为保证频率分辨率和提高信噪比,采集时间一般不小于30min,对小跨径桥梁,采集时间可以酌情减少。环境激振法更适合大跨柔性桥梁[15,25]。

2)桥梁结构动力响应测试

对于桥梁结构动力响应测试,一般采用与实际运营车辆相近的一辆或多辆加载车辆进行激励。桥梁结构动力响应测试激励方法有:无障碍行车试验、有障碍行车试验和制动试验等[24-27]。

(1)无障碍行车试验

桥面无障碍行车试验的车速根据设计车速、路幅宽度、桥面线形、路况等因素综合考虑,采用测速仪或由实测时程信号在特征部位的起讫时间确定实际车速。无障碍行车试验车速宜在5~80km/h范围内取多个大致均匀分布的车速进行行车试验。车速在桥联(孔)上宜保持恒定,每个车速工况应进行2~3次重复试验。

(2)有障碍行车试验

为测试桥梁在行车试验时车辆对桥梁的冲击或动力放大效应,通常设置如图5.1-3所示的弓形障碍物模拟桥面坑洼进行行车试验,车速宜取5~20km/h,障碍物宜布置在结构冲击效应显著部位。由于冲击系数是与桥面平整度、车—桥耦合振动等相关的随机变量,单次试验的随机性较大,影响评价的客观性,因此对于有障碍行车试验,每个车速工况通常进行2~3次重复试验。

(3)制动试验

为模拟桥梁在正常行车状态车辆在桥上紧急制动对桥梁动力性能的影响,通常采用制动试验工况来进行测试。制动试验的车速宜取30~50km/h,制动部位应为动态效应较大的位置,对漂浮体系桥梁,应测试主梁纵向位移等项目。

对于桥梁结构动力响应的测试,宜首先选择无障碍行车试验,可以根据实际情况选择有障碍行车试验和制动试验。

5.2 桥梁振动测试基本概念

桥梁振动测试技术涉及桥梁结构振动理论、振动信号数据处理、模态测试、现场测试技术、理论模态分析等多方面、多学科综合的一门学科[28]。为更好地理解桥梁振动测试技术,本节对桥梁振动测试一些基本概念进行介绍。

1)桥梁结构振动基本术语

(1)自振频率和周期

自振频率是桥梁动力特性参数中一个重要的概念,对于既有桥梁结构由于质量分布在运营过程中基本不会发生变化,因此,桥梁的自振频率是反映桥梁动刚度的一个重要指标。在桥梁动力特性评价中通常以桥梁实测自振频率与理论计算频率的比值确定的评定标度值来评价桥梁的动力性能。

自振频率指单位时间内完成振动的次数,通常用f表示,单位为赫兹(Hz),此外也可以用圆频率来表示。

自振周期和自振频率是互为倒数的关系,自振周期是指物体振动波形重复出现的最小时间,单位为秒(s)。

桥梁结构的自振频率只与桥梁结构的质量和刚度有关,与刚度成正比,与质量成反比。除非桥梁进行加固或桥面铺装层等改造措施影响桥梁的结构质量分布,对于既有的桥梁结构在运营过程中桥梁的质量分布基本不会发生变化。桥梁结构材料性能的退化以及结构的损伤对质量的影响基本可以忽略,因此桥梁结构的自振频率是反映桥梁结构刚度变化的一个重要指标[29-33]。

(2)基频与主频

基频指桥梁结构的第1阶自振频率;而结构发生振动时,可能不是仅仅是以某一个频率振动形式,而是包含多个振动频率的振动,通常在这些振动频率中,振动能量最大的频率为主频。基频一定是桥梁的自振频率,而主频不一定是桥梁结构的自振频率或者固有频率[34]。如桥梁在激振源的激励下发生振动时,振动信号中含有激振源的信号。因此,在频谱分析时,频谱信号中振动能量最大的频率(即主频)有可能是激振源的频率,不一定是桥梁的自振频率。

(3)阻尼和阻尼比

阻尼(damping)是指任何振动系统在振动中,由于外界作用或系统本身固有的原因引起的振动幅度逐渐下降的特性,以及此特性的量化表征[35]。桥梁结构的阻尼是确定桥梁振动的重要动力参数之一,阻尼是反映结构体系振动过程中能量耗散特征的参数[36]。桥梁结构的阻尼因在振动中耗散能量会使振动衰减,有时其对桥梁结构的振动是有利的。阻尼的大小直接关系到桥梁在动荷载作用下振动的强弱。任何现实的建筑结构系统都具有振动阻尼[37]。

形成桥梁结构阻尼的因素十分复杂,大致可以分为以下三类[38]:

①材料的内阻尼——由振动时材料分子间的内摩擦力所形成的。

②摩擦阻尼——由结构物支撑及连接处的摩擦力等所形成。

③空气介质阻尼——由周围空气介质对结构物运动的阻力所形成,这种阻尼作用相比前两者,贡献较小。

桥梁结构工程上假定阻尼属黏滞阻尼,与结构振动速度成正比,并习惯以一个无量纲的系数ζ(阻尼比)来表示阻尼量值的大小。阻尼比ζ定义为阻尼系数C与临界阻尼$C_{C}=2M\omega$的比值[30,31]。

(4)振型

振型是指弹性体或弹性系统自身固有的振动形式,振型可用质点在振动时的相对位置即振动曲线来描述。由于多质点体系有多个自由度,故可出现多种振型,振型数量与质点数量相同,对于连续体系的结构从理论上有无数多个振型[39]。在桥梁结构所有振型中,其中与最小自振频率(又称基本频率)相应的振型为基本振型,又称第一振型。此外,按自振频率递增还有第二、第三……振型,它们被统称为高阶振型。桥梁结构实际的振动形式可能是若干个振型曲线的组合[28,39]。

桥梁结构按照连续体的概念,理论上结构的自由度有无限个,因此桥梁振型理论上有无限多个振型[40]。实际桥梁结构的振动往往以低阶振动为主,中小跨径桥梁主要分析前几阶振型,对于大型桥梁需要分析的振型阶数与桥梁结构形式有关。桥梁结构的振型、自振频率与阻尼比是对应的关系,某阶振型对应相应的自振频率和阻尼比[41]。

(5)冲击系数

汽车以一定的速度在桥梁上行驶时,桥梁在车辆动荷载作用下产生的应力与变形效应比大小相等的车辆静载引起的效应要大一些,这种由于荷载的动力作用使桥梁发生振动而造成内力或变形增大的现象称为汽车荷载冲击作用[42-44]。汽车荷载的这种冲击力一般用汽车荷载标准值乘以冲击系数来表示。冲击系数的实测分析就是利用实测的桥梁动挠度或动应变的时程曲线按照冲击系数的定义进行计算[44]。《公路桥梁荷载试验规程》(JTG/T J21-01—2015)条文6.6.5规定:计算冲击系数时应优先采用桥面无障碍行车下的动挠度时程曲线计算[24]。

2)振动信号相关概念

(1)时域分析

时域分析(Time Analysis)是信号最基本的分析方法之一,它直观地给出了信号最初的时域波形,对分析不同领域的振动信号起着举足轻重的作用[45]。对于特定信号而言,则显示出不同的应用特征:桥梁振动信号可以通过时域分析提取自振频率和阻尼等;对于声发射信号通过时域分析声发射的特征参数等[46]。时域分析(即对时域波形进行分析)是对信号从时间域上进行分析,它显示信号随时间的幅值波形。从时域波形图上可以得到信号在各个时间点的幅值大小;可以观察信号幅度随时间的变化情况;可以搜索整个时间历程中信号的最大、最小、极大或极小值的位置;此外,比较、压缩、叠加合成等多种信号的操作,也可以通过时域分析进行[47]。

(2)频域分析

频域分析法是研究控制系统的一种经典方法,是在频域范围内应用图解分析法评价系统性能的一种工程方法。频率特性可以由微分方程或传递函数求得,还可以用试验方法测定。频域分析法不必直接求解系统的微分方程,而是间接地揭示系统的时域性能,它能方便地显示出系统参数对系统性能的影响,并可以进一步指明如何设计校正[48,49]。

频域分析法是从频率的角度看问题,它能看到时域角度看不到的问题。频域分析法的优点是:它引导人们从信号的表面深入到信号的本质,看到信号的组成部分。

(3)采样频率与采样周期

采样频率是指单位时间内从连续信号中提取并组成离散信号的采样个数,它用赫兹(Hz)来表示。采样频率的倒数是采样周期或者叫作采样时间,它是指采样之间的时间间隔[50]。

采样频率是指计算机单位时间内能够采集多少个信号样本,比如对于波形记录而言,此时采样频率可以是描述波形的质量标准[51]。采样频率越高,即采样间隔的时间越短,则在单位时间内计算机得到的样本数据就越多,对信号波形的表示也越精确。采样频率与原始信号频率之间有一定的关系,根据奈奎斯特理论,只有采样频率高于原始信号最高频率的两倍时,才能把数字信号表示的信号还原成为原来信号[52]。

(4)奈奎斯特抽样理论

采样定理是美国电信工程师H·奈奎斯特在1928年提出的,在数字信号处理领域中,采样定理是连续时间信号（通常称为“模拟信号”）和离散时间信号（通常称为“数字信号”）之间的桥梁和纽带[53]。采样定理揭示了采样频率与信号频谱之间的关系，也是连续信号离散化的基本依据。在进行模拟/数字信号的转换过程中，当采样频率 $f_{s.max}$ 大于信号中最高频率 f_{max} 的2倍时（$f_{s.max} > 2f_{max}$），采样后的数字信号能完整地保留了原始信号中的信息。振动信号采集时一般应保证采样频率为信号最高频率的2.56～4倍，对于桥梁振动测试一般采样频率不宜小于分析频率的10倍[54,55]。

（5）滤波

滤波（Wave Filtering）是将信号中特定波段频率滤除的操作，是抑制和防止干扰的一项重要措施，滤波分为经典滤波和现代滤波。根据频率滤波时，是把信号看成是由不同频率正弦波叠加而成的模拟信号，通过选择不同的频率成分来实现信号滤波[56-58]。

①当允许信号中较高频率的成分通过滤波器时，这种滤波器叫作高通滤波器。

②当允许信号中较低频率的成分通过滤波器时，这种滤波器叫作低通滤波器。

③设低频段的截止频率为 f_{p1}，高频段的截止频率为 f_{p2}：当频率在 f_{p1} 与 f_{p2} 之间的信号能通过其他频率的信号被衰减的滤波器叫作带通滤波器。反之，频率在 f_{p1} 与 f_{p2} 的范围之间的被衰减，之外的频率能通过的滤波器叫作带阻滤波器。

（6）传递函数

传递函数是描述线性系统动态特性的基本数学工具之一，也是研究经典控制理论的主要方法和工具。频率响应法和根轨迹法都是建立在传递函数的基础之上。传递函数是指零初始条件下线性系统响应（即输出）量的拉普拉斯变换（或 z 变换）与激励（即输入）量的拉普拉斯变换之比。记作 $G(s) = Y(s)/U(s)$，其中 $Y(s)$、$U(s)$ 分别为输出量和输入量的拉普拉斯变换[59]。

（7）模态分析

模态分析是研究结构动力特性一种方法，一般应用在工程振动领域。模态分析按计算方法可分为计算模态分析和试验模态分析[60]。桥梁结构模态分析是指分析桥梁固有频率、阻尼比和模态振型参数的过程[61]。桥梁结构的固有振动特性，每一个模态都有特定的固有频率、阻尼比和模态振型[62]。由结构有限元计算的方法得到的桥梁结构模态参数分析方法是计算模态分析，每一阶次对应一个模态，每个阶次都有自己特定的频率、振型模态参数，理论计算的方法不能到结构的阻尼[61,63]。通过试验将采集的系统输入与输出信号经过参数识别获得桥梁结构模态参数的方法称为试验模态分析，通常模态分析都是指试验模态分析[64-65]。

5.3 桥梁动力特性测试分析

桥梁结构的动力特性测试分析是指通过振动测试的参数（如速度、加速度等）的测试，利用时、频域或模态分析的方法获得桥梁结构的自振频率、阻尼比、振型等参数。桥梁结构的模态分析包括桥梁的计算模态分析和试验模态分析两种：计算模态分析指采用结构有限元分析的方法进行分析；试验模态分析指通过桥梁振动测试将采集的系统输入与输出信号经过参数识别获得桥梁结构模态参数的方法[62,64,66]。

桥梁结构动力特性测试分析可以通过振动信号的时域波形对自振频率和阻尼比进行分析[12]，对于桥梁自振频率也可以采用频谱分析的方法得到，也可以通过试验模态分析的方法对自振频率、阻尼比和振型3个参数同时进行识别。桥梁自振频率和阻尼比利用毫米波雷达测试的桥梁动挠度信号，通过采用波形分析的方法也可以得到；从理论上讲，可以利用毫米波雷达对多点动挠度测试的信号利用模态分析方法得到其自振频率、阻尼比和振型3个模态参数。桥梁结构试验模态分析通常采用脉动法进行测试，采用毫米波雷达数据进行分析时受挠度数值小、雷达波束角的范围等限制，还需要进行进一步的研究。因此，对于桥梁结构动力特性测试主要介绍毫米波雷达测试数据分析桥梁自振频率和阻尼比的方法。

5.3.1 桥梁自振频率的测试分析

采用振动测试信号进行桥梁结构自振频率分析的方法有波形分析法和频谱分析法。波形分析法就是利用桥梁结构振动测试的速度、加速度、挠度等测试信号，通过若干个周期波形的时间坐标进行分析的方法。频谱分析法通常对振动信号采用傅里叶变化来分析桥梁结构各阶次振动的振动频率。

1)波形分析法

利用波形分析法来分析桥梁结构的自振频率有一定的适用范围，该方法适用于单一频率的自振信号[24]。波形分析法是利用单一频率自振信号的波形特征参数，提取若干周期的振动波形，通过时间坐标计算自振频率的均值。桥梁结构的振动测试信号除包含桥梁多阶振动信号的叠加外，还可能包含环境、设备等各种噪声信号，因此利用波形分析法分析桥梁的自振频率需要对信号进行带通滤波分离后方可进行频率的计算[24]。采用此种方法需要分析人员具有较强的振动测试理论和结构计算分析能力，分析前应知道桥梁结构分析阶次的频率范围，才能有效对振动测试信号进行信号的分离提取单一频率的振动信号。

2)频谱分析的方法

频谱分析是一种将复噪声号分解为较简单信号的技术。许多物理信号均可以表示为许多不同频率简单信号的叠加，找出一个信号在不同频率下的信息(可能是幅度、功率、强度或相位等)的方法就是频谱分析[67]。

频谱分析可以分析整个信号，也可以把信号分成若干个区段，分析每个区段的信号。频谱分析只考虑一个周期的信号是最适合周期函数的。一个函数的傅立叶变换包含了原始信号中的所有信息，只表示不同的形式，因此可以将原始信号重组为反傅立叶变换。若要完整的重组原始信号，需要有每个频率下的幅度及其相位，这些信息可以用二维向量、复数或是极坐标下的大小及角度来表示。在信号处理中常常考虑幅度的平方，也就是功率，所得的就是功率谱密度[68]。

实际上，大部分振动采集的仪器及软件都用快速傅里叶变换来产生频谱的信号，快速傅里叶变换是一种针对采样信号计算离散傅里叶变换的数学工具，可以近似傅里叶变换的结果[69]。对于桥梁结构采用频谱分析方法分析桥梁结构自振频率时，一般需要对桥梁结构进行行车激励或跳车激励的桥梁振动信号进行分析。

(1)行车试验激励

采用行车激励情况下的振动信号分析桥梁结构的自振频率，要求分析的信号中应不包括强迫振动的部分，因此需要截取行车激励后强迫振动衰减后的余振信号。采用行车激振法激励时，通常要确定车辆驶离桥梁的准确时刻，以免将强迫振动当作自由振动进行处理，导致自振频率误判。一般根据同时采集的振动信号（加速度、动应变、动挠度等）实测信号中静态分量的起始位置判定余振起点（图5.3-1），利用数据分析软件中的数据截断功能将强迫振动响应舍弃，截断后的数据块长度通常要满足频率分辨率的要求[24]。

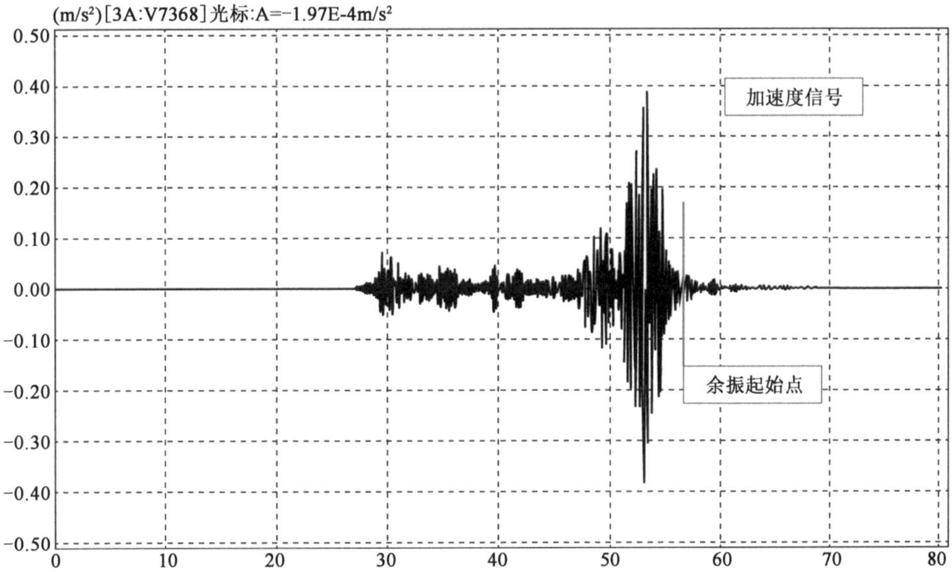

图5.3-1　行车试验余振起始点的确定

由于余振信号可能包含车辆激励激起的多个频率的振动信号，在进行频谱分析时应正确判断频谱分析的频率对应的振动阶次，因此就需要结合桥梁结构动力学分析的结果来判断。

（2）跳车激励或有障碍行车激励

当桥梁采用跳车激励或有障碍行车激励时，由于受到车辆附加质量的影响，振动信号频谱分析的结果需要进行修正。对于跨径小于20m的桥梁采用频谱分析桥梁结构的实测自振频率修正时，按式（5.3-1）进行修正[24]：

$$f_0 = f\sqrt{\frac{M_0 + M}{M_0}} \tag{5.3-1}$$

式中：f_0——桥梁结构的自振频率；

f——有附加质量影响的实测自振频率；

M——附加质量；

M_0——桥梁结构在激振处的换算质量。

桥梁结构的换算质量的通常计算方法：通常采用两个不同质量的突加荷载一次进行激振，分别测定自振频率f_1和f_2，其附加质量为M_1和M_2，可以利用上式来计算换算质量M_0。

3）毫米波雷达测试数据分析自振频率

采用毫米波雷达对行车激励时的桥梁结构动挠度进行测试，对动挠度时程曲线进行波形分析或频谱分析可以得到桥梁结构的自振频率。

(1)波形分析的方法

利用毫米波雷达测试桥梁结构在行车条件测试的动挠度振动信号,采用带通滤波的方法得到结构单个振动阶次的单一振动信号,根据振动波形的起止时间来确定桥梁结构某一阶次的振动频率。利用毫米波雷达动挠度时程曲线采用波形分析法计算桥梁自振频率的步骤如下:

①选取合适的动挠度测试的毫米波雷达数据

在桥梁行车试验时,可以采用毫米波雷达对多个测点的动挠度进行测试,确定车辆离开桥梁时动挠度时程曲线余振的起点位置作为振动型号分析的起点,截取符合要求的振动信号进行分析[12]。

②确定需要分析频率的振动阶次

由于波形分析法适合分析单一频率振动信号的自振频率,因此需要对测试的振动信号进行滤波。而对于桥梁结构由于振动信号往往是多个阶次振动频率信号的叠加,仅通过波形分析很难确定桥梁结构的振动阶次,这就需要在分析前确定需要分析频率的振动阶次。这就需要对桥梁结构进行模态的理论计算分析,计算得到桥梁结构需要关注振型的振动阶次和其对应的自振频率。

桥梁结构需要分析的振动阶次,对于不同桥梁结构其要求的阶次有所不同。对于公路桥梁现行规范对振动阶次分析的要求:对于简支梁桥,桥梁结构振动需要测试的阶次为1 阶;对非简支梁桥、拱桥,需要测试分析的阶次为 3 阶;对于斜拉桥、悬索桥等大跨径桥梁结构,则需要测试分析的阶次为 9 阶[24]。

③振动信号的滤波分析

根据桥梁结构需要分析的振动阶次以及对应的理论计算频率,选择合适的滤波器对分析信号进行滤波分析,得到单一信号频率的振动波形。对于简支梁桥需要测试分析的振动阶次为 1 阶,需要根据结构理论分析得到桥梁结构的第 1 阶振型对应的自振频率来确定带通滤波器的分析带宽。对于需要分析多个阶次的桥梁结构,则需要针对每一个振动阶次的自振频率分别选择合适的带通滤波器对振动信号进行滤波分析。

④自振频率的计算

根据振动信号滤波后得到的单一频率的振动信号,通过多个周期波形的起止时间坐标计算分析阶次的自振频率。

如某简支梁采用毫米波雷达对行车激励下的桥梁动挠度进行测试,桥梁结构的理论计算得到的第 1 阶竖向振动频率为 4.888Hz。由于桥梁结构的实测自振频率正常情况下要大于桥梁结构的理论计算的频率,因此可以初步选择分析带宽为 4.5 ~6Hz 的带通滤波器对振动信号进行滤波。当选择分析带宽不合适,也就是说得到的波形可能含有 1 个以上自振频率的信号时,需要对滤波的带宽进行调整直至得到满意的结果后再进行自振频率的计算。该桥 1 个毫米波雷达测点的挠度数据经过带通滤波器滤波后得到 1 阶振动的波形图见图 5.3-2,根据波形分析得到的自振频率为 5.281Hz。

(2)频谱分析法

在行车激励时,利用毫米波雷达测试的动挠度的余振信号也可以采用频谱分析的方法来得到桥梁结构的实测自振频率。采用频谱分析的方法与波形分析的方法有相同点,也有不同之处。采用频谱分析的方法主要步骤和关键点如下:

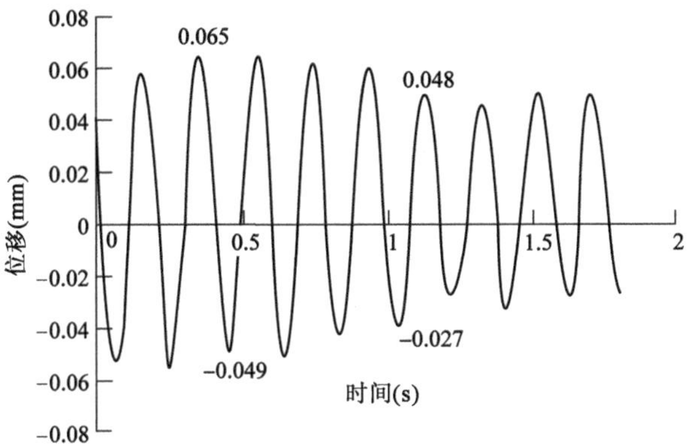

图 5.3-2　毫米波雷达测点滤波后波形图

①选取合适的毫米波雷达动挠度测试数据

在频谱分析时同样需要选取合适的动挠度测试数据，这与波形分析法要求基本相同。利用车辆激励后余振的桥梁动挠度测试数据，截取车辆离开桥梁后余振信号作为频谱分析的数据，数据段长度应满足频谱分析的要求。

②快速傅里叶变换

对选取的桥梁动挠度数据进行傅里叶变换，将动挠度的时程曲线变换到频域信号，得到振动信号的频谱信息[70]。

③振动信号的自振频率阶次的确定

桥梁振动信号进行傅里叶变换后可能会得到多个阶次的频谱信息，这就需要根据桥梁结构理论计算的自振频率来从频谱信息中确定不同振动阶次的对应的自振频率。

某简支梁桥采用多个挠度测点对行车条件下跨中动挠度进行测试，桥梁结构第 1 阶竖向振动频率为 4.888Hz，其振型图见图 5.3-3。对测点 2 至测点 5 这 4 个测点的挠度时程曲线截取合适的余振信号进行傅里叶变换得到的频谱图见图 5.3-4。从图 5.3-4 中可以看出振动信号在频域 5 ~ 6Hz 范围内有幅值最大的谱值信号，结合桥梁结构理论计算结果可以确定其为第 1 阶竖向振动的自振频率，各测点实测频率值见表 5.3-1。从表中可以看出各测点采用频谱分析得到桥梁结构 1 阶振动频率较为接近，各测点平均值为 5.273Hz，采用振动加速度传感器采用频谱分析频率为 5.273Hz(图 5.3-5)，因此毫米波雷达挠度的频谱分析具有较好的精度。

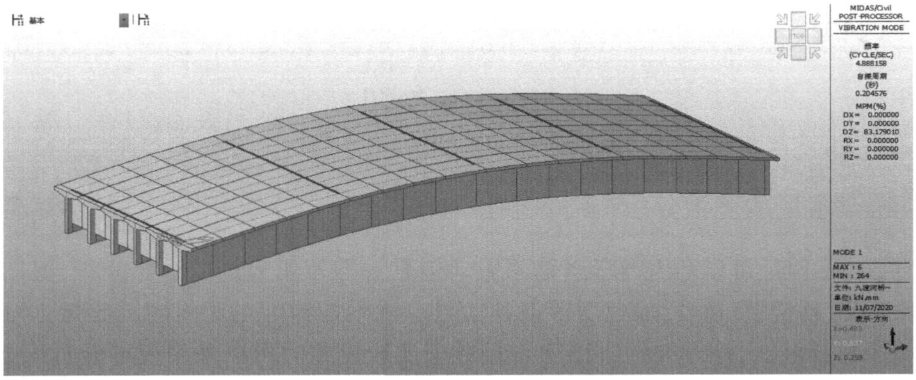

图 5.3-3　桥梁结构 1 阶竖向振型图

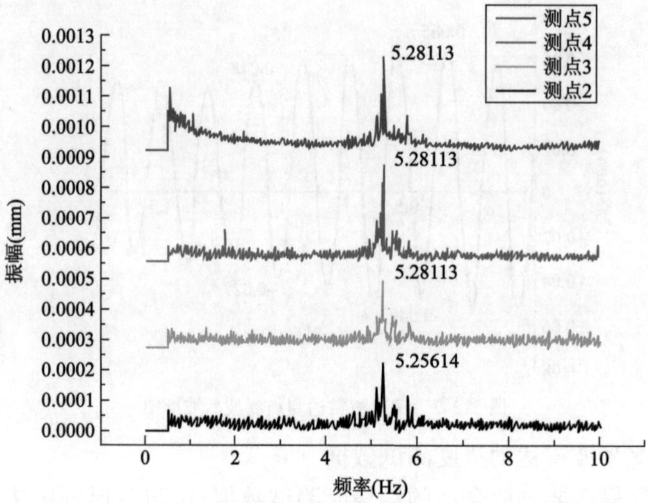

图 5.3-4　毫米波雷达挠度振动信号的频谱信息

桥梁自振频率实测值　　表 5.3-1

测点	测点 2	测点 3	测点 4	测点 5	平均值
频率(Hz)	5.256	5.281	5.281	5.281	5.273

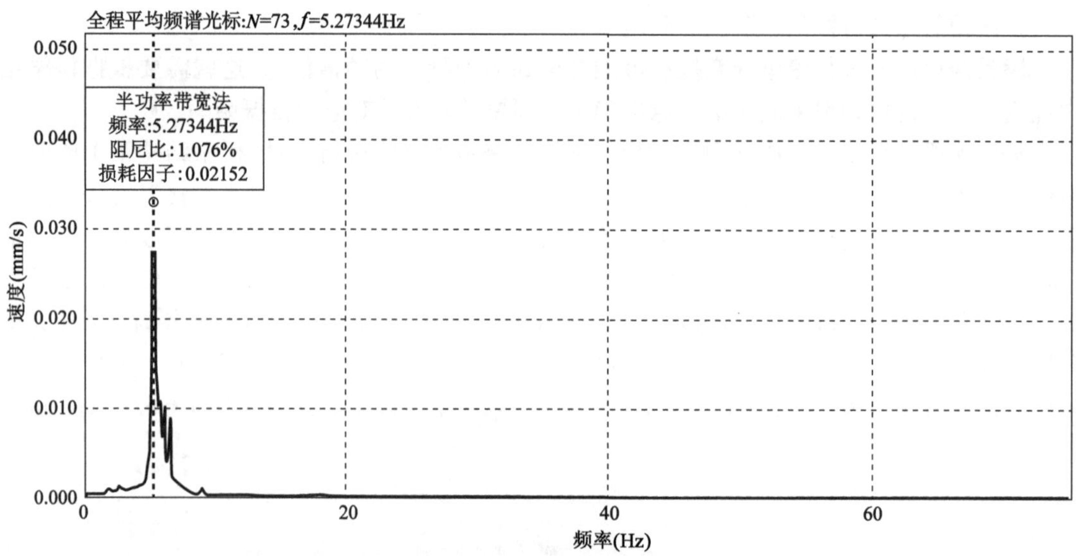

图 5.3-5　振动加速度信号的频谱图

5.3.2　桥梁阻尼的测试分析

桥梁结构的阻尼可以利用行车激励的振动信号进行桥梁阻尼的计算分析,振动信号可以采用动应变、动挠度、速度、加速度等振动信号。桥梁结构阻尼比的测试分析方法总体上分为时域法和频域法,此外在桥梁结构自振频率比较密集时可以采用模态分析的方法[71]。时域法主要是基于时域信号的振动幅值对数衰减对结构的阻尼比进行分析。半功率带宽法属于频域的方法，该方法是在自振频谱图上对每1阶自振频率采用半功率点带宽求取阻尼参数的方法[24]。

由于毫米波雷达测试数据在模态分析中的应用还在试验研究阶段，本章节重点介绍利用毫米波雷达数据进行桥梁阻尼分析的时域法和频域法。

1)波形分析法

《公路桥梁荷载试验规程》(JTG/T J21-01—2015)中的波形分析法其实就是基于时域的对数衰减法。桥梁结构测试的振动信号往往由多阶振动信号以及噪声等叠加形成的信号，对于实测的振动信号进行结构阻尼的计算，同分析桥梁结构的自振频率类似，应将多阶自振信号叠加的波形首先分离为单一频率的自振信号，按照式(5.3-2)进行阻尼的计算，计算图例见图5.3-6[24]。

$$D = \frac{1}{2\pi n}\ln\frac{A_i - A'_i}{A_{i+n} - A'_{i+n}} \tag{5.3-2}$$

式中：D——阻尼比；

n——参与计算的波的个数，不小于3；

A_i——参与计算的首波峰值；

A'_i——参与计算的首波波谷值；

A_{i+n}——参与计算的尾波峰值；

A'_{i+n}——参与计算的尾波波谷值。

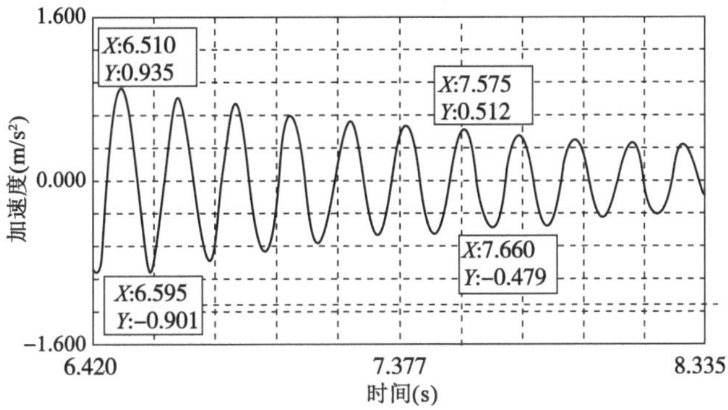

图5.3-6　波形分析法计算阻尼图例

采用该方法分析时，要求分析的波形首先要分离为单一频率的振动信号后再进行阻尼比的分析。主要原因是规范中的算法是采用波幅对数衰减法推导的计算公式，而该方法有一个适用条件就是要求测试信号为单一频率的自由衰减信号。而桥梁结构振动测试的信号往往是含有多阶频率的振动信号，而每阶振动频率都有相对应的阻尼比。因此用桥梁实测振动信号利用波形分析法计算阻尼时，应将振动信号分离成需要分析阻尼比对应频率的单频振动信号[73]。

波形分析法参与计算的振动幅值为波形的波峰、波谷值，即对于首波、尾波参与计算的为波峰值与波谷值的差值(波峰和波谷幅值的绝对值之和)[74]。基于时域的对数衰减法计算阻尼比的方法中参与计算的幅值有3种形式：仅采用波峰值；仅采用波谷值；同时采用波峰和波谷值(图5.3-7)。《公路桥梁荷载试验规程》(JTG/T J21-01—2015)中采取的是第3种方法，这种方法计算精度相对较高[24]。

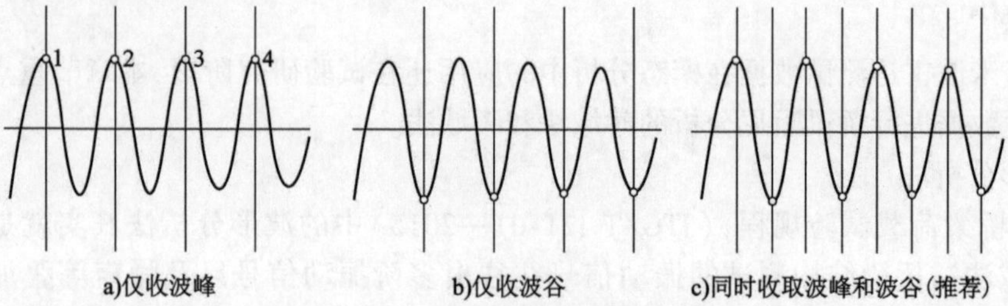

图 5.3-7　对数衰减法振动幅值选取的方式

进行信号分离就需要对桥梁结构测试的信号进行带通滤波，将其分解成需要分析阻尼比的多个频率下的振动信号。带通滤波器是一种仅允许特定频率通过，同时对其余频率的信号进行有效抑制的滤波器。对于实测桥梁振动信号，通过频谱分析计算桥梁结构的多阶自振频率，频谱图中确定需要分析阻尼比的桥梁结构振动的单阶频率。根据频谱图分析频率的分布确定带通滤波器的上、下限频率，然后使用带通滤波器进行滤波得到振动信号[75]。

2)半功率带宽法

半功率带宽法是在自振频谱图上对每一阶自振频率采用半功率点带宽求取阻尼参数的方法。采用此方法时频率分辨率 Δf 一般不大于自振频率值的 1%，以保证插值计算的精度，计算方法见图 5.3-8 和式(5.3-3)[24]。

$$D = \frac{n}{\omega_0} = \frac{\omega_2 - \omega_1}{2\omega_0} = \frac{f_2 - f_1}{2f_0} \tag{5.3-3}$$

式中：f_0——自振频率；

f_1、f_2——半功率点频率，即 0.707 倍功率谱峰值所对应的频率。

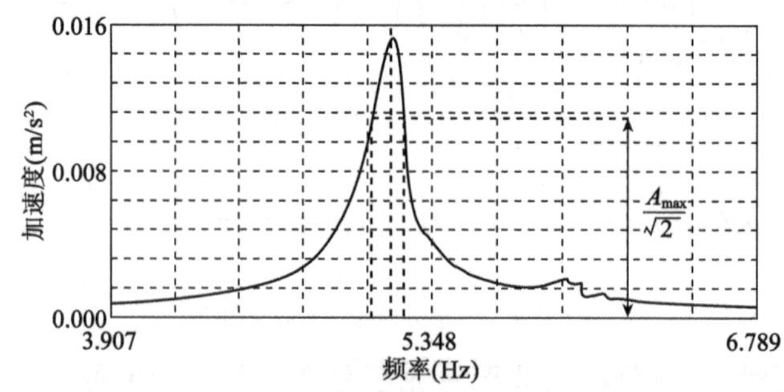

图 5.3-8　半功率带宽法分析阻尼

图 5.3-8 中 0.707 倍的功率谱峰值所对应的频率(f_1、f_2)即为对应的半功率点。半功率点对应的带宽就是功率在减少至其一半的频带宽度，表示在该带宽内集中了一半的功率。半功率带宽法又称 3dB 法，3dB 指的是比峰值功率小于 3dB(就是峰值的 50%)的频谱范围的带宽。由于幅值的平方即为功率，其平方后变为 1/2 倍，在对数坐标中就是 -3dB 的位置也就是半功率点。对应的带宽就是功率在减少至其一半以前的频带宽度，表示在该带宽内集中了一半的功率[77-79]。

由于桥梁结构阻尼本身的非线性、材料性质、振幅和变形的大小、受力形式、边界与支座条件、环境温度等多种因素，均会影响阻尼比的测量结果，使阻尼比的测量具有一定的不确定性。

而半功率带宽法是根据频谱中某个谱峰的半功率带宽计算阻尼比,该方法常常具有一定的误差。主要原因是该方法的理论上有一定的近似,其次由于 FFT 频谱是具有一定频率间隔的离散谱,因此计算谱峰的主频和半功率带宽是都不可避免存在误差。影响半功率带宽法测试精度的主要因素有:①测试时采样频率 SF;②频率分辨率 Δf;③采样分析点数 N;④采样频率与信号频率之比 $K=SF/f_s$;⑤分析数据的长度 $T=N\Delta t$;⑥谱线的位置(是否压谱线以及谱线在总频率坐标上的位置);⑦被测阻尼比 D 的大小;⑧信号频率的密集度和频率泄漏的影响。这些因素会严重地影响半功率带宽法测量阻尼值的稳定性和精度[80-83]。

适宜采用半功率带宽法分析阻尼的情况也应提高其分辨率 Δf,按照规范要求应不大于自振频率的 1%[25]。采用半功率带宽法分析结构阻尼时,为提高其测试分析精度可以从以下几个方面来考虑:

(1)采用这种方法分析桥体结构的动载试验阻尼比时,首先应选择恰当的频率与频率比 k。桥梁结构自振频率的理论值应在桥梁结构测试前计算出来,频率和频率比应根据理论值来确定。桥梁结构试验的频率和结构试验的频率,建议在 k 的基础上,以 10 左右的频率为宜。

(2)在分析数据时,由于长度 N 增加,阻尼比精度增加,建议时间满足阻尼比分析的要求。

(3)设置频率要注意谱线的位置,使分析频率重合在谱线的位置上。

(4)由于频率解析度随阻尼比分析的精确度增加而增加,因此在采用半功率带宽法分析时,建议将频率解析度提高。

(5)当桥梁结构的频率比较密集,采用半功率带宽法无法进行分析时,宜采用模态分析的方法进行阻尼比分析。

(6)在使用半功率带宽法进行阻尼比分析时,应注意由于加窗功能造成的泄漏而影响到阻尼分析。当使用半功率带宽法来分析阻尼时,为了减少外泄的影响,应选择适当的视窗功能。

3)毫米波雷达数据分析阻尼比

毫米波雷达测试的是桥梁结构的动挠度,可以利用动挠度的时程数据进行桥梁结构阻尼的计算分析,可采用波形分析法和半功率带宽法两种方法来分析结构的阻尼。对于桥梁结构不同阶次的振动,其对应的自振频率、振型和阻尼不同,在分析桥梁结构阻尼时应注意其对应关系。

(1)波形分析法

桥梁动载试验通常采用行车试验进行激励,对于跨径较小、刚度较大桥梁有时需要采用有障碍行车或跳车试验对桥梁振动进行激励。桥梁结构的振动可以采用毫米波雷达对其动挠度来进行测试,利用行车激励的动挠度余振信号的振幅按照对数衰减法来分析结构的阻尼。测试的动挠度振动信号可能包含多个振动阶次的振动信号和噪声信号,需要采用带通滤波器对需要分析的振动信号进行滤波。

利用毫米波雷达测试桥梁行车激励条件下桥梁结构阻尼比的步骤如下:

①选择合适的毫米波雷达测试数据

根据桥梁在行车激励采用毫米波雷达测试的动挠度曲线,确定余振信号的起始点后选取合适的雷达测试数据,毫米波雷达测试采样频率和采样长度应满足分析要求。

②确定要分析阻尼的振型阶次

不同振型阶次的阻尼比不同,分析桥梁阻尼前应确定需要分析哪一阶振型的阻尼以及对应的自振频率。利用测试数据分析桥梁结构阻尼前,其测试分析的自振频率可能不确定,需要根据结构理论计算的自振频率来确定。

③确定合适的带通滤波器

根据需要分析振型阶次的理论计算频率,选择合适的带通滤波器将毫米波雷达测试数据分离成仅含分析频率的单一频率的振动信号。由于测试数据中除了结构自身的振动频率外,可能包含环境噪声及其他干扰的信号,选择带通滤波器的上、下限截止频率可能需要试算调整,真到得到满意的结果。

④计算分析桥梁结构的阻尼

对分离成仅含分析频率的振动信号时程曲线,按照动挠度振动幅值对数衰减的方法计算桥梁结构的阻尼比,见式(5.3-2)。

某桥全长120.1m,跨径组合5×22.2m,全宽9.1m,行车道宽7.0m,桥下净空4.0m。上部结构为5跨的预制钢筋混凝土简支T梁。桥梁在动载试验时采用毫米波雷达对测试跨5片主梁跨中动挠度进行测试,毫米波雷达采样频率为50Hz。按照《公路桥梁荷载试验规程》(JTG/T J21-01—2015)中的要求,桥梁结构需要分析振动阶次为1阶,其第1阶振型为竖向振型,自振频率为4.888Hz。选择5号雷达测点的动挠度测试数据对桥梁结构第1阶振型对应的阻尼比进行分析,根据其理论计算频率选取合适的带通滤波器进行滤波,得到振动信号如图5.3-9所示。从图5.3-9中可以看出经过滤波后的振动信号为单一频率的振动信号,桥梁结构测试分析得到第1阶自振频率为5.281Hz,按照动挠度振动幅值对数衰减的方法,计算其对应第1阶振型的阻尼比为2.65%。

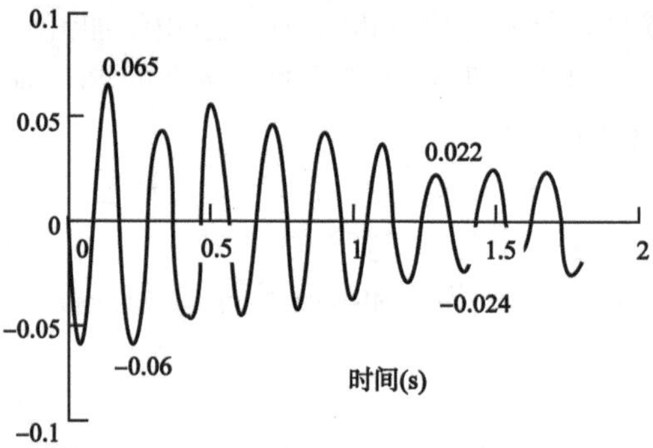

图5.3-9　毫米波雷达测试数据滤波后振动信号

(2)半功率带宽法

毫米波雷达测试数据也可以采用半功率带宽法来分析桥梁结构的阻尼,为保证阻尼的分析精度,采样频率与分析频率的比值一般要大于10。利用毫米波雷达测试数据对桥梁阻尼进行分析的步骤如下:

①选择合适的毫米波雷达测试数据

根据桥梁在行车激励采用毫米波雷达测试的动挠度曲线,确定余振信号的起始点后选取合适的测试数据,雷达的采样频率、频率比和采样长度应满足分析要求。

②傅里叶变换

对选择的动挠度测试数据进行快速傅里叶变换,将振动信号由时域信号变换到频域的频谱信号。

③确定需要分析阻尼对应的振型阶次

根据桥梁结构的类型及动力特性理论分析结果，确定桥梁结构自振特性需要测试分析的振型阶次以及对应的频率。

④计算分析桥梁结构的阻尼

结合桥梁结构理论分析的自振频率，在通过毫米波雷达得到的频谱曲线上确定理论分析频率对应的测试分析频率。在确定与需要分析振型阶次对应的频率后，按照半功率带宽法计算其对应的阻尼比。

5.4　桥梁动力响应的测试分析

桥梁结构的动力响应测试就是模拟桥梁结构在车辆通过桥梁时的不同状态如（跑车、跳车及制动）条件，测试桥梁结构的动力响应来评价桥梁结构的行车性能。动力响应测试的方法包括跑车试验、跳车试验和制动试验[18]。桥梁冲击系数分析的试验方法可以采用跑车试验、跳车试验。桥梁动力响应测试的参数主要有动挠度、动应变、速度、加速度和冲击系数等[24]。速度、加速度、动应变这些测试参数一般直接用于评价桥梁结构动力性能，速度和加速度等参数这些动力响应可以用来进行桥梁结构的动力特性（振型、自振频率和阻尼比）的计算和分析。桥梁动挠度和动应变主要用于分析桥梁的冲击系数，它是直接反映桥梁结构动力放大效应的一个重要指标[12]。以前受测试技术所限，桥梁动挠度的测试一直是行业的一个难点问题，因此冲击系数通常采用动应变的数据来进行分析和计算。由于动应变属于局部变量，用动应变作为参数计算冲击系数的精度也存在较大的偏差。随着毫米波雷达技术的发展，已经解决桥梁动挠度测试的难点问题。针对桥梁结构动力响应测试本章节主要介绍桥梁动挠度的测试和冲击系数的测试[84]。

5.4.1　桥梁动挠度测试

光学类桥梁挠度检测仪是利用CCD成像的原理对桥梁动挠度进行测试。桥梁挠度仪测试时将专用靶标固定待测桥梁结构的测试位置，通过靶标在CCD上成像的中心坐标的变化即可精确测量测桥梁在动荷载作用下动挠度，桥梁挠度仪可以实现对多个测点的静态挠度进行测试，但是只能实现对桥梁结构单个测点动态挠度的测试[85]。桥梁挠度仪在测试桥梁动挠度时有以下不足：设备属于光学类仪器设备测试受环境的影响较大；桥梁挠度仪仅能测试1个测点的动挠度，无法实现对多点动挠度进行同时测试。

图像式桥梁挠度仪是在桥梁结构上，利用图像散斑识别技术和图像模糊识别技术，对标识测点的运动轨迹进行精确跟踪，以达到测试桥梁运动挠度的目的。图像式桥挠度仪既能实现测试多点静态挠度，又能同时测试多点动挠度。要求被测点位应位于视频图像范围内，且该点位在图像中易被标识，使用该设备对多个测点的桥梁动挠度进行测试。对于混凝土结构桥梁，当混凝土表面不容易识别测点时，需要在被测位置做好标识或安装专用靶标，才能保证桥梁动挠度的测试精度。图像式桥梁挠度仪的测试也是基于光学成像的原理，桥梁动挠度的测试精度受光线等外界环境的影响较大，且不适宜用于长期的监测。

电阻式挠度计是基于惠斯通桥路的原理对桥梁动挠度进行测试的。测试时挠度计的位移变化会使测试电路电阻发生变化,通过惠斯通桥路电压的变化来实现对挠度的测试。电阻式挠度计通过有线或无线的方式组成多测点的动态测试系统,实现对多个测点动挠度的测试。但电阻式挠度计属于接触式测量,在测试桥梁动挠度时需要搭设支架或利用悬垂法进行测试,这也是限制其在桥梁动挠度测试中应用的主要原因。

GPS 的定位是利用卫星基本三角定位原理,GPS 接收装置以测量无线电信号的传输时间来量测距离,以距离来判定卫星在太空中的位置,这是一种高轨道与精密定位的测量方法[86]。GPS 适用于大跨径桥梁结构的动挠度的测试,不适用于中小跨径桥梁动挠度的测试。

毫米波雷达采用线性调频连续波、雷达干涉测量以及合成孔径雷达(SAR)技术等关键技术,在雷达波束角范围能实现对桥梁结构多个目标进行动挠度的精确测试。毫米波雷达在桥梁动挠度测试中具有较高的精度,现场试验精度优于 0.05mm。毫米波雷达动挠度测试技术同其他检测技术相比,解决了桥梁动挠度测试的行业难题,具有广阔的应用前景。

5.4.2 冲击系数测试

桥梁冲击系数的测试是桥梁动载试验测试和分析的重要参数,它是表征车辆动荷载对桥梁冲击效应、反映结构动力性能的一个重要指标,桥梁冲击系数在分析时经常采用动应变来进行分析,由于动应变为局部变量且受现场测试环境的影响较大,因此,测试结果与规范规定值有较大的偏差[87]。随着毫米波雷达技术的发展其采样频率、测试精度有大幅度提高,动挠度是能反映桥梁结构工作状态的整体变量,因此利用毫米波雷达测试数据分析冲击系数时有其优势。

1)冲击系数的分析方法

汽车以一定的速度在桥梁上行驶时,桥梁产生的应力与变形效应比大小相等的静载引起的效应要大一些[88],这种由于荷载的动力作用使桥梁发生振动而造成内力或变形增大的现象称为汽车荷载冲击作用,汽车荷载的这种冲击力一般用汽车荷载标准值乘以冲击系数来表示[44]。目前冲击系数主要有三种计算方法:定义法、规范法和试验分析法。桥梁冲击系数在桥梁结构中的评价主要是对比规范的规定值与现场测试的分析值。冲击系数的规范规定值一般按照规范法来进行计算,规范法是根据大量试验数据得到的经验算法。试验分析法是在行车条件下通过动挠度或动应变依据冲击系数的定义计算分析的数值。

(1)定义法

汽车引起的冲击系数μ为:

$$\mu = \frac{Y_{\mathrm{dmax}}}{Y_{\mathrm{jmax}}} - 1 \tag{5.4-1}$$

式中:Y_{dmax}——当汽车荷载过桥时截面动态效应(挠度或应变)的最大峰值;

Y_{jmax}——同一汽车荷载静止作用于桥梁截面时所对应的最大静态效应(挠度或应变)值。

(2)规范法

公路桥梁设计时,汽车的冲击力采用汽车荷载标准值乘以冲击系数μ来表达。各国规范对冲击系数μ的规定也不尽相同,但归纳起来有以下两种方式[90]:

①与桥梁跨径有关

世界各国根据试验结果制定了随跨径L递减函数的冲击系数(动态增量)公式,其典型形式为:

$$\mu = \frac{a}{b + L} \tag{5.4-2}$$

式中：a、b——统计回归常数；

L——计算跨径或影响线加载长度。

如美国的 AASHTO 规范(1992)以及我国的《公路桥涵设计通用规范》(JTJ 021—89)均采用此类表达形式。

②与竖弯频率有关

桥梁结构的竖向弯曲基频反映了结构的尺寸、类型、建筑材料等动力特性，不管桥梁的建筑材料、结构类型是否有差别，也不管结构尺寸与跨径是否有差别，只要结构的基频相同，在同样的汽车荷载下就能得到基本相同的系数，这是目前有些国家规范制定冲击系数的基本出发点[92,93]。

桥梁的冲击系数根据桥梁结构的竖向频率来计算，如加拿大安大略规范将桥梁冲击系数定义为结构基频的函数。我国《公路桥涵设计通用规范》(JTG D60—2004，JTG D60—2015)规定冲击系数也是利用基频进行计算的，冲击系数同基频的关系见图 5.4-1[94]。

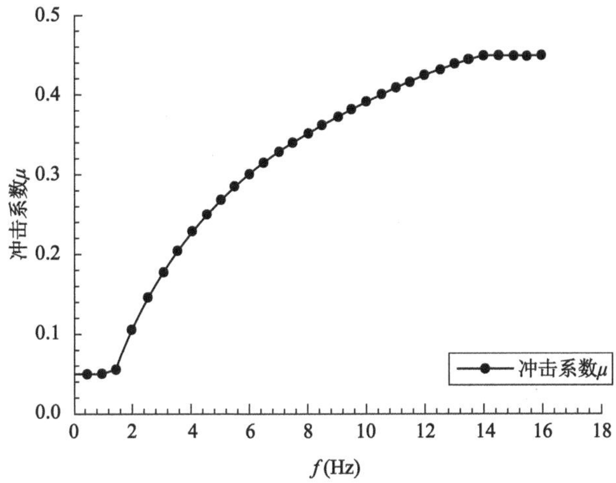

图 5.4-1　JTG D60—2015 的冲击系数-频率关系图

(3)试验分析法

《公路桥梁荷载试验规程》(JTG/T J21-01—2015)规定，计算冲击系数时宜采用桥面无障碍行车下的动挠度(或动应变)时程曲线进行分析计算[95]。由于动挠度测试测试困难，桥梁结构的冲击系数通常采用动应变来进行试验分析，随着动挠度测试技术的发展，毫米波雷达在冲击系数实验分析中将会广泛应用。

2)基于毫米波雷达数据的桥梁冲击系数的分析方法

(1)毫米波雷达动挠度测试

在进行桥梁跑车试验时，可以在测试截面布设角反射器采用毫米波雷达对桥梁动挠度进行测试，也可以采用无线分布式毫米波雷达测试系统对桥梁动挠度进行测试。桥梁动挠度测试方法及测点布设与桥梁静载试验布设方法相同，但在进行桥梁动力响应测试时采样频率要满足分析要求。某简支梁桥采用毫米波雷达对桥梁动挠度进行测试，利用行车条件下的动挠度时程曲线来分析桥梁冲击系数，其中 1 个雷达测点的挠度时程曲线见图 5.4-2[96]。

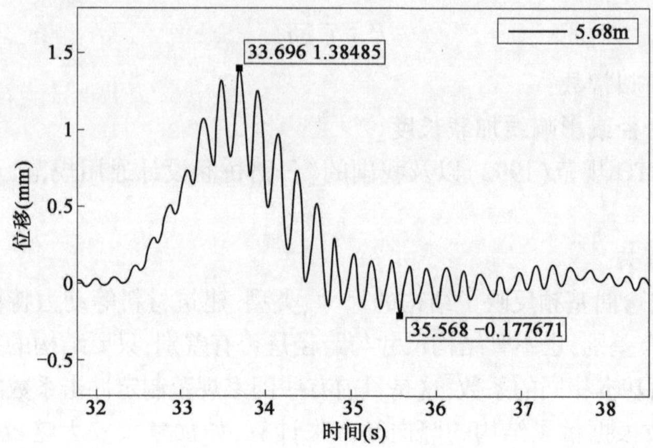

图 5.4-2　行车试验桥梁动挠度时程曲线

（2）冲击系数分析方法

①规范计算法

对于毫米波雷达测试的挠度时程曲线分析冲击系数时，可以根据《公路桥梁荷载试验规程》(JTG/T J21-01—2015)的规定的利用动挠度最大值的 1 个波形来计算，也可以采用推荐的利用多个波形来进行分析。

利用单波形进行计算图式见图 5.4-3，冲击系数计算根据其定义由下式计算：

$$\mu = \frac{f_{\mathrm{dmax}}}{f_{\mathrm{jmax}}} - 1 = \frac{f_{\mathrm{dmax}}}{\frac{f_{\mathrm{dmax}} + f_{\mathrm{dmin}}}{2}} - 1 \tag{5.4-3}$$

式中：f_{dmax}——最大动挠度幅值；

f_{jmax}——取波形振幅中心轨迹的顶点值，或通过低通滤波求取；

f_{dmin}——与 f_{dmax} 对应的动挠度波谷值。

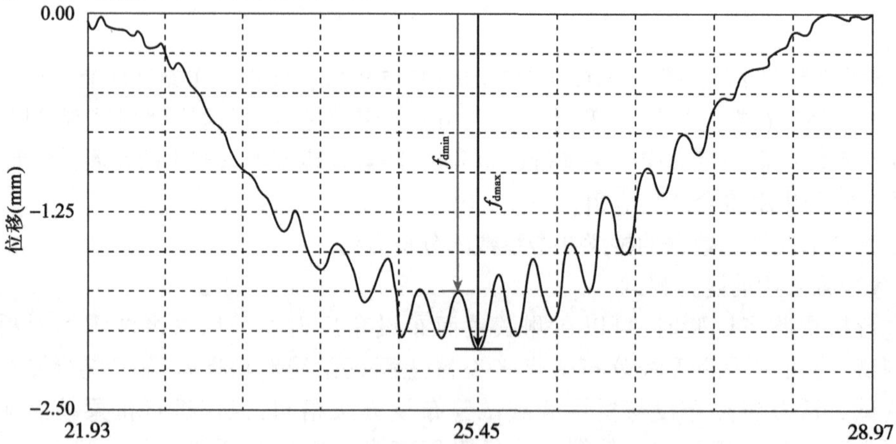

图 5.4-3　单波形计算冲击系数示意图

根据图 5.4-3 中计算示意图,按规范推荐方法只需要在毫米波雷达提取挠度最大值所对应的同一波形内波峰、波谷的数值,按照公式计算冲击系数。需要注意的是,对于最大动挠度值对应的波峰值在挠曲线上很容易确定,图中取左侧波谷值或右侧波谷值,计算结果会有一定的偏差。因此建议在采用单个波形计算冲击系数因波谷值取值不同差值较大时,可以采用规范中推荐采用多个波形加权分析的方法。

当采用单个波形对冲击系数计算误差较大时,可以对多个波形进行分析处理分析,采用加权的方法进行计算。即对所有局部"波谷"动响应值与相应"静"载作用下该点响应值之比计算得到的冲击系数进行加权处理,可得到如下冲击系数计算式见式(5.4-4),公式中符号含义见《公路桥梁荷载试验规程》(JTG/T J21-01—2015),见图 5.4-4。根据毫米波雷达测试挠度时程曲线,截取行车试验时包括最大挠度值的局部时程曲线,选择包括最大峰值在内两侧局部多个波形进行分析,分别提取波峰、波谷值按照公式计算即可。

$$\mu = \sum_{i=1}^{n} \frac{\mu_i y_{\mathrm{meani}}}{\sum_{i=1}^{n} y_{\mathrm{meani}}} \tag{5.4-4}$$

式中:y_{meani}——动力效应时程曲线上第 i 个冲击系数 μ_i 处所对应的局部静态效应值(或局部最大值与最小值的平均值);

n——时程曲线上出现的有规律的波形峰值个数。

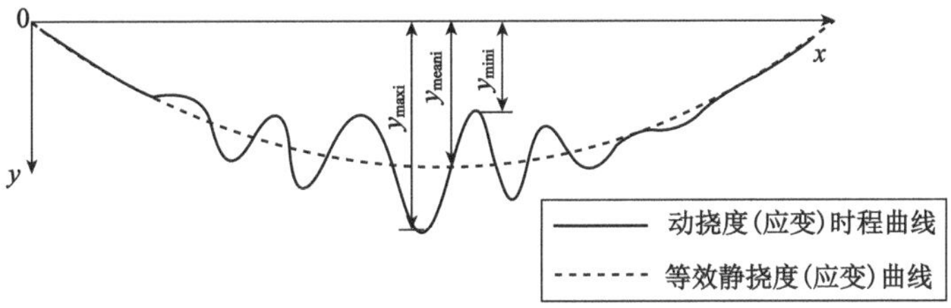

图 5.4-4　加权平均法计算冲击系数示意图

②软件计算法

桥梁冲击系数计算方法在常用的动态测试系统中都有专门的软件分析模块。但其测试分析原理都是基于冲击系数的基本概念,利用测试动态时程曲线包含的测试参数(动挠度、动应变)在行车试验峰值段以单个波形或多个波形拟合计算动态参数对应的"静载"对应的参数。图 5.4-1 中毫米波雷达测试动挠度测试曲线为例,可以采用不同的数据拟合方法(如最小二乘法、三点法等),拟合局部波幅振动中心曲线如图 5.4-5 所示,此外还可以用其他方法进行拟合计算。

利用毫米波雷达测试数据,利用 Matlab、Python 等数据分析软件,按照规范中桥梁冲击系数的计算原理,开发了小程序来进行计算。

对于不太擅长数据计算分析的工程师,可以利用常用的冲击系数分析软件计算桥梁的冲击系数。如东方所 DASP 振动测试分析软件中,有专用的冲击系数分析模块,其数据拟合方法有最小二乘法和三点法。将毫米波雷达测试数据导入 DASP 软件,数据导入后可以很方便地利用 DASP 软件对动挠度数据进行冲击系数分析。

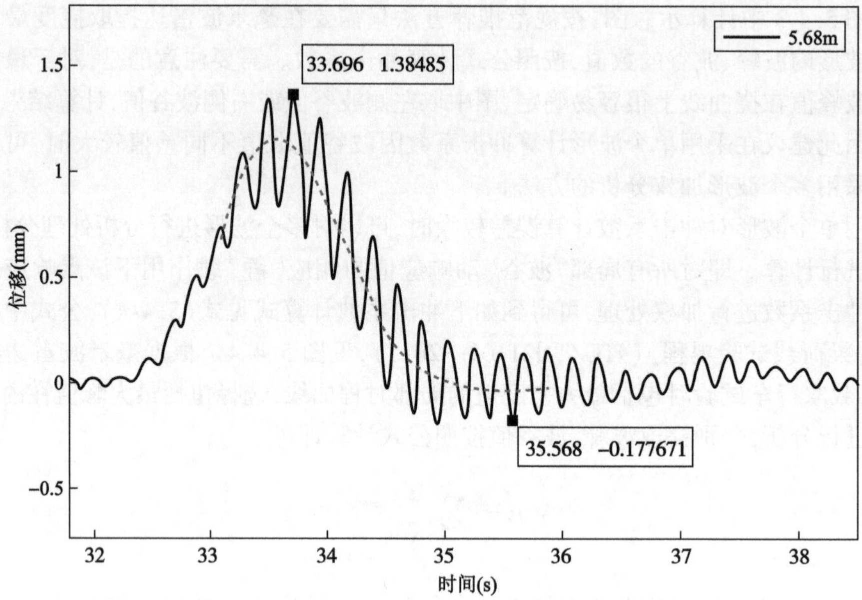

图 5.4-5 动挠度曲线波幅中心拟合曲线示意图

5.5 桥梁挠度影响线的测试

影响线是土木工程中的一个重要概念,桥梁挠度影响线的基本概念是桥梁控制截面位置的竖向挠度与移动荷载位置的函数关系式曲线,当其单位力(广义力 $P=1$)沿桥梁运动时,桥梁挠度影响线综合反映了结构形式、边界条件、几何信息与物理信息[97],其中也反映了结构材料(如弹模)损伤等集中与结构刚度有关的信息。因此桥梁结构的挠度影响线可以用于桥梁结构的损伤诊断与评估,以及结构承载能力评估[98]。桥梁影响线的指标有内力影响线,如应力、应变以及挠度影响线等,内力影响线如弯矩影响线、剪力影响线在桥梁结构设计中有广泛的应用。在实际运营桥梁评估中,挠度相对于应变而言,应变主要反映的局部指标,而挠度则是反映整体刚度的指标。从影响线含义来讲,由力和位移互等定理,挠度影响线可以反映移动荷载在不同位置移动时结构的局部损伤信息。

而挠度影响线测试需要设备测试精度高、采样频率高,以及同时测试全桥控制截面多个测点才能真正用于桥梁结构损伤和承载能力评估。以前一直受传统挠度测试方法限制,难以同时对桥梁多个挠度测点进行挠度影响线的测试。中小跨径桥梁在我国桥梁中占有相当大的比例,其结构形式多以预制板梁、T 梁等构成。采用挠度影响线测试方法可以实现对各主梁在不同车道上行驶状态下的测试,各主梁挠度影响线还可以反映桥梁横向荷载状况。

因此,毫米波雷达微变形技术发展为桥梁(尤其是中、小跨径桥梁)结构多个挠度测点同时测试影响线提供了技术支持。

1)毫米波雷达挠度测试系统

毫米波雷达测试桥梁挠度影响线,可以在现场组成局域网,每台测试雷达对一片主梁进行测试,多台雷达通过控制采集系统可以实现对多台设备进行控制采集,实现对多点同步、实时动态采集,采样频率可达50Hz。采用毫米波雷达技术可以实现同时对多点桥梁挠度影响线进行测试,测试系统组成见图5.5-1,图中桥梁上部结构由5片T梁组成的简支梁结构。

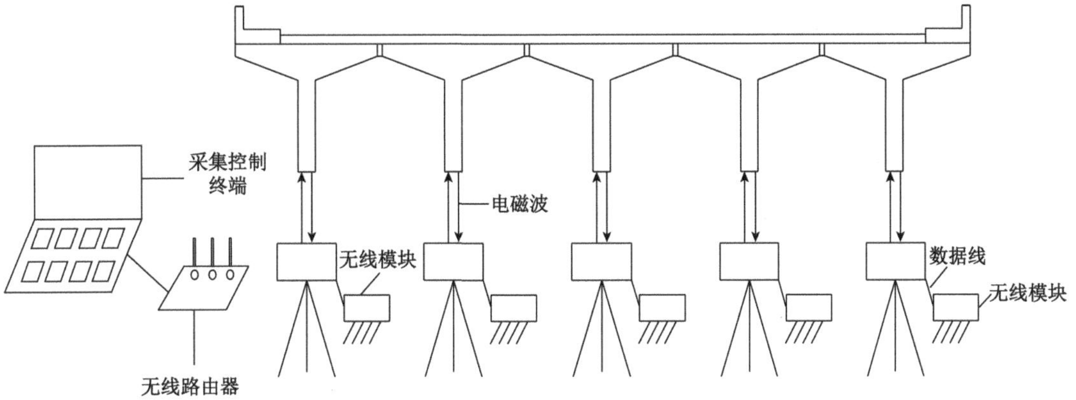

图5.5-1 影响线测试毫米波雷达系统布置

2)挠度影响线的测试流程

采用毫米波雷达对桥梁挠度影响线测试的流程见图5.5-2,主要包括桥梁基本资料收集、确定挠度影响线的控制断面和测点、制定影响线测试的方案、影响线的测试及提取。

3)挠度影响线测试

根据影响线测试的流程,其测试步骤主要包括5个步骤,具体如下:

(1)桥梁基本资料收集

收集测试桥梁的基本资料,具体包括桥梁长度、宽度、桥梁上、下部结构形式,桥梁设计荷载等级基本资料。桥梁上部结构资料包括结构形式、主梁详细尺寸、连接方式等。

(2)确定挠度影响线的控制断面和测点

根据收集资料对桥梁进行结构计算分析,具体分析桥梁结构理论影响线测试需要控制的截面(如简支梁跨中截面为控制截面),以及控制截面内需要测点的数量及位置。对于预制拼装的桥梁(如预制板梁、T梁),测点数量可设置与主梁数量相同,对于其他结构的体系可根据计算分析来确定。对于图5.5-3中预制简支板梁,挠度影响线控制断面为跨中截面,测点选择5个测点。

图5.5-2 挠度影响线测试流程

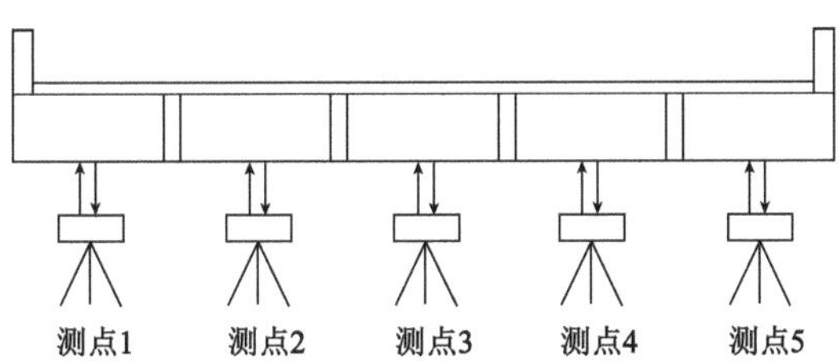

图5.5-3 板梁影响线测点布置示意图

(3)确定影响线的测试方案

确定影响线的测试方案,应根据已确定的控制截面和测点数和影响线测试的目的来进一步确定。如要对桥梁结构的损伤进行评估，可以根据桥梁外观检测结果，对损伤明显主梁对应位置进行车辆加载测试；对于桥梁承载能力、荷载横向分布进行评定时，需要对桥梁所有行车道进行测试。影响线测试时，测试车辆沿桥梁测试车道缓慢匀速行驶，采用毫米波雷达对控制截面挠度测点进行测试。

(4)影响线的测试

根据确定的方案对桥梁控制截面各测点的挠度影响线进行测试。具体测试方法：首先根据测点位置在现场布设毫米波雷达测试系统，依据确定方案实施测试。如利用桥梁挠度影响线对铰缝的工作性能进行评价，该桥上部结构由5片T梁组成(图5.5-4)，其中桥面沿铰缝对应位置出现纵向裂缝，桥面为双向2车道，测试时车辆沿2车道分别进行测试。

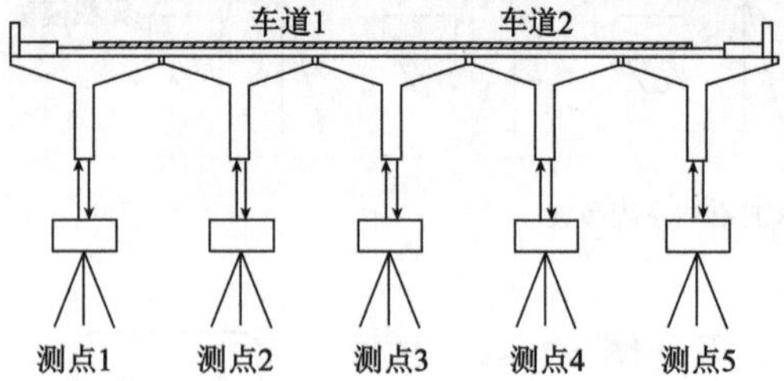

图5.5-4　T梁挠度影响线测试示意图

挠度影响线测点布设5个测点，利用加载车对车道1和车道2分别进行影响线测试。测试车道1行驶车辆的情况：首先布设5个毫米波雷达测点，设备布设完毕后进行系统调试，使系统处于正常工作状态；准备好测试影响线车辆，车辆停在测试桥梁一端，并使车辆停止在车道1对应位置处，做好测试准备工作；测试前打开毫米波雷达测试系统进入测试状态，5个测点数据进行调零；测试数据显示正常后将加载车沿车道1缓慢、匀速地从桥梁一端驶入桥梁；待车辆驶出桥梁测试数据受车辆影响消除后停止采集。在车道1测试完毕后，按照同样的方法对车道2行驶车辆的5片主梁跨中挠度影响线进行测试。

(5)挠度影响线的提取

提取桥梁挠度影响线，需要对每一个测点的曲线进行数据拟合。在数据拟合时应考虑桥梁结构形式、理论影响线形状以边界的约束条件。将挠度时程曲线转化为以桥长(或跨径)为横坐标，挠度与车重的比值为纵坐标的曲线，然后采用曲线拟合的方法来提取影响线，具体影响线坐标可以将挠度值除以车重，将挠度影响线数值变换为(mm/kN)。图5.5-5为某简支T梁影响线测试提取的4片主要受力主梁的挠度影响线，将实测影响线同结构理论计算的挠度影响线进行对比可以判断桥梁结构工作状况。

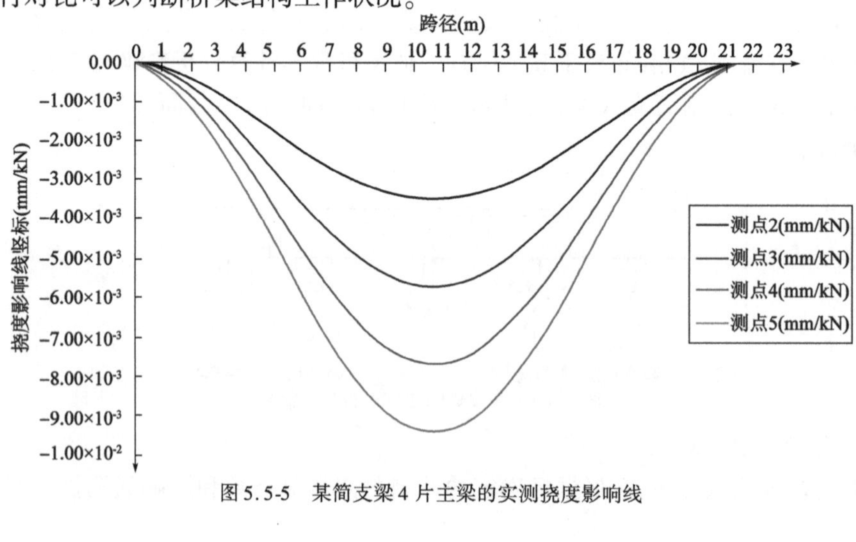

图5.5-5　某简支梁4片主梁的实测挠度影响线

5.6　基于影响线的桥梁快速荷载试验

5.6.1　桥梁快速荷载试验的流程

本书提出的基于挠度影响线的桥梁快速荷载试验的方法，其对桥梁承载能力的评定方法同传统静载试验方法的总体思路基本一致。在桥梁快速荷载试验方法中以挠度影响线加载计算得到的拟合值代替荷载试验中的挠度实测值，根据计算的挠度校验系数来对承载能力进行评定。

桥梁快速荷载试验采用高精度毫米波雷达对桥梁动挠度进行测试，经过数据分析的方法提取桥梁的挠度影响线，在挠度影响线上进行车辆加载，按照叠加原理计算挠度的拟合值。这样就将传统荷载试验的现场多车辆加载转化成实测影响线加载，因此，该方法具有简单、快速、准确等优点，具体实施流程如图5.6-1所示。

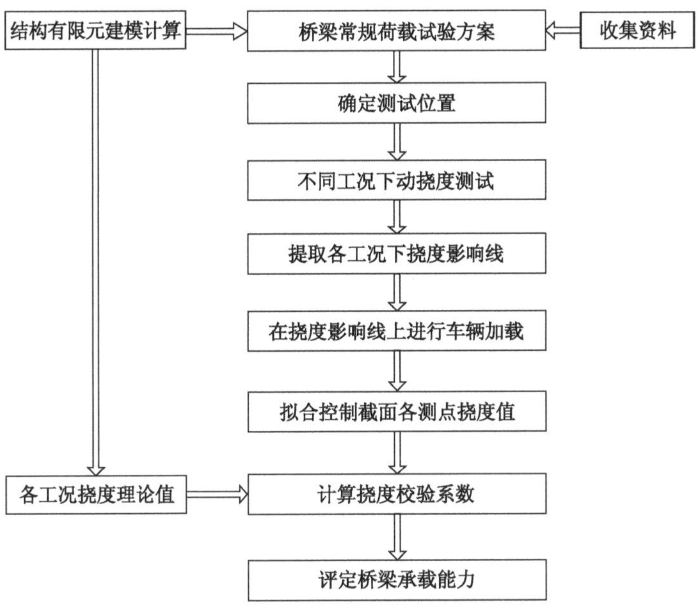

图5.6-1　桥梁快速荷载试验方法流程图

5.6.2　快速荷载试验的方法及步骤

按照桥梁快速荷载试验的流程，快速荷载试验方法主要步骤包括：桥梁荷载试验方案的制定；根据荷载试验方案进行桥梁控制截面动挠度测试；提取桥梁控制截面的挠度影响线；控制截面各测点挠度拟合值的计算；计算桥梁挠度校验系数；桥梁承载能力的评定。

1）桥梁荷载试验的方案制定

首先收集桥梁设计、竣工及养护等历史技术资料，根据桥梁设计荷载或实际通行荷载（交通量统计）计算主梁控制截面的弯矩，根据弯矩等效原则计算实际加载车辆的重量和数量，按照逐级加载原则分级加载。快速荷载试验方案即为常规的桥梁荷载试验方案，具体包括：加载工况、加载车辆轴重分布、加载车布置以及各工况下桥梁挠度理论计算值。在某一加载工况下,各片主梁挠度理论计算值为$f_{理1}$、$f_{理2}$、$f_{理3}$、$f_{理4}$、$f_{理5}$。

如某简支梁桥,横向设有5片T梁,根据常规桥梁荷载试验方案,静载试验将对称加载工况设置在跨中最大正弯矩上,横向布置2个车道,对称加载车辆横向布置如图5.6-2所示。简支梁跨中最大正弯矩加载工况车辆加载分为4级,加载分级通过移动车辆位置来控制值的,第4级加载时的车辆纵向布置如图5.6-3所示。

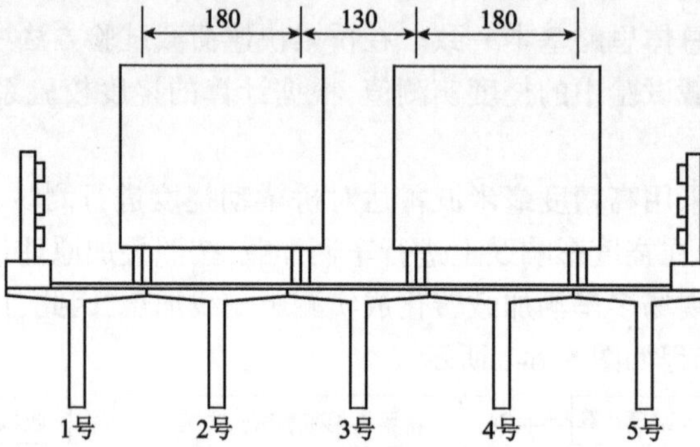

图5.6-2 桥梁对称加载车辆横向布置图(尺寸单位:cm)

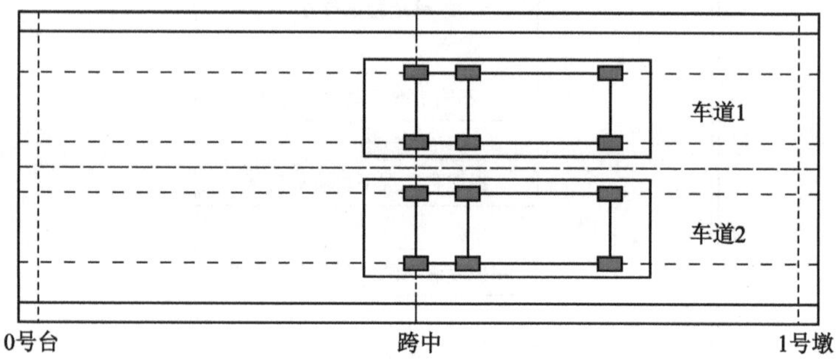

图5.6-3 第4级加载车辆纵向布置图

2)桥梁动挠度测试

为提取荷载试验跨中控制截面各测点的挠度影响线,则需要在控制截面的5片主梁设5个动挠度测点(图5.6-2)。动挠度测试采用无线分布式毫米波雷达测试系统进行测试,系统由毫米波雷达、无线模块、数据线、无线路由和采集终端组成。毫米波雷达在测试时,通过三脚架安放在主梁正下方的地面,将雷达发射、接收天线对准主梁底面,主梁不需要安设角反射器,利用电磁波的直达波来确定测点的位置。各测点的毫米波雷达安装调平后通过控制采集终端进行现场组网调试,系统调试完毕可以进行多点动挠度的同步测试。由于动挠度时程曲线需要动态采集(采样频率不应低于结构基频的2.56倍),毫米波雷达采样频率可以达到50Hz能满足动挠度测试的要求。

按照桥梁快速荷载试验的方法,需要根据桥梁荷载试验的方案确定控制截面动挠度的测试方案。根据图5.6-2和图5.6-3中加载方案,挠度影响线测试需要得到车辆荷载在车道1、车道2分别行驶时5个测点的动挠度时程曲线。对于每一车道测试的方法为:1辆车沿对应车道匀速缓慢通过桥梁,测试每片主梁挠度测点的动挠度时程曲线,利用各测点的时程曲线分别提取各测点的挠度影响线。

3)挠度影响线的提取

桥梁结构挠度影响线是单位集中荷载(广义力 $P=1$)沿桥梁移动时,桥梁确定截面(控制截面如桥梁跨中)或位置竖向挠度与移动荷载位置的函数图形或曲线。根据影响线的基本概念,要从动挠度时程曲线中提取挠度影响线就是通过数值分析的方法,将车辆、测试环境以及测试中的噪声等引起的高频分量去除,保留准静态下的挠度拟合曲线。当各车道车辆单独通过时,分别采集各测点的动挠度时程曲线,然后对测点的挠度时程曲线进行拟合(采用局部加权回归),如 1 号测点动挠度拟合曲线如图 5.6-4 所示。

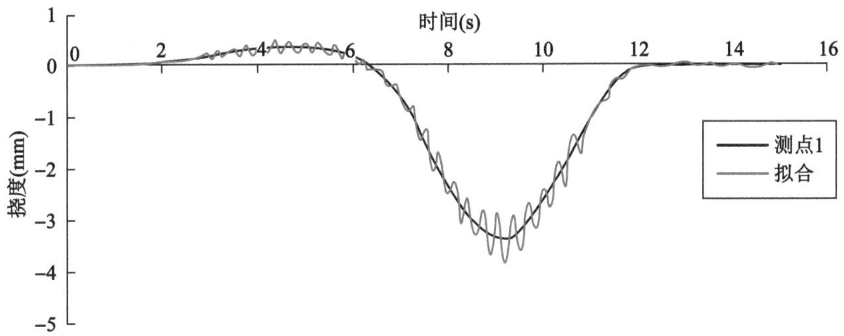

图 5.6-4　1 号测点动挠度拟合曲线图

由于测试车辆缓慢匀速通过桥梁,根据车辆驶入、驶出桥梁时挠度为零的边界条件,将时程曲线转换为以桥长(或测试跨跨径)为横坐标,挠度影响线为纵坐标(其单位为 mm/kN),其数值等于挠度曲线的数值除以通过车辆的总重(kN)的计算值,如 2 号测点提取影响线如图 5.6-5 所示。

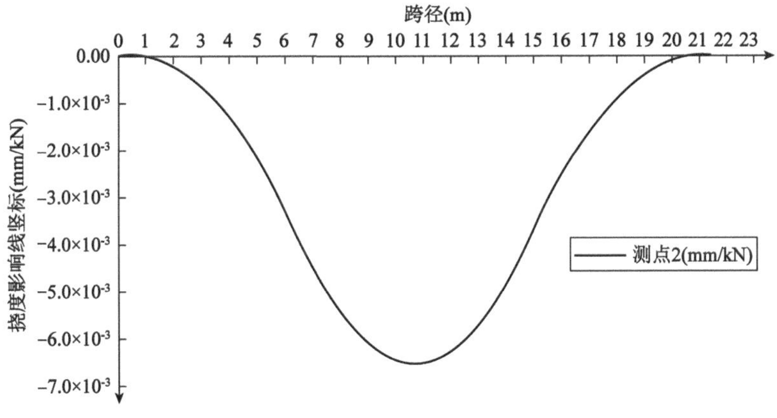

图 5.6-5　2 号测点的挠度影响线

4)挠度拟合值的计算方法

桥梁快速荷载试验方法利用实测影响线加载方式,通过各车道计算得到挠度值进行叠加计算荷载试验的挠度拟合值。利用同一加载工况下,不同加载车道轴载与挠度影响线竖标相乘叠加。具体来说,对于某一加载工况,1 号测点挠度拟合值计算方法为(图 5.6-6):车道 1 车辆行驶时,1 号测点影响线与车道 1 加载车辆的各轴载相乘累加求和得到 f_{11}:

$$f_{11}=P_1 \cdot y_1+P_2 \cdot y_2+P_3 \cdot y_3 \tag{5.6-1}$$

式中：f_{11}——f_{ij}中 i 代表加载车道编号，j 代表测点编号；

P_i——加载车辆轴重，$i=1$、2、3（3 轴加载车）；

y_i——车轴位置的影响线竖标值，$i=1$、2、3（3 轴加载车）

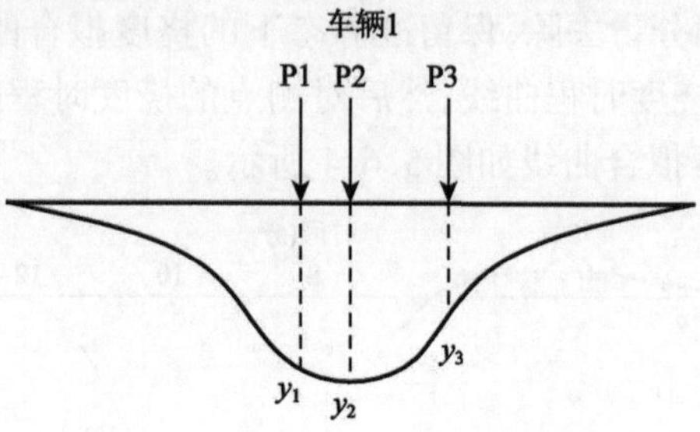

图 5.6-6　车辆轴载在挠度影响线上加载示意图

同理计算其他测点的挠度值f_{12}、f_{13}、f_{14}、f_{15}。车道 2 车辆行驶时，同理计算其他测点的挠度值f_{21}、f_{22}、f_{23}、f_{24}、f_{25}。

由此可得 1 号测点的拟合挠度值$f_{拟1}=f_{11}+f_{21}$。用同样方法可以得到其他各测点的拟合挠度值：

$$f_{拟2}=f_{12}+f_{22} \tag{5.6-2}$$

$$f_{拟3}=f_{13}+f_{23} \tag{5.6-3}$$

$$f_{拟4}=f_{14}+f_{24} \tag{5.6-4}$$

$$f_{拟5}=f_{15}+f_{25} \tag{5.6-5}$$

5）计算挠度校验系数

挠度校验系数的数值根据有限元计算的挠度理论值和实测影响线加载得到的挠度拟合值来计算。案例中的挠度理论计算值$f_{理1}$、$f_{理2}$、$f_{理3}$、$f_{理4}$、$f_{理5}$，以及各测点挠度拟合值$f_{拟1}$、$f_{拟2}$、$f_{拟3}$、$f_{拟4}$、$f_{拟5}$，按下式分别计算各测点的挠度校验系数[3]。

$$\eta_i=\frac{f_{拟i}}{f_{理i}} \tag{5.6-6}$$

式中：η_i——第 i 号测点校验系数，$i=1$、2……5。

6）桥梁承载能力评定

根据计算出的各测点的挠度校验系数，按照《公路桥梁荷载试验规程》（JTG/T J21-01—2015）表 5.7-8 中不同桥型的校验系数常值范围，根据计算出的校验系数对桥梁承载能力进行评定。

5.6.3　实例验证

1）桥梁概况

为验证桥梁快速荷载试验的方法，选取北京市怀柔区安四路上的九渡河桥进行对比试验。九渡河桥（图 5.6-7）位于怀柔区安四路，路线编号为 S213，桥梁中心桩号为 K55+627。桥梁全长 120.1m，跨径组合 5×22.2m，全宽 9.1m，行车道宽 7.0m，桥下净空 4.0m。上部结构为 5 跨预制钢筋混凝土简支 T 梁，下部结构为埋置式桥台，浆砌片石桥墩。桥梁建成于 1970 年，设计荷载为汽车—15 级,验算荷载为挂车—80。

2)现场测试

九渡河桥现场测试采用静载试验和桥梁快速荷载试验两种方法进行对比测试,静载试验工况采用跨中最大正弯矩加载工况,快速荷载试验对两车道分别进行挠度影响线的测试。静载试验测试桥梁跨中截面的 6 个挠度测点(图 5.6-8),挠度采用百分表测量,测量精度达到0.01mm;快速荷载试验布设 4 台毫米波雷达进行测试,与荷载试验对应测点分别为测点 2、测点 3、测点 4 和测点 5。静载试验采用两辆加载车进行加载,桥梁挠度影响线测试采用 1 辆车分别在 2 条车道上进行加载测试。

图 5.6-7 九渡河桥正面照片

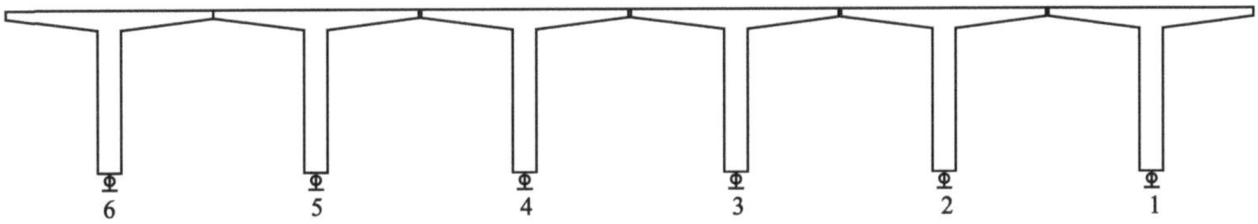

图 5.6-8 静载试验挠度测点布置示意图

3)测试结果分析

加载车辆在两车道行驶对桥梁跨中控制截面中间 4 片主梁的 4 个挠度测点的动挠度进行测试,并提取其对应的挠度影响线,左、右车道挠度影响线分别见图 5.6-9 和图 5.6-10。根据荷载试验的加载方案分别对两车道各测点挠度影响线进行车辆轴载的加载计算,并将两车道得到对应测点的挠度值进行叠加得到快速荷载试验的挠度拟合值。桥梁静载试验 4 级加载的实测挠度值与桥梁快速荷载试验方法对应的 4 个测点挠度拟合值对比见表 5.6-1,两种方法对应测点挠度最大差值为 0.33mm。

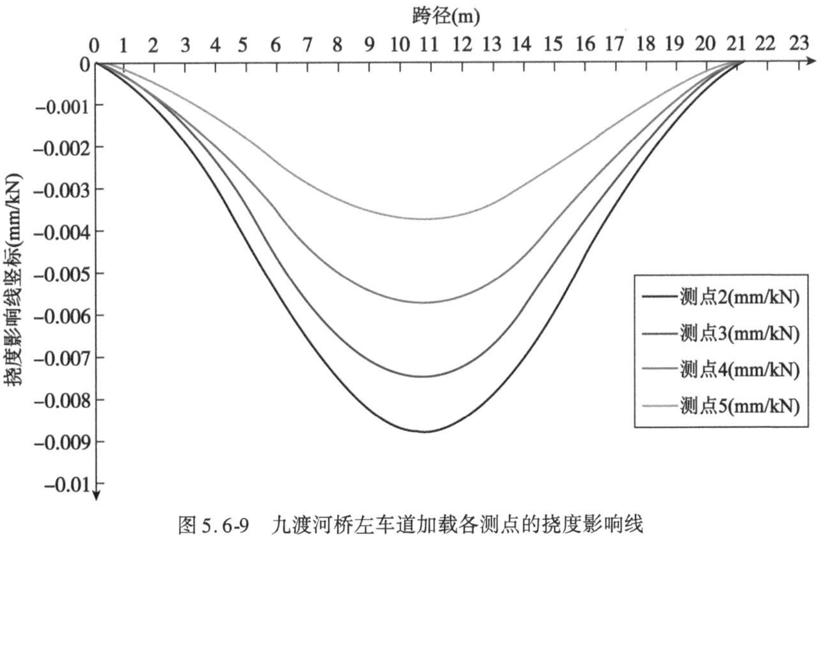

图 5.6-9 九渡河桥左车道加载各测点的挠度影响线

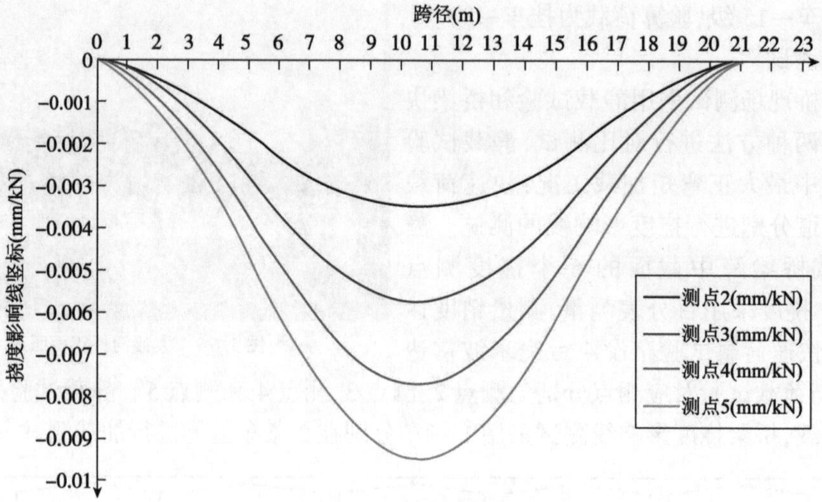

图 5.6-10　九渡河桥左车道加载各测点的挠度影响线

两种方法对应挠度对比表

表 5.6-1

测点编号		测点 2	测点 3	测点 4	测点 5
桥梁快速荷载试验	左车道拟合挠度(mm)	0.95	1.55	2.09	2.56
	右车道拟合挠度(mm)	2.38	2.03	1.56	1.02
	两车道拟合叠加(mm)	3.33	3.58	3.65	3.58
桥梁静载试验	实测挠度(mm)	3.56	3.88	3.97	3.91
两种方法的挠度差值(mm)		0.23	0.30	0.32	0.33

根据桥梁静载试验对应 4 级加载的挠度理论计算值分别计算两种方法的挠度校验系数，计算结果对比分析见表 5.6-2。从表中可以看出两种试验方法得到挠度校验系数基本一致，最大偏差率为 7.84%。按照《公路桥梁荷载试验规程》(JTG/T J21-01—2015)中规定，两种方法的评定结论一致：桥梁承载能力满足设计荷载要求。

两种方法计算的挠度校验系数对比表

表 5.6-2

项　　目	测点 2	测点 3	测点 4	测点 5
挠度理论计算值(mm)	7.61	7.68	7.68	7.61
静载试验挠度值(mm)	3.56	3.88	3.97	3.91
快速荷载试验挠度拟合值(mm)	3.33	3.58	3.65	3.58
静载试验挠度校验系数	0.47	0.51	0.52	0.51
桥梁快速荷载试验挠度校验系数	0.44	0.47	0.48	0.47
两种方法校验系数偏差率(%)	6.38	7.84	7.69	7.84

根据静载试验与桥梁快速荷载试验方法的现场对比试验，得到以下结论：

(1)基于挠度影响线的桥梁快速荷载试验方法，能快速、准确地对桥梁承载能力进行评定，对比试验验证其评定结果的可靠性。

(2)虽然桥梁快速荷载试验方法与静载试验的挠度校验系数偏差略大(偏差基本在10%以内),但对桥梁承载能力评定结果一致。该方法能够快速评估桥梁承载能力,大大节约了荷载试验时间和成本,可快速评估一条路上多座桥梁的承载能力。

(3)桥梁挠度影响线测试和提取采用的是加载车,车辆轴载分布对影响线的提取精度有一定的影响,通过大量实测数据的积累和进一步地研究,可以提高实测挠度影响线的提取精度,进而提高该方法的可靠性和准确性。

(4)在挠度影响线上的基础上开展应变影响线提取研究,可以使该荷载试验方法具有广泛的适用性,在桥梁快速评估中有较好的应用前景。

5.7 桥梁动载试验中应用案例

1)桥梁概况

某桥梁上部结构为3跨变截面连续钢箱梁,桥跨组合为(50+80+50)m,桥面单向设置3车道,桥宽为13.75m,桥面横向分布:0.5m(防撞护栏)+12.75m(车行道)+0.5m(防撞护栏)=13.75m,见图5.7-1和图5.7-2。设计荷载:城—A级,公路—Ⅰ级荷载复核验算[99]。

本桥拟通过动载试验对桥梁动力响应进行评价,桥梁挠度采用毫米波雷达进行动态测试。

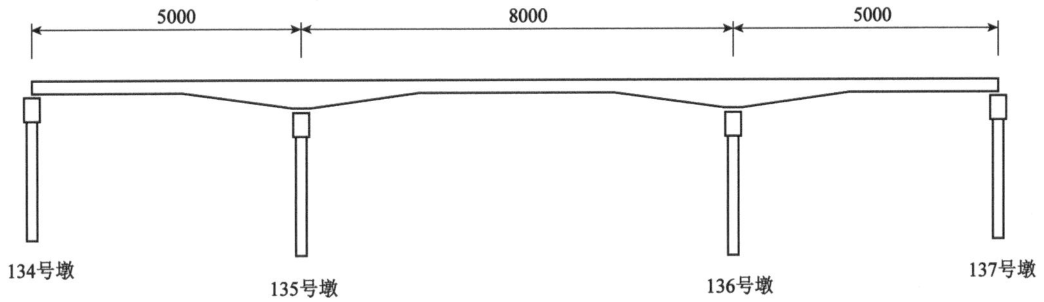

图5.7-1 桥型布置图(尺寸单位:cm)

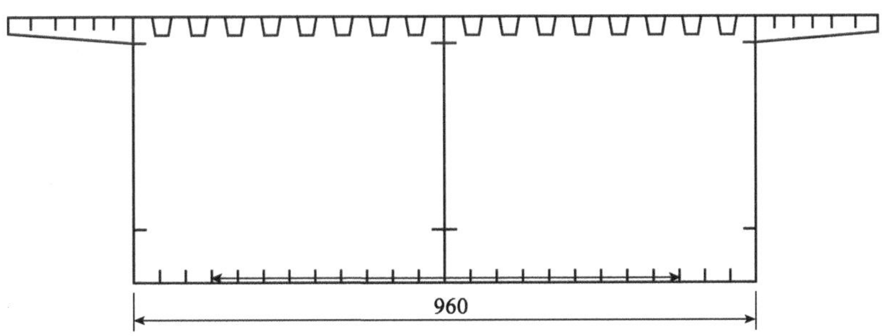

图5.7-2 上部结构典型断面图(尺寸单位:cm)

2)动载试验方案

桥梁动载试验采用毫米波雷达对桥梁动挠度进行测试,雷达采用无线分布式毫米波雷达测试系统。根据桥梁结构形式动挠度测试截面选择边跨最大正弯矩截面和中跨最大正弯矩对应截面位置[100]。动挠度测试截面位置见图5.7-3[101]。

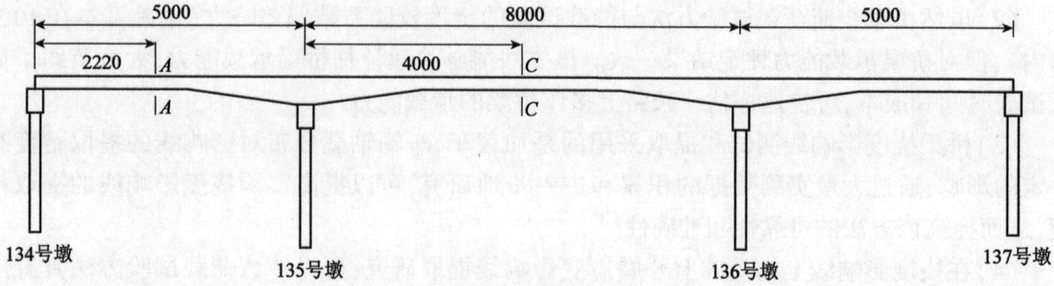

图 5.7-3　动挠度测试截面(尺寸单位:cm)

3)动载试验结果

桥梁动载试验采用跑车试验对桥梁进行测试,加载车采用一辆总重为450kN的试验车,跑车试验时,加载车分别以10~30km/h的速度匀速通过试验桥跨,采集毫米波雷达的动挠度数据[102]。利用跑车试验的振动信号对桥梁结构的冲击系数进行分析[103]。桥梁边跨A-A截面动挠度测试及冲击系数分析结果如图5.7-4和图5.7-5所示。

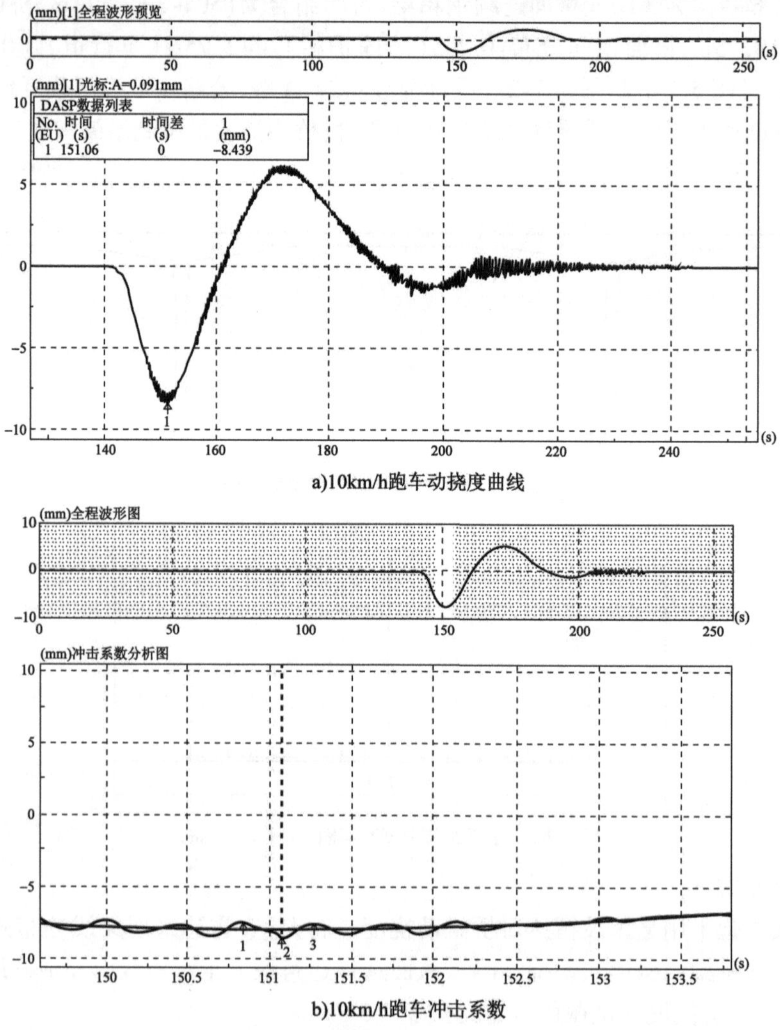

图　5.7-4

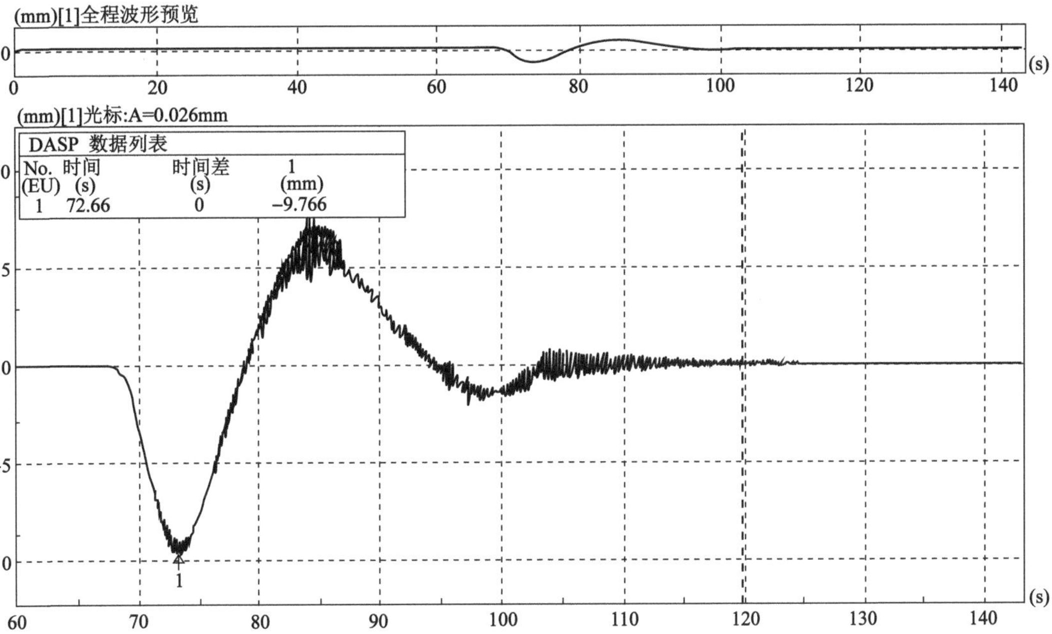

c)20km/h跑车动挠度曲线

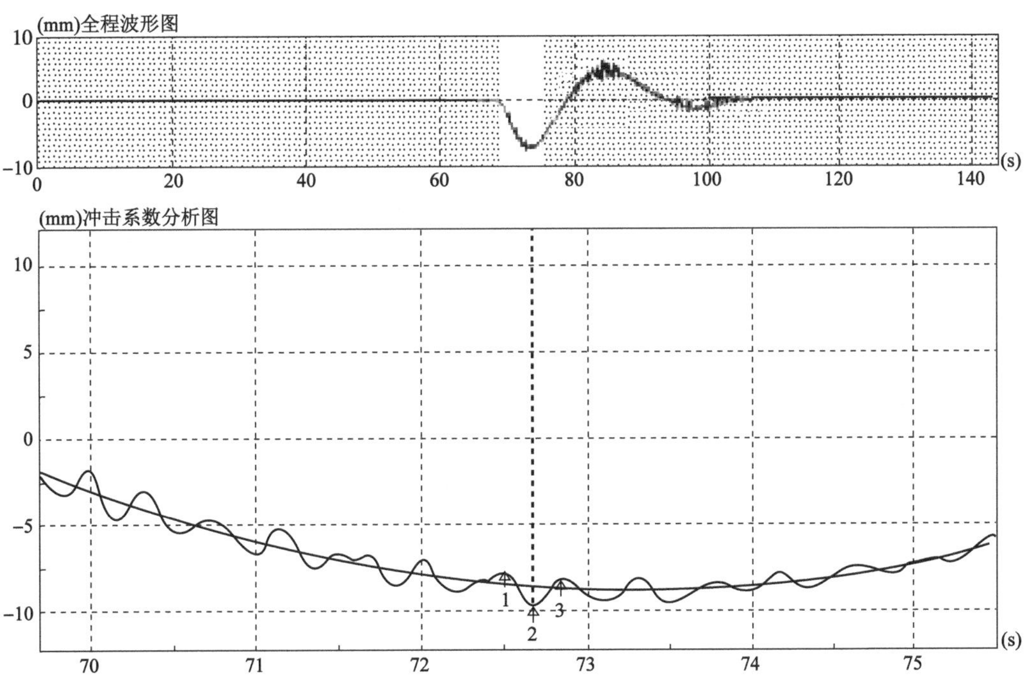

d)20km/h跑车冲击系数

图　5.7-4

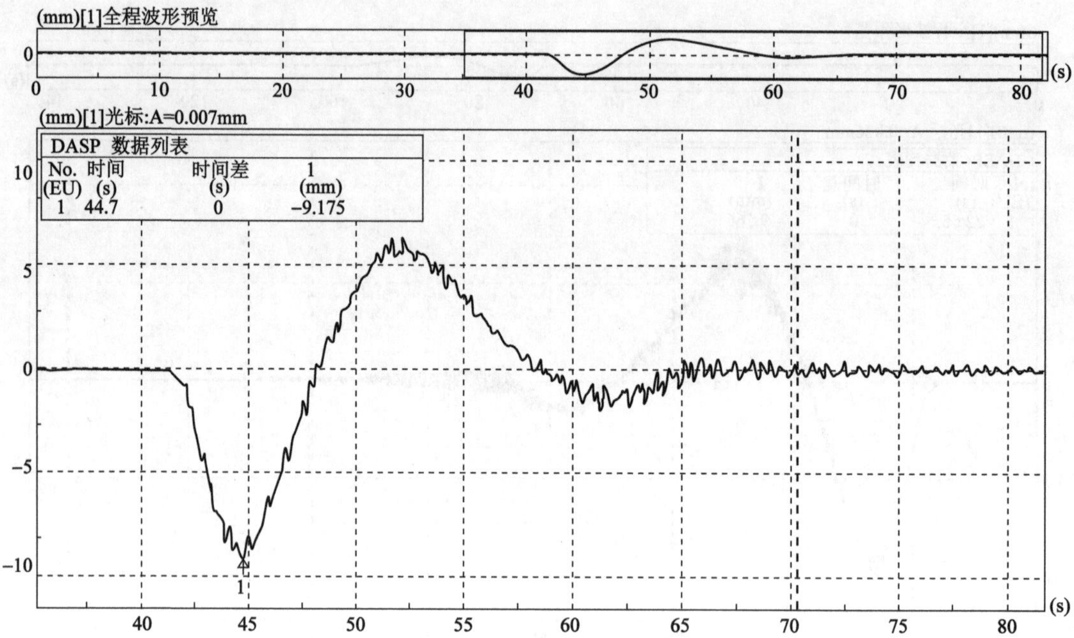

e)30km/h跑车动挠度曲线

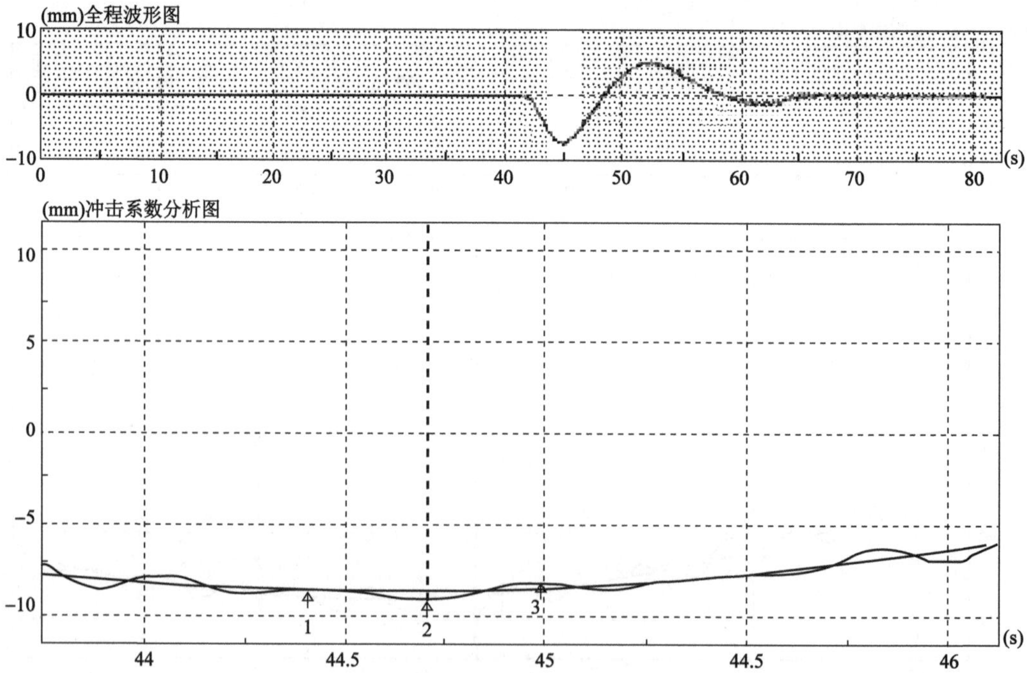

f)30km/h跑车冲击系数

图 5.7-4　*A-A* 截面 1 号测点行车动挠度曲线

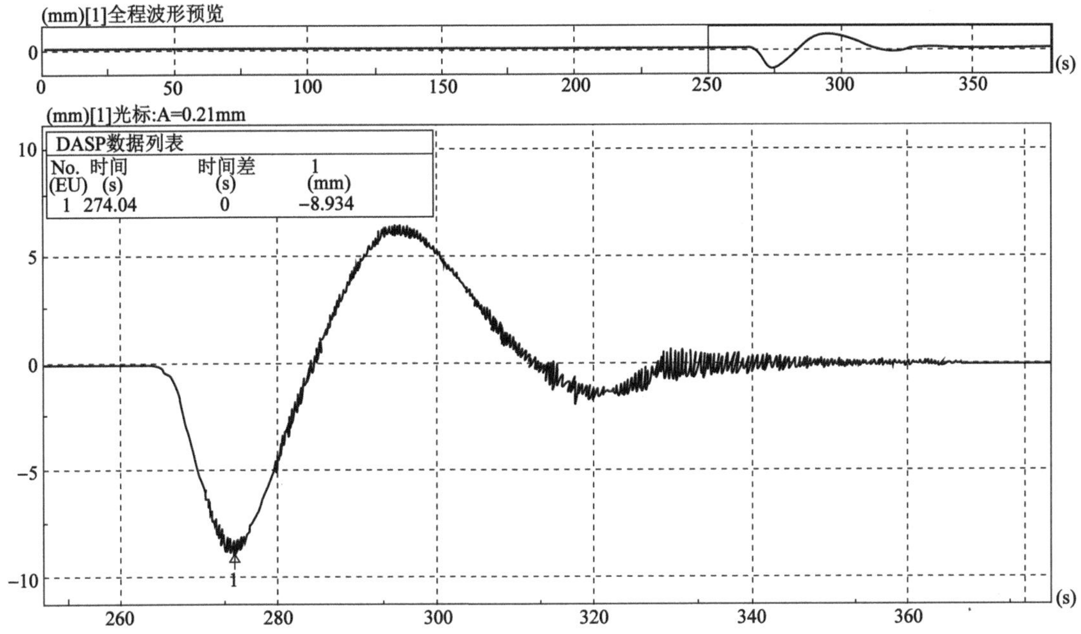

a)10km/h跑车动挠度曲线

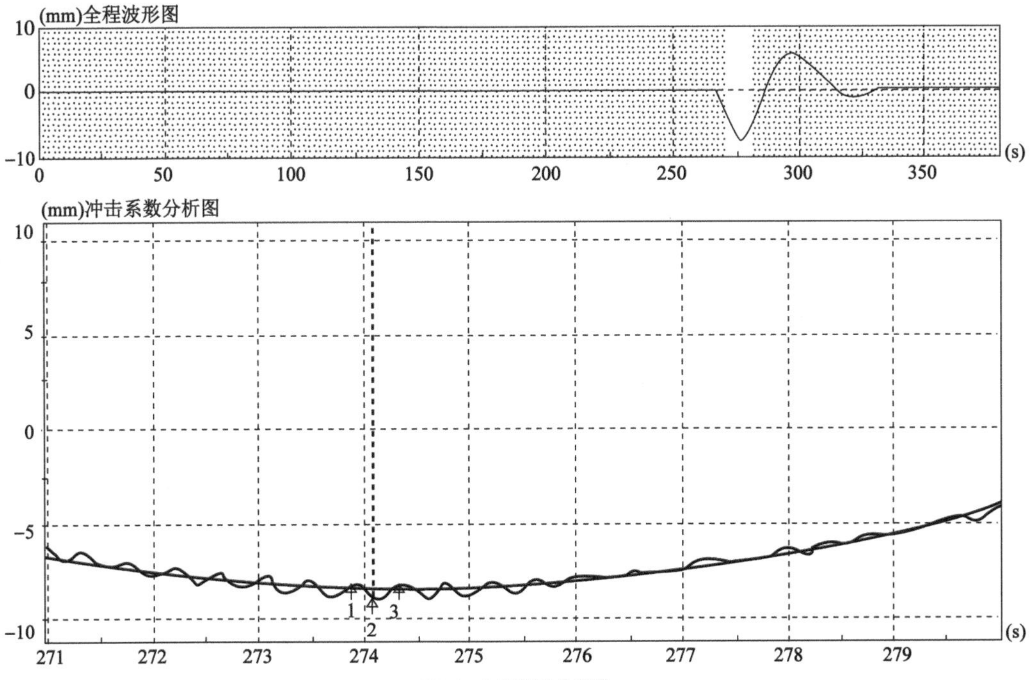

b)10km/h跑车冲击系数

图 5.7-5

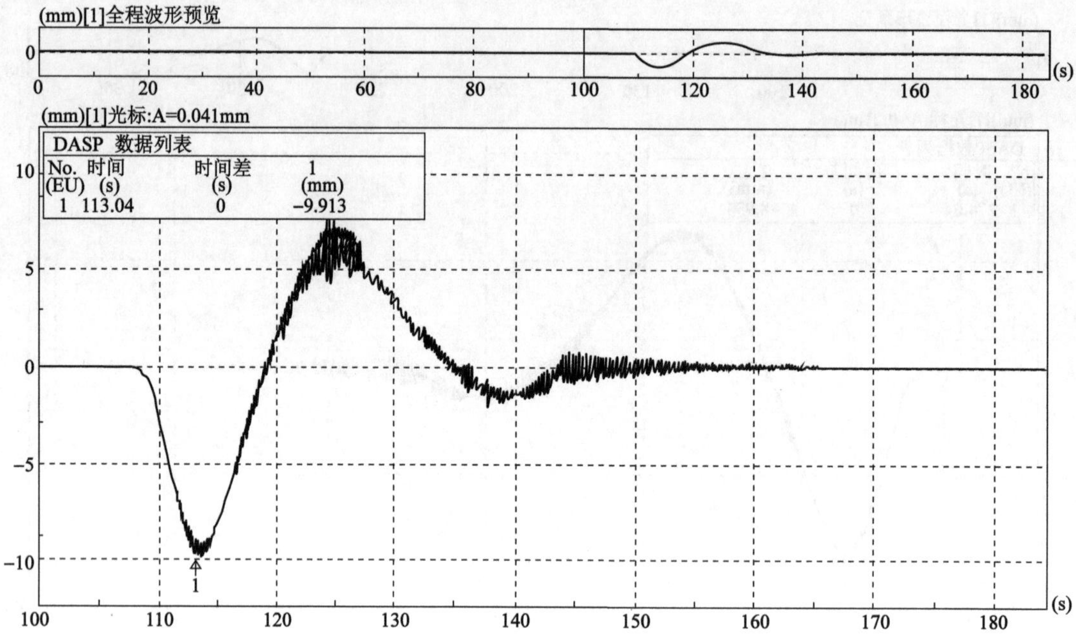

c)20km/h跑车动挠度曲线

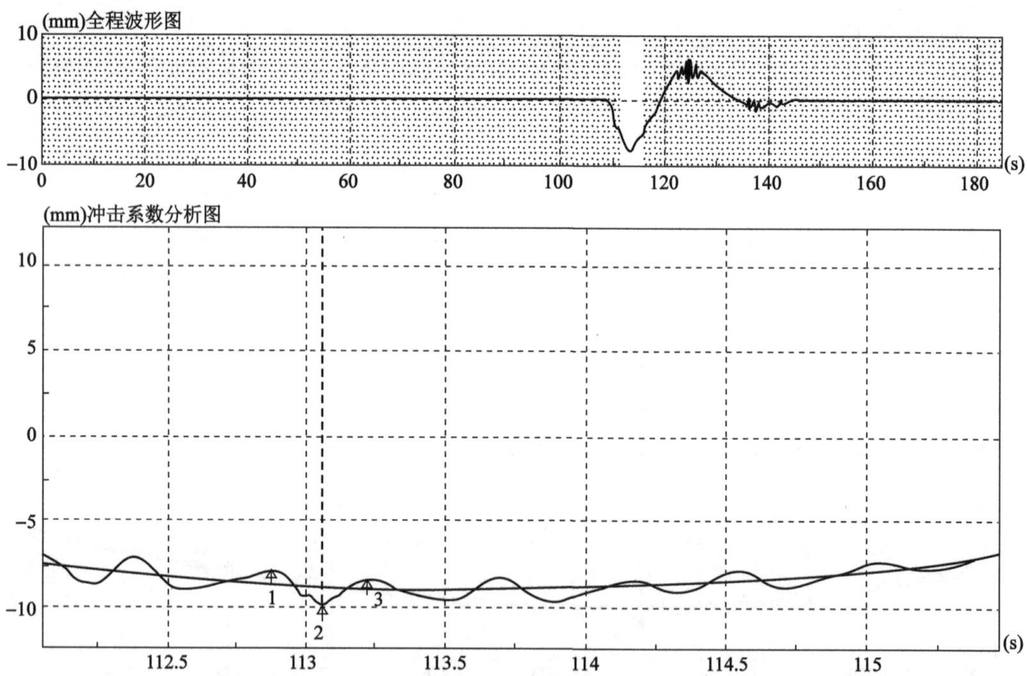

d)20km/h跑车冲击系数

图 5.7-5

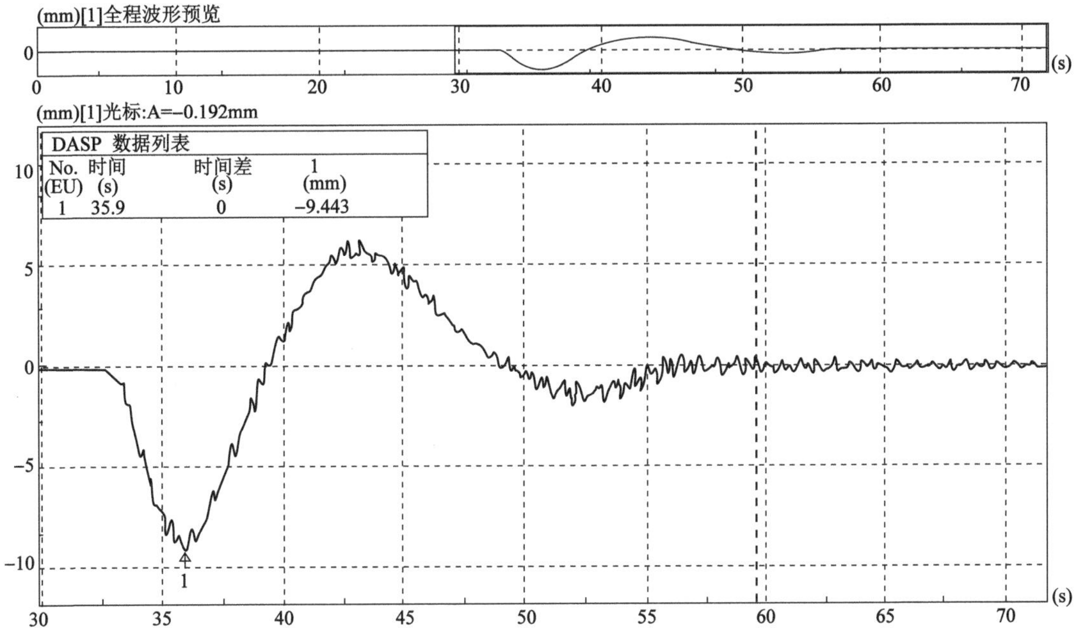

e)30km/h跑车动挠度曲线

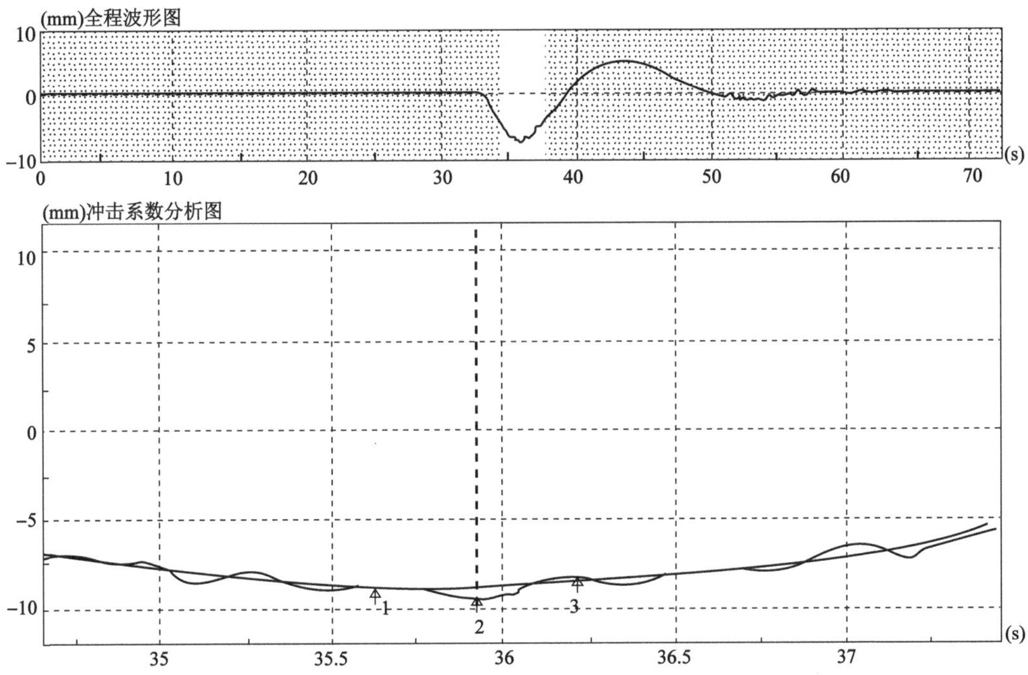

f)30km/h跑车冲击系数

图 5.7-5 *A-A* 截面 2 号测点行车动挠度曲线

A-A 截面两个挠度测点的实测动挠度及冲击系数如表 5.7-1 所示。从表中测试结果可以看出:

(1)在不同跑车速度下,测试截面两个测点挠度测试值具有很好的一致性。桥梁主梁结构为钢箱梁其整体性较好,两个测点动态挠度差异较小,这与测试结果吻合性较好。

(2)在不同跑车速度下,测试截面两个测点分析得到的冲击系数一致性较好。

实测动挠度及冲击系数 表 5.7-1

测　点	参　数	跑车速度(km/h)		
		10	20	30
1 号测点	f_{dmax}	-8.439	-9.766	-9.175
	$1+\mu$	1.05077	1.09545	1.04513
2 号测点	f_{dmax}	-8.934	-9.913	-9.443
	$1+\mu$	1.04656	1.09354	1.04931

本章参考文献

[1] 庞鹏.提高桥梁结构性能测评方法客观性的探讨与研究[D].重庆:重庆交通大学,2010.

[2] 周晟亮.某独塔斜拉桥荷载试验研究[D].杭州:浙江工业大学,2015.

[3] 胡水英.桥梁动载检测及其设备研究[D].西安:长安大学,2016.

[4] 周明华.土木工程结构试验与检测[M].南京:东南大学出版社,2013.

[5] 翟清翠.马路河桥检测与加固技术研究[D].青岛:青岛理工大学.2012.

[6] 陈凡,向中富,王海城,等.桥梁结构检测与评定——《城市桥梁检测与评定技术规范》实施指南[J].岩土力学,2016,37(S1):529.

[7] 陈浩.大跨径空间缆索体系悬索桥结构性能的对比研究[D].南京:东南大学,2016.

[8] 李国豪.桥梁结构稳定与振动[M].北京:中国铁道出版社,2010.

[9] 施尚伟,向中富,梁波.桥梁结构试验检测技术[M].重庆:重庆大学出版社,2012.

[10] 刘世明.在役空心板桥梁检测评估与实例分析[M].北京:中国水利水电出版社,2016.

[11] 李记军.探讨市政桥梁下部构造工程施工质量控制[J].中国水运(下半月),2011,11(04):176-177.

[12] 徐卫东,徐赫.运用毫米波雷达和振动法对桥梁振动幅值测试的对比分析[J].现代交通与冶金材料,2022,2(02):71-75.

[13] 王宇新.运营状态下特大悬索桥无损检测及承载能力评估[J].交通科技,2021,47(03):16-20.

[14] 胡力.提高基于静测参数桥梁性能评测结果客观性的探讨与研究[D].重庆:重庆交通大学,2016.

[15] 中华人民共和国交通运输部.公路桥梁承载能力检测评定规程:JTG/T J21—2011[S].北京:人民交通出版社股份有限公司,2011.

[16] 谢远超.钢管混凝土拱桥静动力特性分析与稳定性研究[D].北京:北京交通大学,2012.

[17] 姬兵亮.既有钢筋混凝土梁桥试验检测研究[D].西安:长安大学,2007.

[18] 方诗圣. 桥梁工程检测与施工监控技术[M]. 武汉:武汉大学出版社,2014.
[19] 李国恒. 连续箱梁桥静、动力测试技术及状态评估研究[D]. 长春:吉林大学,2008.
[20] 樊尚春. 检测技术与系统[M]. 北京:北京航空航天大学出版社,2005.
[21] 许鹏. 桥梁结构冲击系数影响因素研究与试验分析[D]. 重庆:重庆交通大学,2013.
[22] 郝巍旭. 新筑灞河大桥检测评定及维修加固研究[J]. 山西建筑,2007,33(11):285-287.
[23] 周兴林,崔新壮. 道路交通测控技术及应用[M]. 北京:国防工业出版社,2013.
[24] 中华人民共和国交通运输部. 公路桥梁荷载试验规程:JTG/TJ 21-01—2015[S]. 北京:人民交通出版社股份有限公司,2015.
[25] 彭爱勤. 基于《公路桥梁荷载试验规程》的桥梁荷载试验分析[J]. 广东建材,2018,34(7):5.
[26] 王涛. 工程质量检测在公路桥梁质量监督中的运用思考[J]. 工程技术(文摘版)·建筑,2017,40(12):247.
[27] 魏禛. 基于荷载试验的既有钢筋混凝土拱桥检测与安全性评估[D]. 武汉:湖北工业大学.2019.
[28] 陈璞,徐亨成. 全息技术在检测技术中的应用[J]. 中国测试,2011,37(01):89-91+96.
[29] 高磊. 钢箱梁斜拉桥施工监控关键问题研究及 BIM 在其中应用[D]. 合肥:合肥工业大学,2021.
[30] 陈春东. 桥梁冲击系数测试分析研究[D]. 重庆:重庆交通大学,2014.
[31] 孙全胜,郝向炜,王世杰. 桥梁检测与加固[M]. 北京:科学出版社,2016.
[32] 唐宏宾. 机电测试技术在模型试验中的应用[D]. 长沙:长沙理工大学,2004.
[33] 杜鹏,邵帅,周志祥,等. 基于影像数据的桥梁全息动位移测量方法研究[J]. 铁道科学与工程学报,2020,17(10):2450-2459.
[34] 杜松. 基于振动时程曲线桥梁结构性能测试和评定方法研究[D]. 重庆:重庆交通大学,2012.
[35] 彭臻. 高墩多塔斜拉桥抗震研究[D]. 成都:西南交通大学,2011.
[36] 刘旭. 影响大跨度斜拉桥动力特性的因素[D]. 西安:长安大学,2014.
[37] 贺佰冻. 大跨度桥梁地震反应分析时阻尼的取值[J]. 山西建筑,2010,36(02):339-340.
[38] 刘建军. 车辆荷载作用下双曲拱桥的动力响应实测与分析[J]. 四川建筑,2016,36(01):100-104.
[39] 丁浩,柴国钟,郝伟娜. 化工用大型感应电机转子的振动分析及临界转速计算[J]. 浙江化工,2008,36(11):20-26.
[40] 卞凡. 梁拱组合刚构桥受力性能研究[D]. 重庆:重庆交通大学.2020.
[41] 杨存. 公路桥梁承载能力的评定研究[D]. 昆明:昆明理工大学.2011.
[42] 姜长宇,邢世玲,吴波. 桥面不平度和车辆行驶速度对曲线梁桥动力响应的影响[J]. 现代交通技术,2019,16(06):48-53+64.
[43] 周勇军,薛宇欣,李冉冉,等. 桥梁冲击系数理论研究和应用进展[J]. 中国公路学报,2021,34(04):31-50.
[44] 于明策. 高墩大跨弯连续刚构桥冲击系数试验研究[D]. 西安:长安大学,2014.

[45] 王利英,申土山,魏德华,等.渡槽的振动试验及其动力特性分析[J].水利水电技术,2013,44(11):34-39.
[46] 胡毅.IGBT开关诱导产生机械应力波的低压试验与信号分析研究[D].长沙:湖南大学,2020.
[47] 王仪明.印刷机械测试技术[M].北京:机械工业出版社,2014.
[48] 何兵.自动控制原理及应用[M].成都:西南交通大学出版社,2008.
[49] 沈钊根,周延波.水电站小波动过渡过程的稳定性评价分析[J].西北水电,2020,39(04):89-92.
[50] 刘海涛.物联网技术应用[M].北京:机械工业出版社,2011.
[51] 王玺.城市轨道交通环境振动无线监测系统设计[D].兰州:兰州交通大学.2020.
[52] 韩月.基于外包椭球扩展集员滤波的结构损伤识别算法及实验研究[D].南昌:南昌大学.2019.
[53] 陈俊凯.板式定制家具企业排产管理信息化研究[D].杭州:浙江农林大学,2020.
[54] 刘丹.低速小规模数模混合集成电路测试板设计[D].苏州:苏州大学.2015.
[55] 叶国阳,刘铮,徐科军.基于ARM Cortex-M4F内核的MSP432MCU开发实践[M].北京:机械工业出版社,2018.
[56] 肖沛.低通滤波模型在城镇土地级别校验中的应用[D].长沙:湖南农业大学,2014.
[57] 张猛.船舶与海洋工程结构典型载荷间接监测方法研究[D].哈尔滨:哈尔滨工程大学,2020.
[58] 李苗.虚拟示波器系统的设计与实现[D].西安:西安石油大学.2016.
[59] 胡细东,袁江.汽车支架结构振动疲劳性能优化研究[J].汽车实用技术,2016,41(09):38-41.
[60] 林冠屹.SMD Tower智能料仓系统机构及控制系统的设计与分析[D].青岛:青岛大学,2020.
[61] 佟学森.桥梁结构使用过程中的安全隐患问题及解决对策[J].北方建筑,2019,4(02):75-78.
[62] 袁渊.TVMD-平面不规则结构控震性能研究[D].西安:西安工业大学, 2019.
[63] 冀俊杰,张镭,冯沙,等.圆盘剪高速剪切时振动的有限元分析[J].重型机械,2022,70(03):105-110.
[64] 王泽威,郭军,林岭,等.高效节能矿用防爆对旋主通风机叶片模态分析[J].电气防爆,2004,46(02):16-18.
[65] 刘占东.行星式轮碾机运动仿真与结构强度分析[D].沈阳:东北大学,2015.
[66] 郑加强,周宏平,刘英.现代林业机械设计方法学[M].北京:中国林业出版社,2015.
[67] 王卫滨,魏伟华,万宏杰.某车门系统与玻璃升降器电机共振的实验研究[J].汽车零部件,2018,13(07):16-20.
[68] 王志杰.基于LabVIEW的高速列车轴承故障监测诊断系统研究[D].大连:大连交通大学,2019.
[69] 王文超.稀疏快速傅里叶变换的应用方法研究[D].北京:中国测绘科学研究院,2018.

[70] 刘新. 基于 TCN 的时间序列数据特征提取研究与应用[D]. 大连:大连理工大学. 2021.
[71] 刘瑞莉. 基于时域方法的桥梁主梁处非平稳风速模拟[D]. 成都:西南交通大学,2019.
[72] 韩振国. 基于荷载试验的在役钢管混凝土拱桥安全评估[J]. 江西理工大学学报,2021,42(04):19-28.
[73] 崔海虎. 大跨度钢-混叠合梁悬索桥动载试验研究[J]. 科学技术创新,2021,25(17):109-110.
[74] 姜楠. 数据挖掘技术在旋转设备振动故障诊断中的应用[D]. 大庆:东北石油大学,2016.
[75] 李祎琳. 基于车辆—桥梁系统瞬时频率的桥梁模态参数识别与应用研究[D]. 合肥:合肥工业大学,2021.
[76] 王天鹏,张建仁,肖宏彬,等. 钢-混凝土叠合梁自锚式悬索桥动力特性测试分析[J]. 地震工程与工程振动,2019,39(01):206-212.
[77] 年四炎,蔡祥宝,刘辉,等. 亚波长金属结构分波器的设计研究[J]. 物联网技术,2011,1(09):63-66.
[78] 弥宝鑫. 超窄带系统性能分析与评估[D]. 北京:北京交通大学,2014.
[79] 梅东挺. 波束形成原理结合平面阵列识别定位三维声源的方法研究[D]. 杭州:浙江工业大学,2012.
[80] 闫祥梅. 输电塔同步环境脉动测试及振动特性研究[M]. 郑州:黄河水利出版社,2012.
[81] 秦格. 景区人行悬索桥静动力特性及人致振动研究[D]. 北京:中国建筑科学研究院有限公司,2021.
[82] 汪春林. 风力发电结构环境激励下振动特性及其温度效应分析[D]. 兰州:兰州理工大学,2020.
[83] 应怀樵,刘进明,沈松. 半功率带宽法与 INV 阻尼计法求阻尼比的研究[C]//第十八届全国振动与噪声高技术及应用会议论文集,2005:129-134.
[84] 黄洋,杨焜. 大跨径 PC 连续刚构梁桥荷载试验关键技术研究[J]. 技术与市场,2020,27(06):99+101.
[85] 路韡,李子奇. 土木工程结构实验与检测实用技术[M]. 成都:西南交通大学出版社,2015.
[86] 殷伟. 汽车动态导航及其太阳能供电系统研究[D]. 合肥:合肥工业大学. 2009.
[87] 王宁波,周逸,周德. 基于实际影响线的移动车辆过桥动力放大系数计算方法[J]. 中南大学学报(自然科学版),2020,51(07):1853-1861.
[88] 薛宇欣,周勇军,赵煜,等. 基于空间桥面不平顺的简支梁桥冲击系数研究[J]. 合肥工业大学学报(自然科学版),2021,44(03):389-395.
[89] 梁栋,张硕,刘菁,等. 基于车桥耦合振动的常用简支空心板梁桥冲击系数分析[J]. 世界地震工程,2019,35(03):144-152.
[90] 张兆波. 地下车库覆土压力分布规律及覆土下消防车等效均布活荷载合理取值问题的研究[D]. 兰州:兰州交通大学,2013.
[91] 郑大为. 桥梁检测中的振动分析及应用[D]. 阜新:辽宁工程技术大学,2007.
[92] 刘舒,王宗林. 关于新旧规范中冲击系数的讨论[J]. 中国科技信息,2005,17(23):121

+128.

[93] 李凡. 钢箱系杆拱桥施工监控与仿真分析[D]. 贵阳:贵州大学,2015.

[94] 向中富. 桥梁工程毕业设计指南[M]. 北京:人民交通出版社,2010.

[95] 姚国文. 桥梁检测与加固技术[M]. 北京:人民交通出版社股份有限公司,2014.

[96] 徐卫东,徐赫. 运用毫米波雷达和振动法对桥梁振动幅值测试的对比分析[J]. 现代交通与冶金材料,2022,2(02):71-75.

[97] 谢润. 非接触式雷达 IBIS-S 遥测系统在桥梁挠度影响线监测中的应用研究[J]. 华东公路,2019,42(1):4.

[98] 蒋华. 基于静力测试数据的桥梁结构损伤识别与评定理论研究[D]. 成都:西南交通大学,2005.

[99] 刘析远. 绍兴市二环西路智慧快速路总体设计[J]. 工程与建设,2021,35(04):674-677.

[100] 王文强. 基于静动载试验的钢混组合塔斜拉桥承载能力评定[D]. 合肥:合肥工业大学,2021.

[101] 冯振兴. 大跨度连续刚构桥损伤模拟及加固后长期性能分析[D]. 成都:西南交通大学,2013.

[102] 苏磊. 动载荷试验在青岛某大桥变形监测中的应用[J]. 工程建设,2011,43(04):38-41.

[103] 咸胜城. 桥梁静动载试验检测方法的应用技术[J]. 黑龙江科技信息,2016,20(36):329.

第6章　毫米波雷达在桥梁健康监测中的应用

6.1　桥梁健康监测系统

近年来，随着我国桥梁事业的飞速发展，桥梁健康监测系统得到了广泛的研究和应用[1]。但目前我国桥梁结构健康监测系统还存在着“重硬不重软、重测不重算”，即重视硬件系统建设，不重视软件技术研究，软件系统只重视数据的管理显示，不重视深层次结构数据的分析计算。由于缺乏科学计算的支撑，现有桥梁结构健康监测系统软件功能受到很大的限制，已成为制约桥梁健康监测系统整体发展的瓶颈；此外桥梁结构健康监测系统监测数据深度挖掘用于结构健康状况的诊断与识别方面的研究还不够，这也是影响健康监测系统功能发挥的主要因素。国内一些大城市也开展了集群化的桥梁结构健康监测系统的建设，集群化的桥梁健康监测系统在投入整体系统资金较多，而对于单座桥梁资金相对较少。城市级的桥梁健康监测系统的建设受单桥监测系统资金限制，系统传感器的选型受到一定限制，导致在利用测试的参数提取结构评估的参数方面受到影响，最终影响集群化桥梁健康监测系统整体功能的发挥。

2020年12月，交通运输部办公厅发了关于印发《公路长大桥梁结构健康监测系统建设实施方案》通知，对全国公路400多座长大桥梁健康监测系统实施提供了指导性意见。公路系统长大桥梁的结构健康监测系统的建设在逐步地推进，将进一步推动长大桥梁结构健康监测系统的发展。我国中小跨径桥梁结构的数量众多，其中一些早期建造的桥梁设计荷载等级低、使用年限长，受结构退化、运营环境及超载等因素的影响，桥梁结构的安全运营存在一定的隐患。对中小跨径桥梁进行健康监测，及时发现桥梁结构的损伤，评估结构的安全性，预测结构的性能退化和剩余寿命并做出相应的维修养护决策，对于提高桥梁结构的运行能力，保障人民生命财产安全具有重要的意义。因此中小跨径桥梁结构健康监测系统的研究与应用也是桥梁管理单位关注的重点。由于中小跨径桥梁结构受力简单，对于中小跨径桥梁结构健康监测应关注关键参数的监测，从关键参数中提取桥梁结构损伤、健康状况的评估参数也是研究的重点。对于中小跨径桥梁来说，桥梁结构的挠度是反映桥梁结构整体刚度的关键技术参数，从挠度测试参数中可以提取振动幅值、冲击系数、振动频率、阻尼比、铰缝工作性能等评估参数对桥梁结构的工作性能进行评价。

6.1.1　监测系统基本概念

桥梁结构监测(Bridge Structure Monitory)是一种可以对桥梁的设定参数进行连续、自动测量和记录，获取桥梁环境、作用、结构响应与结构变化定量数据，实现监测数据超限报警，评估结构健康度的多学科交叉融合技术。桥梁健康监控系统是通过网络集成技术将分布在桥梁现场和监控中心,具有桥梁设置参数连续监控、自动记录、数据显示、报警评估、辅助桥梁管理决策等功能的各种传感器、数据采集与传输、数据处理与管理、数据分析与应用等硬件设备、软件模块和配套设施连接在一起的电子信息系统[2]。桥梁健康监测的基本内涵是:在特殊气候、交通条件下或桥梁运行状况异常严重时,通过监测和评估桥梁结构状况,为维护、维修和管理桥梁决策提供依据和指导,向桥梁发出预警信号[3]。桥梁健康监测系统是通过安装在桥梁上的传感器和采集设备,在特殊环境、突发事故、交通状况或桥梁运行状况异常时,通过获取桥梁运行过程中的环境状态数据和结构响应信号、触发预警信号、为桥梁维护保养提供数据支持等手段,对桥梁运行环境和结构安全状态进行评估[4]。一般包括传感系统、数据采集与传输系统、数据的处理与控制系统以及结构的健康评估系统等,对于桥梁健康监测系统的组成有不同的分类方法。桥梁结构监测系统最核心的功能是利用监测数据实现对桥梁结构损伤诊断与安全评估,因此健康监测系统最核心的子系统就是桥梁结构的健康评估系统[2,5,6]。

6.1.2 监测系统的目的及意义

桥梁健康监测系统不只是传统的桥梁检测及结构评估技术,实施桥梁健康监测的目的和意义可以归纳如下:

(1)监控与评估。通过监测和评估桥梁结构状态,为桥梁维护、维护和管理决策提供依据和指导,在特殊环境、突发事故、特殊交通状况或桥梁运行状况发生严重异常时,为桥梁触发预警信号[7]。

(2)设计验证。另一方面,向结构设计反馈桥梁健康监测信息,可能会改进结构设计方式和相应的规范标准,可能使结构设计方法和相应的规范标准得以改进,并不断推动新型设计方法和理念的产生[8]。

(3)研究与发展。桥梁健康监测系统应能成为桥梁研究的"现场实验室",通过监测运营中的桥梁结构及其环境获得的信息可以作为理论研究和实验室调查的补充,提供有关结构行为与环境规律的最真实的信息,促进桥梁技术的发展[6,9]。

6.1.3 系统的组成与功能

桥梁结构健康监测系统是一个集软件和硬件于一体的系统,系统的集成程度越高,则健康监测系统的自动化和智能化程度也就越高。桥梁健康监测系统的基本组成应包括传感器子系统、数据采集与控制子系统、数据传输子系统、数据的管理与处理系统、桥梁结构的健康评估子系统几个部分(图6.1-1),各个子系统的作用和功能实现总结如下[10]:

(1)传感器子系统。传感器子系统通常是指硬件控制系统,其主要功能是对荷载作用、结构响应和环境信息等参数进行持续性监测,并以光、电等物理量的形式传递给数据采集与控制子系统。传感器子系统是健康监测系统最前端和最基本的子系统,对于该子系统应引起重视的一些问题包括:传感器选型及布设位置的合理性、传感器的耐久性、监测参数的量程与精度,以及桥梁结构监测参数对传感器采样频率的要求等[10]。

(2)数据采集与控制子系统。该子系统由硬件系统和软件系统组成,是联系传感器子系统与数据管理与处理子系统的桥梁。通过该子系统可以将传感器子系统传入的光、电等数字信号转换为模拟信号,对模拟信号进行一定的预处理后储存在数据管理与处理子系统中。此外该系统通过控制系统软件实现对传感器子系统的各光、电等传感器的数据采集进行控制(如设置采样频率、数据触发等)。

(3)数据传输子系统。该子系统是实现传感器子系统和采集与控制子系统以及数据管理与处理子系统的传输通道。传输子系统包括传感器与采集终端之间数据传输、采集设备与控制系统之间的传输部分、桥址处交换机与控制中心之间的传输部分等[11]。数据传输子系统的网络布置可以采用有线传输的方式或无线传输的方式,也可以采用有线和无线结合的传输方式,对于不同的桥梁结构的健康监测系统可以根据需要选择合理的传输系统的网络架构[11]。

(4)数据管理与处理子系统。该系统的核心是数据库,承担着结构健康监测系统的数据管理与处理功能。系统从传感器采集的数据通常是经过传感器前端或采集控制端硬件和软件处理的数据,有的参数可以直接用于结构的评估,有的则需要进行修正或提取用于结构评估的参数才能用于桥梁结构的评估,因此需要对采集的数据进行进一步的处理。桥梁设计施工及运营的各种资料,结构健康监测系统硬件设备的各项参数,系统采集到的海量数据及数据处理后的结果都应保存在数据管理与处理子系统中。

(5)桥梁结构评估子系统。该子系统是主要由损伤识别软件、模型修正软件、结构安全评估软件、可靠度计算软件和实时预警软件等多个软件模块组成,是结构健康监测系统功能实现的核心部分。目前已经建成的桥梁健康监测系统由于该系统在桥梁评估方面还存在一些问题,主要包括海量数据处理困难,损伤识别、模型修正及安全评估的算法尚不成熟,且难以满足工程实际中在线化、实时化和智能化的需求,这也是桥梁健康监测系统经常被诟病的主要原因。要使桥梁健康监测系统的能真正发挥其功能,在桥梁结构健康监测领域内应围绕桥梁健康评估的关键技术来开展研究。

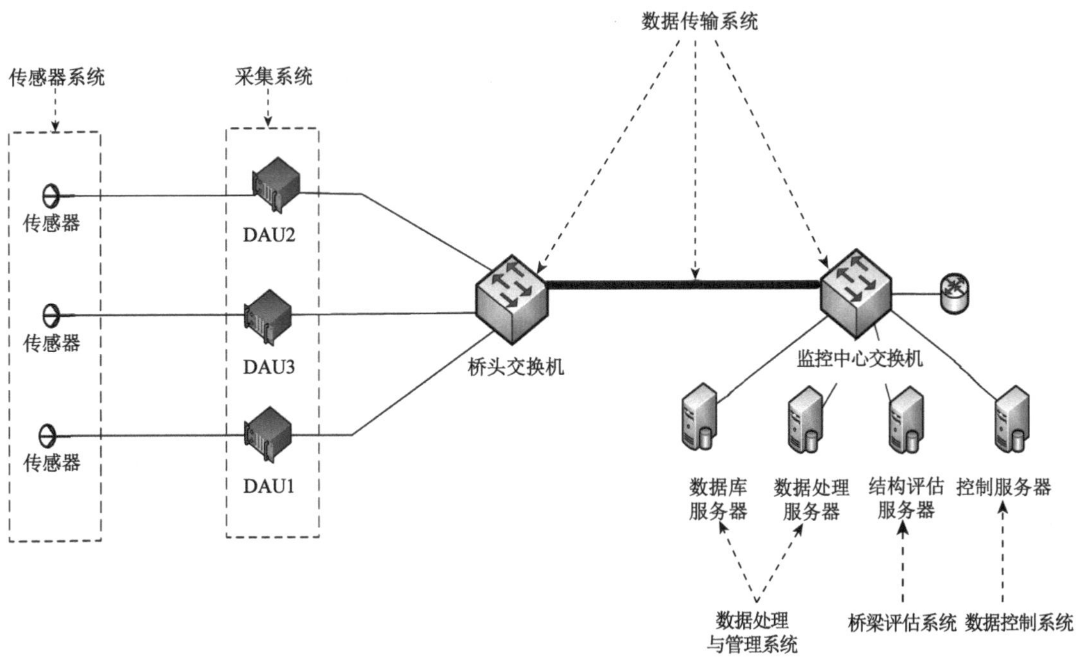

图 6.1-1 桥梁健康监测系统组成图

桥梁健康监测系统有针对单座大型桥梁的项目级健康监测系统，也有针对多座桥梁的网络级桥梁健康监测系统[12]。以上两种不同类型的桥梁健康监测大体上都包括上述5个子系统，但两种桥梁结构监测系统都需要建立监控中心，其主要硬件构成见图6.1-2。

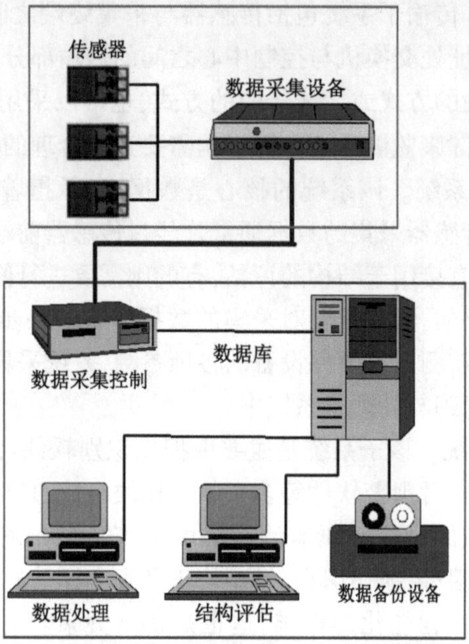

图6.1-2 桥梁健康监测系统主要硬件构成示意图

6.2 桥梁动挠度的监测

6.2.1 桥梁结构健康监测的参数

桥梁结构监测系统的最前端和基础的系统是传感器子系统系统，桥梁评估的参数是直接利用传感器监测的参数或经过数据处理得到的参数。因此桥梁结构健康监测系统功能的实现与桥梁监测参数的选择、仪器设备的选型、监测传感器与参数应与监测的目的和内容的匹配度等直接相关。桥梁结构监测的具体参数应根据以下规定来进行确定[13]：

(1)根据桥梁运行环境、受力状态分析、耐久性分析、风险评估结果、监测应用目标确定监测内容；

(2)根据桥梁结构、部件、构件的技术状况，既有病害、损伤程度、监测应用目标，经分析确定监测内容；

(3)根据技术状况评定结果、监测应用目标确定监测内容。

根据以上桥梁结构健康监测参数确定的相关规定，监测参数应包括桥梁运营环境、外力作用、结构响应、结构变化等。桥梁运营环境监测的主要参数包括：环境温度、环境湿度、雨量和结冰等。桥梁外力作用监测的参数包括车辆荷载、风速及风向、结构温度、船舶撞击和地震等。

桥梁结构响应监测的参数包括位移、转角、应变、索力、支座反力、振动等。桥梁结构变化监测的主要参数包括基础冲刷、位移、裂缝、腐蚀、预应力、断丝、螺栓状态及索夹滑移等。

6.2.2 毫米波雷达动挠度监测

1)毫米波雷达的特点

根据《公路桥梁结构监测技术规范》(JT/T 1037—2022)中对悬索桥、斜拉桥、梁式桥及拱桥规定的监测内容,主梁或拱桥的竖向位移(或挠度)及振动加速度均为必选的监测参数。因此无论是对于大跨径桥梁还是中小跨径桥梁,桥梁挠度和竖向加速度监测都是关键的监测参数。毫米波雷达由于具有全天候、非接触、高精度、多目标和远距离等特点(图6.2-1),同时桥梁动挠度时程曲线通过微分关系可以很方便得到桥梁结构的振动加速度信息,因此该设备不仅可以对桥梁动挠度进行高精度的监测,通过高频的动挠度监测可以分析桥梁结构的振动特性。

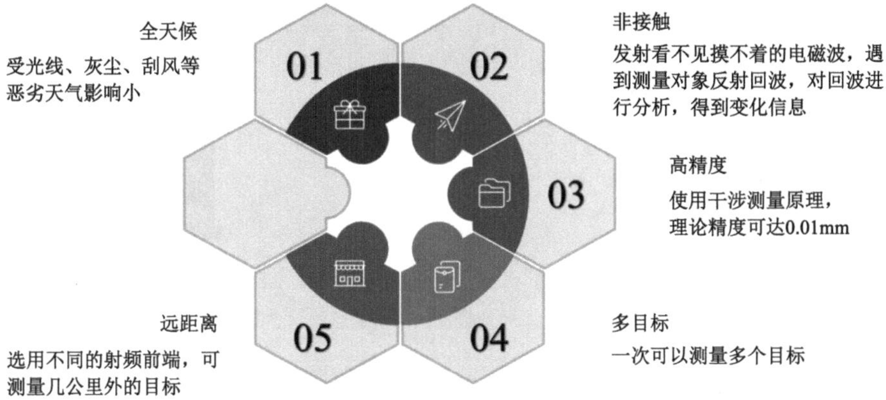

图6.2-1 毫米波雷达技术特点

2)毫米波雷达监测的应用

毫米波雷达通过线性调频连续波、雷达干涉测量技术和合成孔径雷达(SAR)技术等关键技术,在雷达波束角范围内能实现对桥梁结构多个目标的动挠度进行高精度、实时动态的监测。通过实时监测桥体动挠度的数据,可以完成桥体结构动力特性的大数据分析和结构动力响应,还可以获得桥体自振频率、阻尼比、动挠度振动幅值、冲击系数等评价参数。当使用毫米波雷达对桥梁动挠度监测时,需要在桥梁测试位置安装角反射器,将雷达监测设备安装在位移不发生变化或变化较小(其变形可以忽略不计)的桥墩或桥台上。对于中小跨径桥梁,跨中截面是桥梁结构变形最大的关键截面,采用毫米波雷达设备应重点监测桥梁跨中部位的测点,雷达监测系统安装示意图见图6.2-2。大跨径桥梁有时需要沿桥梁纵向对多个测点的动挠度进行监测时,将雷达安装在桥墩或桥台相对固定的位置,需要在主梁上沿纵桥向布设多个角反射器,则可以实现对主梁纵桥向的多个测点进行动挠度的监测,见图6.2-3。

独柱墩桥梁结构在严重超载、偏载的耦合作用下易出现倾覆破坏的严重事故,近年来独柱墩倾覆破坏的事故时有发生。2021年12月18日15时左右,湖北省鄂州市境内G50沪渝高速公路花湖互通D匝道桥梁发生侧翻事故(图6.2-4)。该独柱墩桥梁垮塌一度成为社会关注的热点[14,15]。

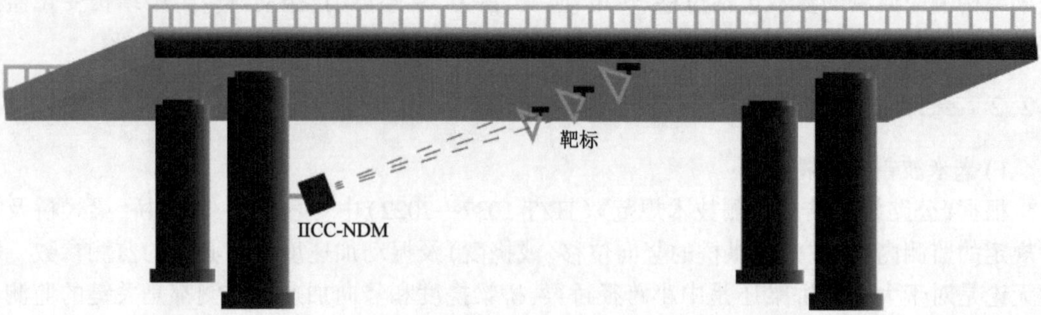

图 6.2-2　桥梁跨中挠度测试雷达监测示意图

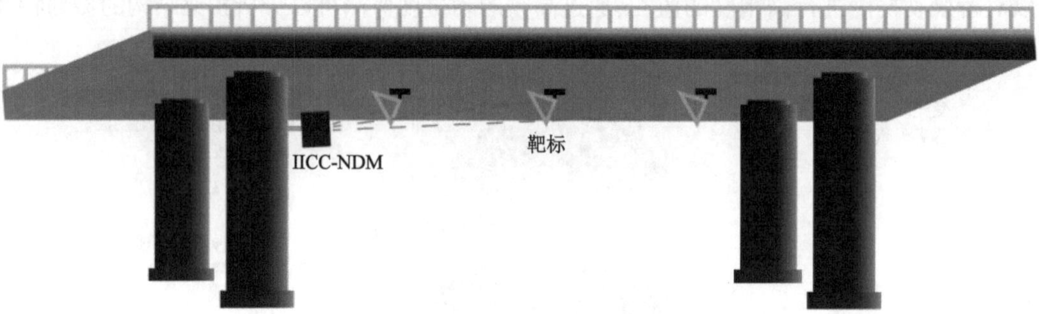

图 6.2-3　纵桥向挠度测试雷达监测示意图

图 6.2-4　花湖互通 D 匝道桥梁发生侧翻事故

独柱墩桥梁倾覆破坏一直是业界关注的热点问题，其破坏形式是由于在超载偏载耦合作用下引起梁体的转动而导致的。因此在桥梁运营期间对墩顶支座（或梁体）的转动进行实时动态的监测，提前进行预警或许对交通进行干预或许能有效避免该类桥梁的倾覆破坏。而墩顶支座或梁体的转动的监测可以通过监测支座或梁体在横桥向在一定距离的竖向变形差值来实现。毫米波雷达具有非接触式、受环境干扰小等优点，且能实时对多点动挠度进行动态测量，这使其能够实现对独柱墩桥梁抗倾覆性能进行有效监测。毫米波雷达设备是用于独柱墩桥梁倾覆监测的方法（图 6.2-5），监测实施内容如下：

(1)在被监测桥墩顶部梁体底面安装雷达测试的角反射器,角反射器位于墩柱两侧。若采用两个测点,为提高测试精度角反射器应尽量远离墩柱中心线,靠近梁体底部外边缘。若在设计时考虑系统的可靠性,在桥梁箱梁较宽时可在桥墩两侧设多个测点。安装角反射器应朝向毫米波雷达设备,使其位于设备发射电磁波所能覆盖的扇形区域内。

(2)毫米波雷达则需要安装在不变形或变形不影响测试精度的位置,因此可以将毫米波雷达设备安装在与被测试桥墩相邻的桥墩或桥台上。

(3)通过毫米波雷达监测墩顶梁体底面横向布设的角反射器,可以实时测试竖向位移差,对桥梁横向转动进行监测。

(4)当横向转角测量值大于设定的预警值时能及时进行预警。预警值设置宜根据梁体转角与桥梁支反力的关系确定,即支座反力不能为负的原则。

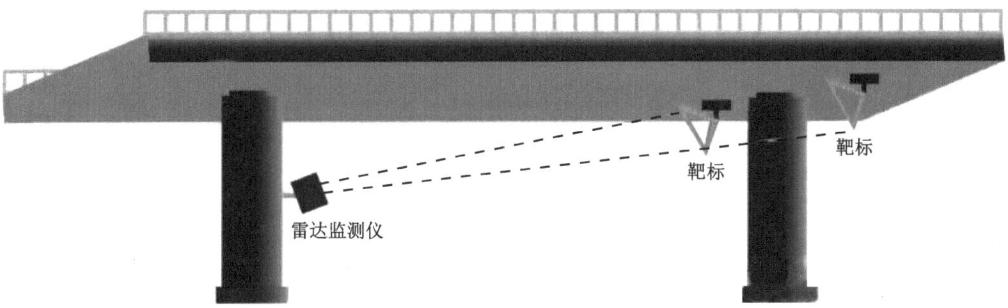

图6.2-5　独柱墩桥梁抗倾覆监测示意图

3)毫米波雷达挠度监测系统

毫米波雷达除具有非接触、全天候、高精度、多目标、远距离等特点外,雷达设备还具有低功耗的特点。因此,毫米波雷达监测系统在没有供电系统的桥梁可以采用太阳能进行供电,见图6.2-6。图中监测的桥梁采用太阳能对监测的采集设备(毫米波雷达主机和应变采集设备)进行供电。

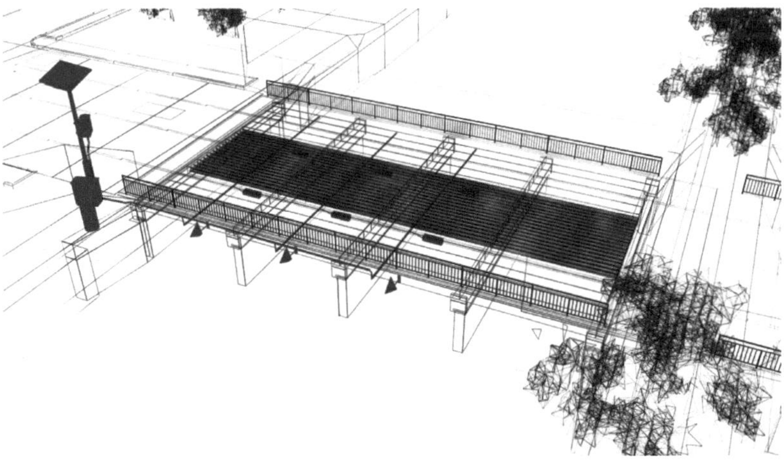

图6.2-6　毫米波雷达测试系统布置图

对桥梁进行动挠度监测时,毫米波雷达设备主机可以通过监控中心采集控制终端或远程控制数据的采集。因此,毫米波雷达监测系统可以采用有线和无线两种方式进行网络的架构设计。毫米波雷达可直接使用4G DTU 进行传输,无须通过工控机进行数据采集,其组网简单且解决现场传输困难的问题。对于集群化中小跨径桥梁结构挠度监测,通过分布式无线组网的方式进行桥梁挠度监测系统的布设,见图6.2-7。采用分布式无线组网模式,毫米波雷达将实时采集的挠度信号通过4G 模块传输至4G 基站,然后由基站将数据上传至云平台。此外,多台雷达监测设备可以通过串口模块 +4G 路由 + 供电模块的组网模式,将采集数据通过4G 基站上传至云平台,见图6.2-8。此外可以在云平台建立毫米波雷达的雷联网,雷联网能够为用户提供雷达动位移监测和数据分析服务,并能实现向第三方监测平台的推送数据服务。

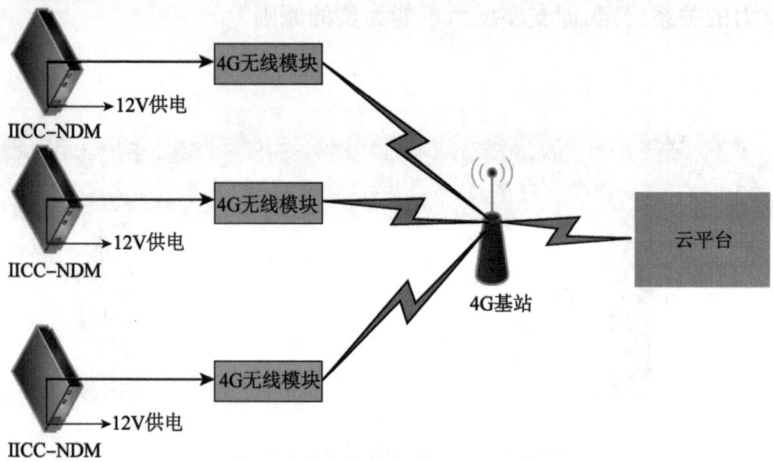

图6.2-7　单台雷达配4G 模块的系统组网图

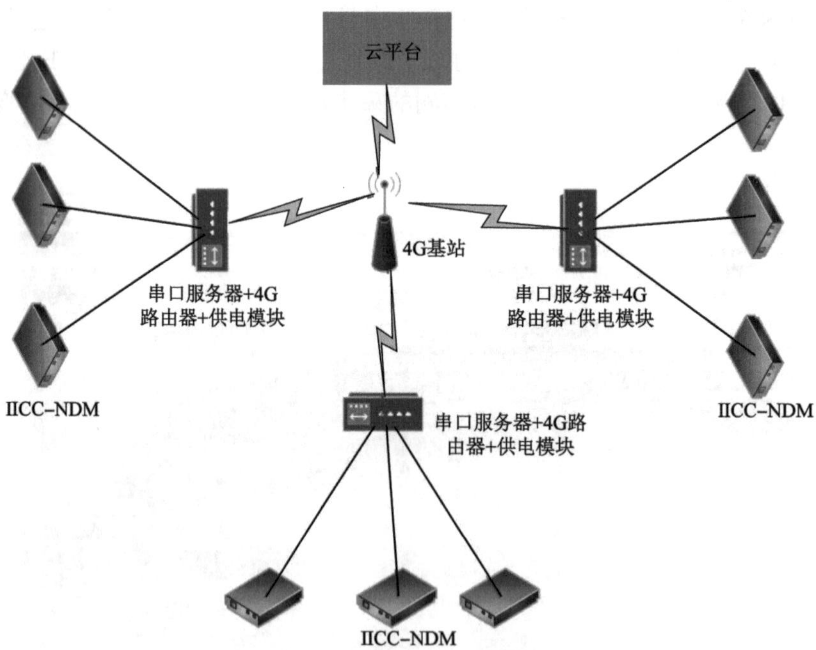

图6.2-8　串口模块 +4G 路由 + 供电模块的系统组网图

6.3　拉索索力的监测

毫米波雷达对拉索索力的监测原理同索力的检测原理相同,可利用毫米波雷达索力监测仪对拉索的振动进行在线监测,将拉索动位移曲线进行傅里叶变化得到拉索振动的基频或频差,利用频率法计算拉索的索力。采用毫米波雷达索力监测仪对拉索进行监测时,不仅可以对索力进行监测,还可以根据拉索动位移来判断拉索是否存在异常振动。对拉索索力监测时,雷达设备安装在桥上合适的位置,当多根拉索位于雷达波束角覆盖的扇形区域内同样可以实现对多根拉索索力的同时在线监测。

在对拉索索力进行监测时,毫米波雷达监测仪通常通过安装立柱来安装监测设备。安装立柱通过法兰与主梁进行固定,雷达则安装在立柱顶部,雷达底座则安装在立柱上,雷达底座可以调节角度使其能实现对多根拉索的监测,见图6.3-1。由于毫米波雷达对于塑料具有穿透性,雷达安装在立柱上并调好角度后,可以安装塑料保护罩对设备进行防护。在安装塑料保护罩之前应对雷达覆盖范围内的多根拉索进行测试,确定每根拉索的距离相后对雷达进行调试,使其具有较好的信噪比。监测雷达输出的是数字信号,可以通过WiFi或4G将数据上传至监控中心或云平台。

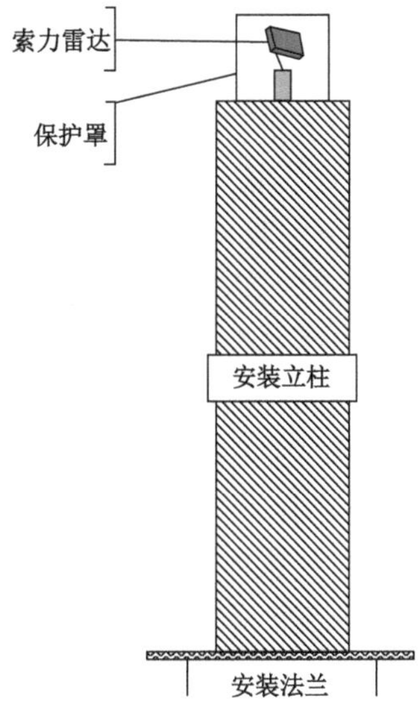

图6.3-1　监测索力毫米波雷达安装示意图

6.4　大件车过桥安全监测

大件运输一般是指大型、超限或不可肢解的设备或货物的运输配送,包括超限和超重两个方面。超限设备(货物)是指装载轮廓尺寸超过车辆限界标准;超重设备(货物)是指车辆总重量超过结构物设计荷载总重或车辆单轴质量超过轴重限值[16]。

“十三五”时期,我国公路交通保持了较为平稳的发展态势,发展水平跃上新的大台阶,全国公路总里程接近520万km,高速公路通车里程达到16.1万km,“两通”兜底性目标全面实现,优服务、保安全水平提升,促转型、可持续稳步推进,有力支撑了国家重大战略实施和全面建成小康社会目标如期实现,也为全面开启建设社会主义现代化国家新征程提供了良好基础[17]。《公路“十四五”发展规划》中指出,“十四五”公路交通发展要坚持“服务大局、共享发展,统筹协调、融合发展,深化改革、创新发展,绿色集约、安全发展” 四个基本原则,进一步明确了“补短板、优供给、强服务、增动能”的“十二字”发展思路,为“十四五”时期公路交通高质量发展指明了方向和主要着力点。

近年来,随着我国现代工业规模生产的不断扩大,从国外引进或国内制造的石化、冶金、电力等行业的工业设备和建筑、交通、港口等行业的机械设备日益向大型化、重型化方向发展,单件重200t以上的大型设备越来越多,同时单件运输货物的重量、长度、高度纪录都在不断被刷新。这些大件运输的车辆与一般运输的车辆不同,大件运输具有以下几个突出的特点[18]:

(1)重要性:大件运输多运送如国家重点投资项目关键设备的贵重物品,在没有其他运输方式选择时,公路运输就成为唯一的运输途径,加之设备的目的地极其固定,要保证项目的按时投产或货物的准时达到,这些都要受到有关部门甚至国务院的重点关注[18],因此大件运输对于我国经济发展及重点项目建设等具有重要意义。

(2)出现频率低:虽然大件运输的数量逐年增加,但与道路上行驶的一般车辆相比,其数量还是要小很多。同时,由于大件运输车辆均须有关行政部门进行审批才可通行,其出现的概率远小于一般车辆通行的概率。

(3)通行需要审批:由于大件运输车辆具有超限特点,在通行前必须向交通主管部门进行申请,未经交通主管部门审批的大件车辆不得在道路上行驶;大件运输车辆通行还需严格按照交通主管部门批准的行驶路线、行驶时间、行驶速度行驶,而且在行驶的整个过程中,应避免紧急制动和急加速;同时,还常常需有交警部门和路政部门的配合,采取封闭交通,警车开道等安全保障措施,保障交通安全。

(4)严重影响道路设施安全:大件运输车辆的长度比普通车辆长,纵向荷载作用范围很大,对于道路沿线桥梁的影响更大;另外,大件货物一般选择平板挂车运输,平板挂车轴数多轮距大,荷载作用面积大,与规范车辆的轮载相比,前者对于路面和桥面的影响更大;更值得注意的是,大件运输车辆(包括运件)总重很大,远远超过了设计规范;这些与一般运输车辆的不同,都会对沿线道路设施的安全造成极大的影响。因此,在大件运输车辆过桥时,为保证桥梁结构物的安全,交通主管部门会采取禁止其他车辆和行人通行、大件车辆居中行驶等措施,最大限度地保证沿线道路设施的安全。

随着大件运输业的蓬勃发展,国家及行业主管部门也相继颁布了一些管理制度。同时,大件运输的发展也给桥梁监测带来了巨大的挑战。桥梁结构在运营若干年后不断老化,承载能力下降,如何有效地对桥梁在大件运输车作用下的响应进行监测十分重要。

冯江等[3]在其文章中提到,286t大件运输车在某主跨为140m的钢筋混凝土箱形拱桥上直接行驶是不安全的,为了确保结构安全,应在桥梁外观检测结果的基础上进行结构的计算分析。冯江等基于桥梁影响线的正负区域(或跷跷板原理)提出了多车配重过桥的方案,并对该方案下的活载效应通过等效荷载试验在实桥上进行试验,了解结构在该活载效应下的受力性能。毫米波雷达监测技术逐步应用于桥梁健康监测系统,目前该技术已成功应用于国内大型跨径桥梁结构健康监测系统及中小型跨径桥梁集群化健康测系统[20]。最后再实施大件运输车加配重过桥,过桥过程中对桥梁进行实时监测。该方法在陈杏沅的硕士论文《大件运输通行大跨径拱桥的配重平衡法研究》中也有体现[4]。

因此,如何采用快速的监测方法确保大件运输车过桥过程中的实时安全监测非常重要。以下实例中采用毫米波雷达在大件运输车过桥过程中对桥梁的动位移实施动态监测,该方案方便快捷,效率高。在桥下为陆地时,可以在桥下迅速布设雷达,桥下有水时也可以在桥上迅速布设雷达,两种方式典型工作照如图6.4-1、图6.4-2所示。

6.4.1　工程概况

某大件运输车拟经过北京市某市属道路1号桥及3号桥。运输车辆为纵列10轴线平板车，车货总质量最大为189.7t，车货总宽3.8m，车辆具体轴数、轴距及轴荷分布情况如图6.4-3所示。

图6.4-1　桥下为陆地情形

图6.4-2　桥下有水情形

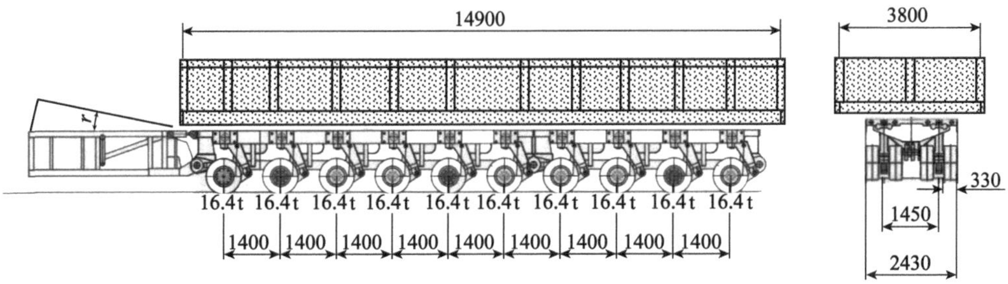

图6.4-3　运输车辆示意图(尺寸单位:mm)

1号桥中线与桥台中线斜交，交角为39.3°，该桥全长56.7m，全宽15.0m。桥梁上部结构为钢筋混凝土简支空心板，其跨径组合4×13.0m，每跨横向布置12片空心板。桥梁横断面按1.50m(人行道+栏杆)+12.00m(行车道)+1.50m(人行道+栏杆)布置。下部结构为多柱框架式桥台、多柱式桥墩，桥面采用沥青混凝土铺装。桥梁设计荷载为汽车—20级，挂车—100。竣工通车时间为1994年。

桥梁正面、侧面照见图6.4-4、图6.4-5，桥梁平面、立面、横断面示意图见图6.4-6～图6.4-8。

图6.4-4　桥梁正面照

图6.4-5　桥梁侧面照

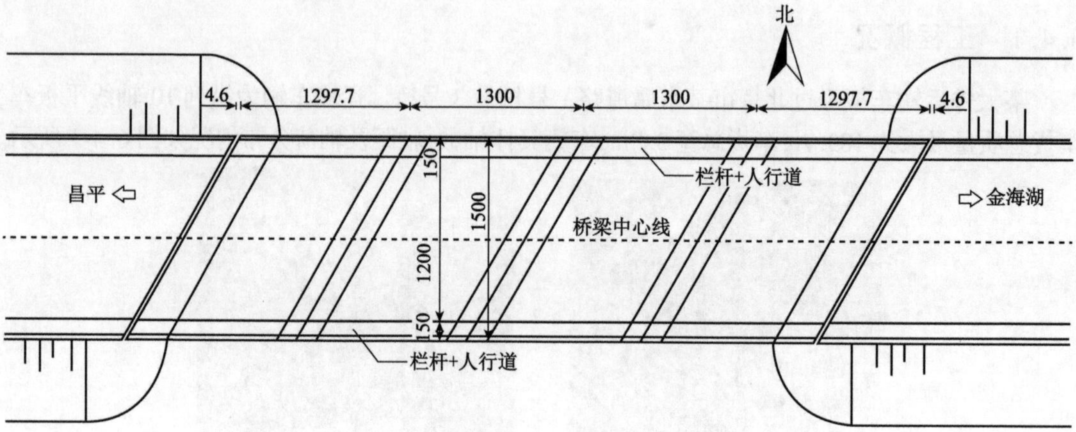

图 6.4-6 桥梁平面示意图(尺寸单位:cm)

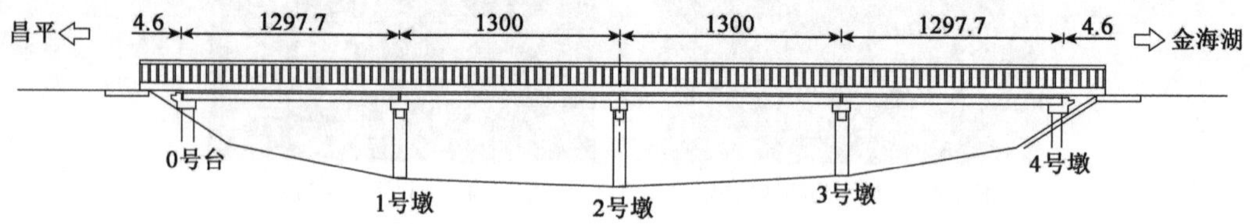

图 6.4-7 桥梁立面示意图(尺寸单位:cm)

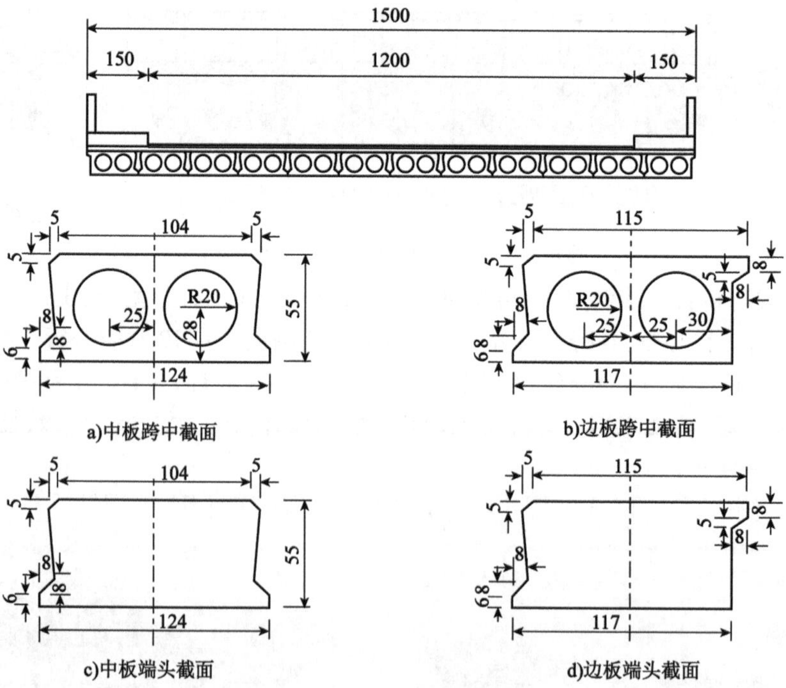

图 6.4-8 桥梁横断面示意图(尺寸单位:cm)

6.4.2 理论计算

根据设计图纸和现场检测情况对桥梁进行了理论计算,并对原桥结构进行承载能力检算。

采用专业结构计算软件 MIDAS Civil 对该桥(4×13m)建立有限元的梁格模型(图 6.4-9),对桥梁进行静力计算,按原桥设计荷载等级,考虑了永久作用荷载、大件运输车辆荷载、温度力等荷载,并根据荷载组合(表 6.4-1)要求的内容进行截面计算,验算结构在承载能力极限状态及正常使用极限状态下是否满足大件车辆过桥的要求[21]。

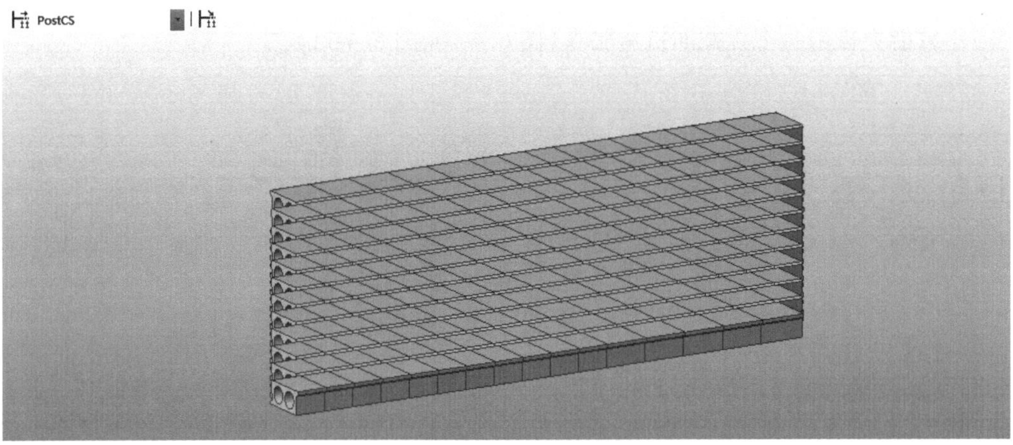

图 6.4-9 桥梁结构梁格模型

荷 载 组 合 表 表 6.4-1

荷 载 组 合	参与组合项目
组合 I	永久作用荷载 + 汽车
组合 Ⅱ	永久作用荷载 + 汽车 + 整体升温 + 梯度升温
组合 Ⅱ	永久作用荷载 + 汽车 + 整体升温 + 梯度降温
组合 Ⅱ	永久作用荷载 + 汽车 + 梯度升温
组合 Ⅱ	永久作用荷载 + 汽车 + 梯度降温
组合 Ⅲ	恒载 + 挂车

一期恒载:一期恒载为空心板梁材料重量。混凝土重度 25kN/m^3,各构件均按实际断面计取重量[22],其模型计算参数取值见表 6.4-2。

混凝土参数取值 表 6.4-2

部　　位	强度等级	弹性模量(MPa)	泊　松　比	重度(kN/m^3)	抗压设计强度(MPa)	抗拉设计强度(MPa)
空心板梁	C25	2.85×10^4	0.2	25.0	14.3	1.55

二期恒载:二期恒载为桥面铺装和防撞护栏。桥面铺装按 10cm 厚防水混凝土(重度取 25kN/m^3) + 5cm 厚沥青混凝土(重度取 25kN/m^3)考虑[23]。

收缩徐变:混凝土徐变系数按《公路钢筋混凝土及预应力混凝土桥涵设计规范》(JTG 3362—2018)附录计算。

活载:大件车辆荷载等级:轴荷 10×164kN,轴距 9×1.4m,按 1 车道桥面中间位置加载考虑。

汽车冲击力:按规范取用。

汽车制动力：不考虑汽车制动力。

温度梯度：按照《公路钢筋混凝土及预应力混凝土桥涵设计规范》(JTG 3362—2018)录入。

荷载组合取最不利组合进行计算(永久作用荷载：恒载＋收缩徐变影响力)。

桥梁结构检算主要内容包括：承载能力极限状态和正常使用极限状态两种，主要计算结果如下：

1)承载能力极限状态正截面抗弯验算(图6.4-10、图6.4-11)

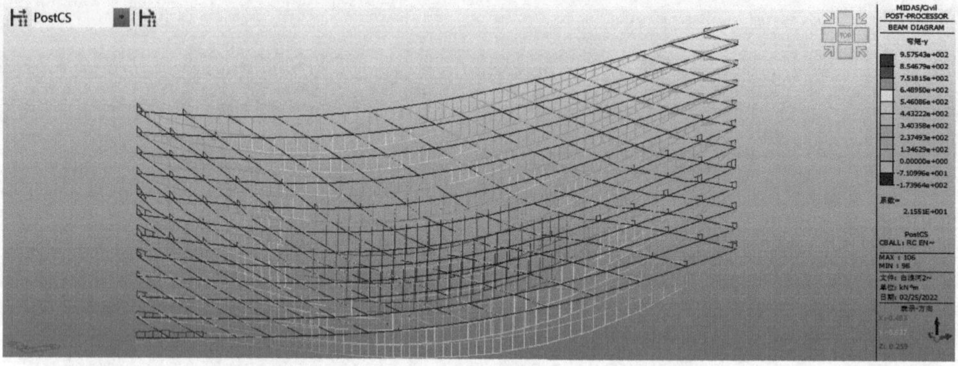

图6.4-10　最不利荷载组合空心板梁承载能力极限状态下正截面弯矩包络图(单位：kN·m)

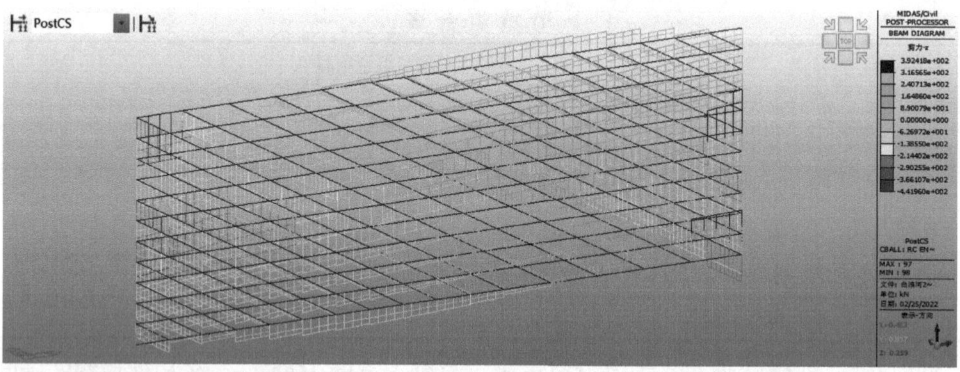

图6.4-11　最不利荷载组合空心板梁承载能力极限状态下斜截面剪力包络图(单位：kN)

2)正常使用极限状态挠度验算

移动荷载作用下：跨中最大挠度为15.5mm(图6.4-12)，小于$L/600=21.7$mm，满足规范要求。

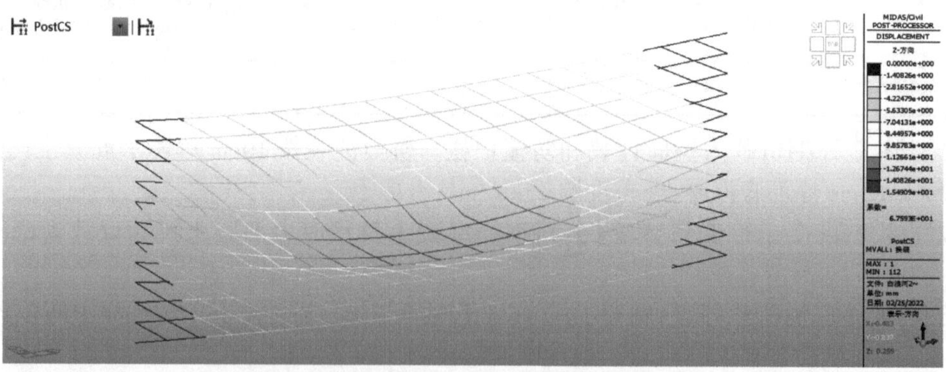

图6.4-12　移动荷载作用下主梁挠度(单位：mm)

主要检算结论如下：

(1)该桥在承载能力极限状态下结构正截面抗弯承载力满足规范要求；

(2)该桥在承载能力极限状态下结构斜截面抗剪承载力满足规范要求；

(3)该桥在正常使用极限状态下,跨中挠度满足规范要求。

6.4.3　大件运输车过桥的安全监测

为确保大件运输车在运输过程中桥梁结构的安全,采用毫米波雷达在大件车辆通行过程中对桥梁动挠度进行动态实时监测,现场测试照片如图6.4-13～图6.4-16所示。

图6.4-13　大件运输车照片

图6.4-14　大件运输车过桥照片

图6.4-15　1号桥雷达监测工作照

图6.4-16　1号桥雷达监测工作照

大件运输车通过1号桥时毫米波雷达监测数据见表6.4-3。从表6.4-3中可以看出大件运输车通行过程中桥梁跨中位置最不利受力主梁最大挠度为7.516mm,小于正常使用极限状态挠度的最大值15.5mm,表明桥梁在通行过程中桥梁结构处于安全状态。此外桥梁在大件运输车通行过程中,行驶速度虽然较低但仍对桥梁有一定的冲击放大作用,最大冲击系数为0.0213。大件运输车在通行过程中主要受力的5号梁、6号梁和7号梁的挠度时程曲线见图6.4-17～图6.4-19,主要受力主梁对应的冲击系数分析图见图6.4-20～图6.4-22。

动挠度测试结果表　　表6.4-3

主梁编号	挠度最值(mm)	冲击系数
5号梁	-4.135	0.0213
6号梁	-7.516	0.0091
7号梁	-7.160	0.0125

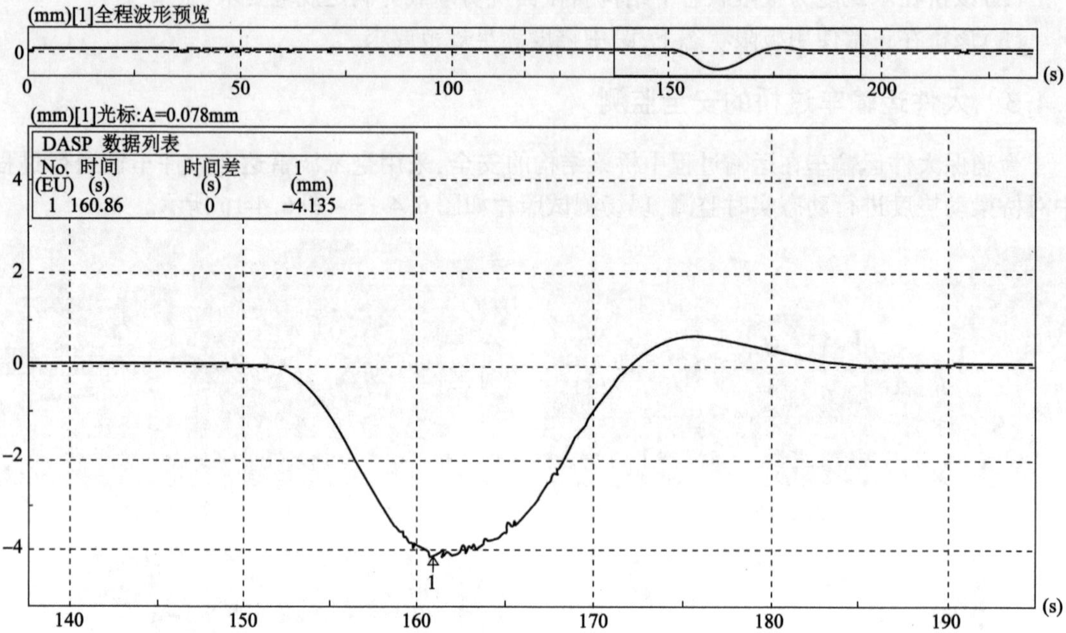

图 6.4-17　5 号梁动挠度测试数据

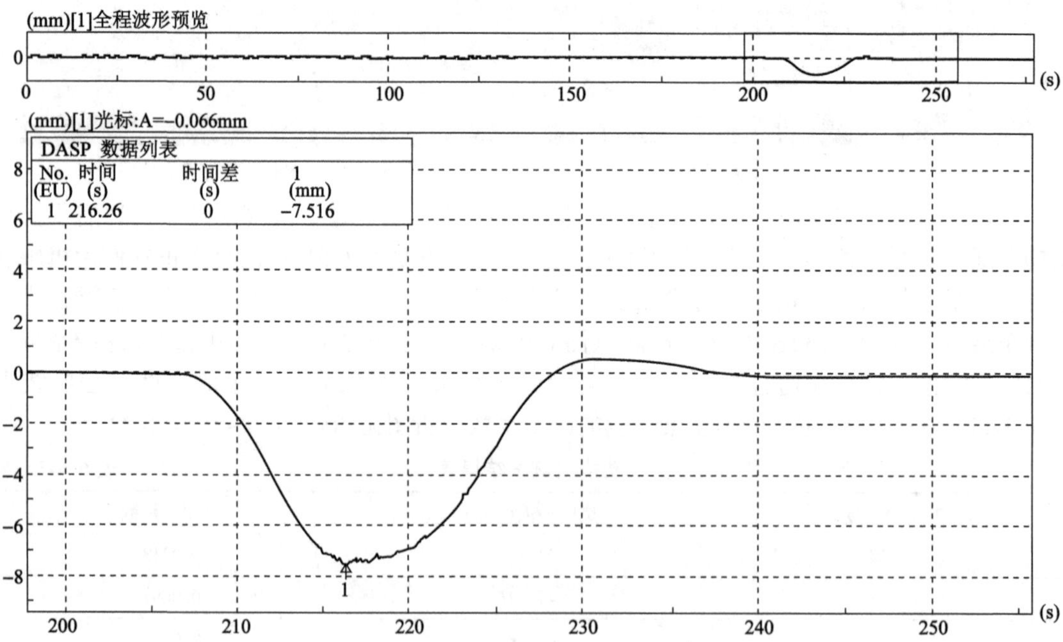

图 6.4-18　6 号梁动挠度测试数据

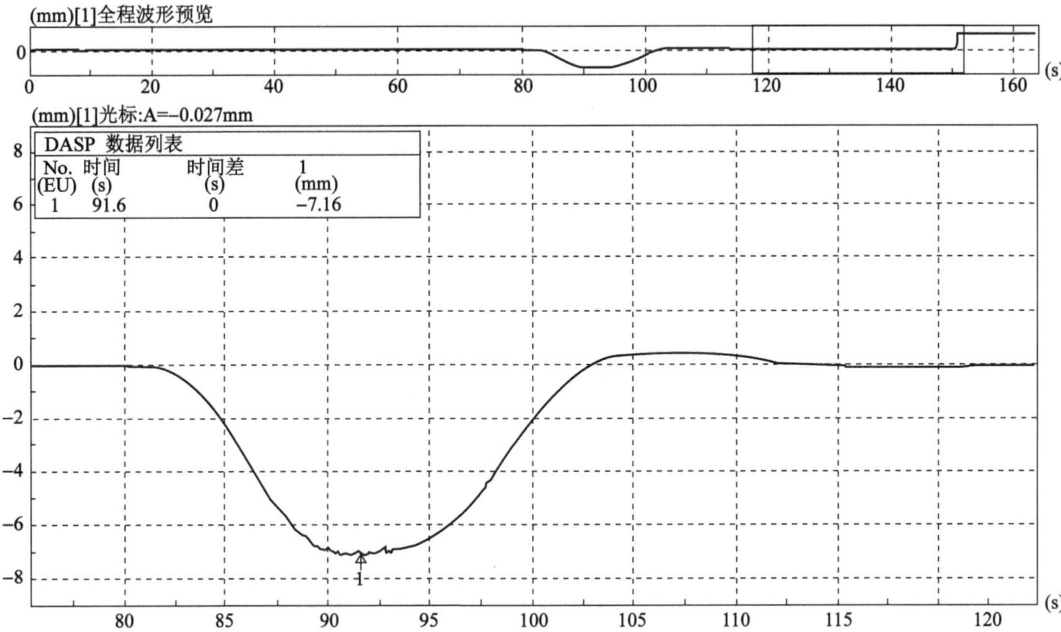

图 6.4-19 7 号梁动挠度测试数据

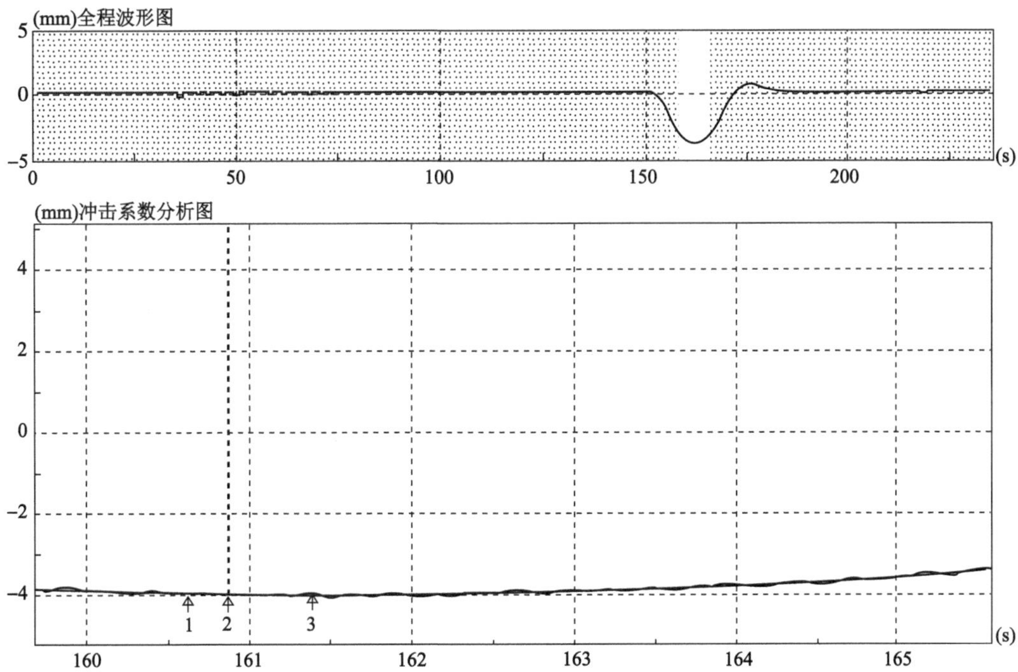

图 6.4-20 5 号梁冲击系数

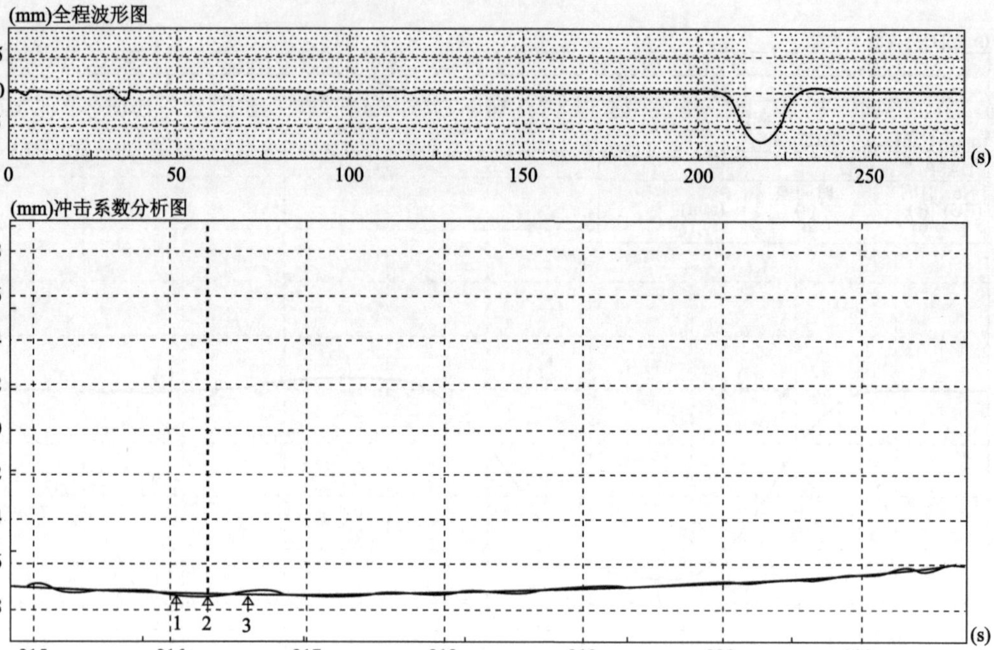

图 6.4-21　6 号梁冲击系数

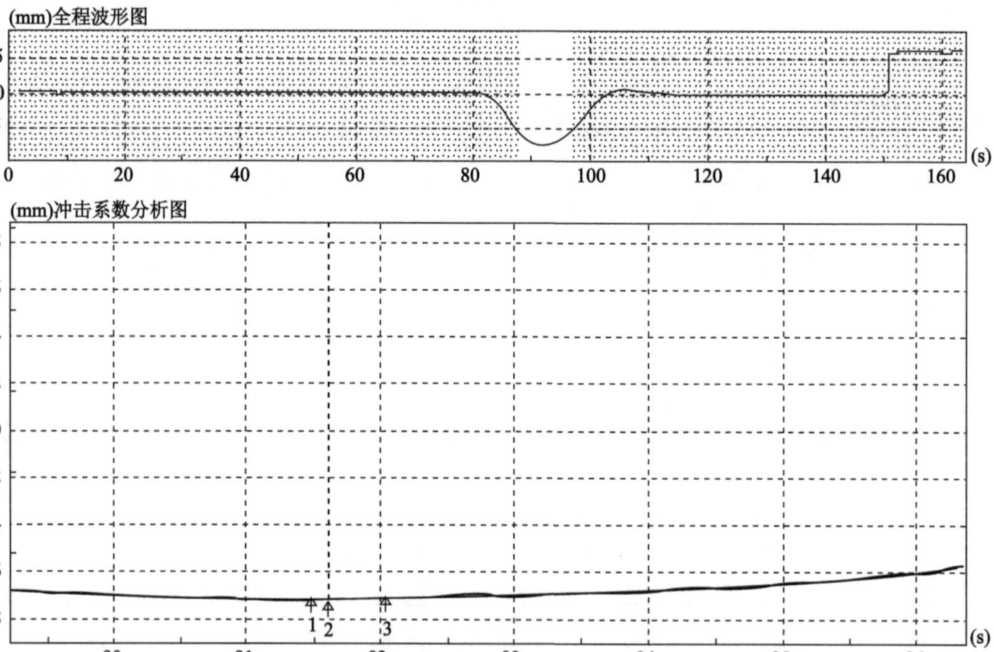

图 6.4-22　7 号梁冲击系数

6.4.4　结果分析与体会

(1)关于计算与测试的几点体会：

①主梁测试动挠度最大值为 7.516mm，小于计算值 15.5mm，大件车过桥后主桥挠度曲线

能迅速归零,挠度残余变形很小,说明结构处于弹性工作状态。

②主梁实测最大冲击系数为0.0213,说明计算时还是有必要考虑冲击,建议至少取0.05,以确保结构安全。

(2)大件运输车过桥时采用毫米波雷达监测桥梁结构响应的几点体会:

①采用毫米波雷达在大件车过桥过程中对桥梁的动位移实施动态监测,该方式方便快捷,效率高。

②对多梁式结构,当桥下布设满足要求时,可考虑每片梁均测试动挠度,便于对梁体进行横向分布系数分析。

③对于需要通过大件运输车的桥梁,可考虑用该方式提前采集桥梁结构在标准车作用下的影响线,对影响线进行归一化并建立数据库。可将该归一化影响线与理论计算影响线进行对比,也可将大件运输车的轴重与轴距在实测得到的归一化影响线上进行加载,得到桥梁在大件运输车荷载作用下的响应值,在实时监测时以该值代替计算值,以实现大件运输车过桥的快速评估。

④当桥下有水时,毫米波雷达及靶标布设时应固定可靠,避免大件运输车过桥时对测试装备造成扰动,以至数据出现不必要的局部震荡。

6.5 桥梁健康监测实例

6.5.1 监测桥梁概况

某桥梁全长465m,跨径布置为(3×25m)+(4×25m)+(35m+45m+35m)+(4×25m)+(3×25m),桥梁全宽32m,见图6.5-1。上部结构采用C50混凝土,结构形式包括现浇箱梁、预制小箱梁两种结构。桥梁采用毫米波雷达对桥梁结构的动挠度进行实时监测,选取典型3跨1联连续梁(3×25m)进行监测。

图6.5-1 监测桥梁照片

6.5.2　挠度监测系统

对于监测的1联选择中跨的跨中截面作为关键监测截面，监测桥跨上部结构为预应力混凝土小箱梁，横向共有4片主梁，桥墩为双柱式桥墩。在监测桥跨每片主梁跨中安装1个角反射器，雷达设备安装在一侧桥墩墩柱上，每个墩柱安装1台雷达，雷达安装示意图见图6.5-2。桥梁结构挠度监测系统中，每台雷达采集2个主梁测点的动挠度数据，采集数据通过4G无线模块将数据通过4G基站上传至云端，然后对数据进行采集控制和分析，系统网络架构见图6.5-3。

图6.5-2　监测桥梁雷达监测系统安装示意图

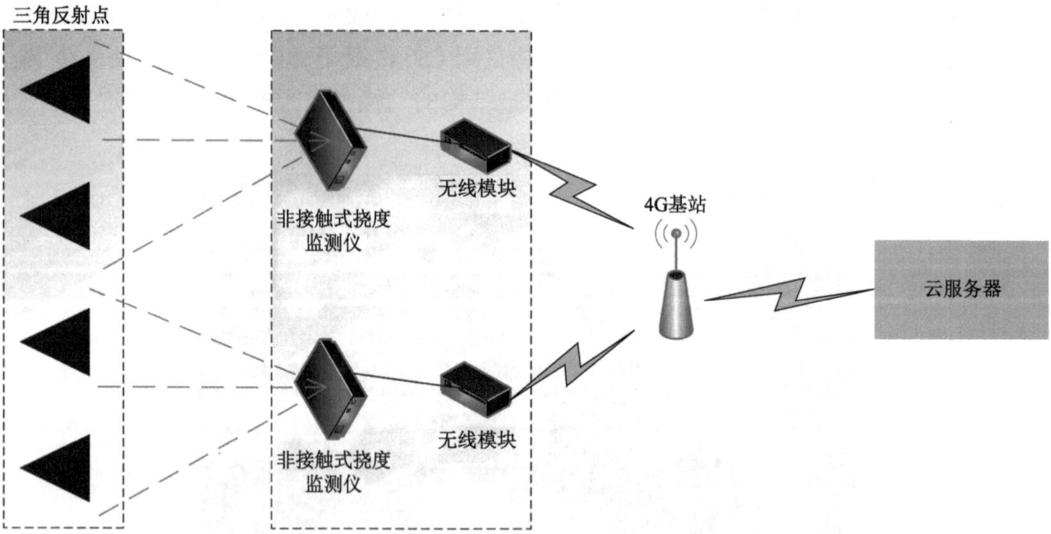

图6.5-3　桥梁挠度监测系统架构图

6.5.3　监测数据的分析

桥梁动挠度的监测数据可以通过进一步的分析，提取相关的评价参数对桥梁结构的性能进行评价分析。

从该桥监测的动挠度时程曲线上截取一段包含最大动挠度的监测数据，见图6.5-4。从图6.5-4中可以看出：同一台雷达监测的2个测点数据变化趋势一致，当车辆通过桥梁时，2个测点动挠度同时达到峰值点，这与桥梁结构的受力特点一致；毫米波雷达监测的动挠度数据质量较好，没有出现数据漂移现象。从图6.5-4中截取动挠度最大的一段时程曲线，放大后能看出桥梁动挠度为2.77mm，见图6.5-5。

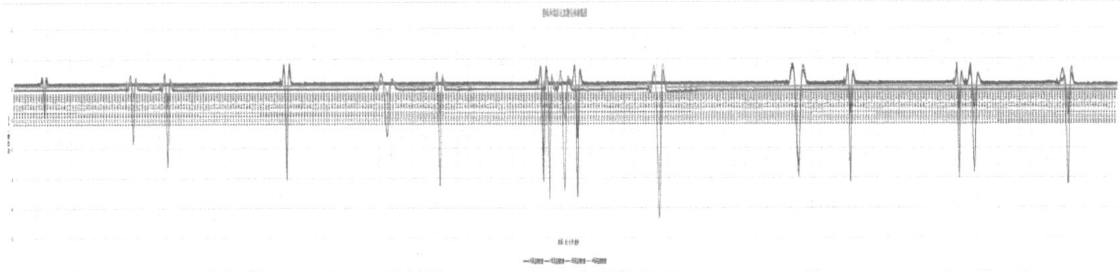

图6.5-4　雷达2个测点挠度时程曲线示意

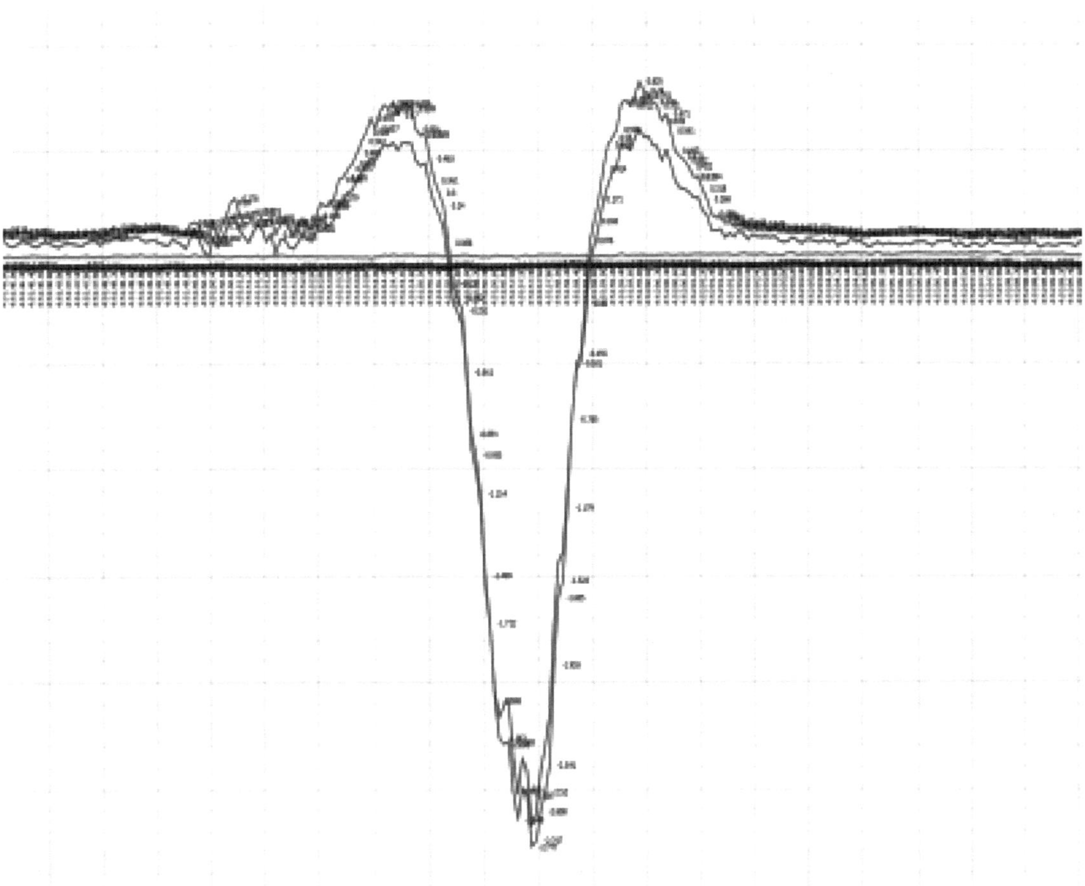

图6.5-5　桥梁最大动挠度时程曲线示意

本章参考文献

[1] 淡丹辉. 桥梁工程结构智慧监测—理论与实践[M]. 北京:机械工业出版社,2021.

[2] 蔡明. 大跨度桥梁结构健康监测系统[J]. 城市道桥与防洪,2019,36(02).

[3] 于兴泉,韩涛,梁柱. 桥梁健康监测系统的功能及在桥梁运营中的应用实例[J]. 公路,2014,59(11):106-110.

[4] 沈兆普. 英德北江三桥健康监测系统设计[J]. 价值工程,2012,31(20):48-50.

[5] 杨晓燕. 钢管混凝土拱桥运营状况监测与报警系统软件研究[D]. 成都:西南交通大学,2005.

[6] 唐贡辉,桂学. 谈桥梁的健康监测[J]. 山东交通科技,2005,27(04):67-68.

[7] 邹晓军. 梁桥结构损伤识别的曲率模态技术[D]. 武汉:武汉理工大学,2003.

[8] 宋宗平. 大跨度斜拉桥多余约束布点法在理论研究和应用[D]. 重庆:重庆交通大学,2009.

[9] 闫涛. 基于监测数据的斜拉桥动力特性分析及基准模型研究[D]. 上海:同济大学,2013.

[10] 程起光,唐登维,熊文豪. 基于视频联动的健康监测系统设计与应用[J]. 山西建筑,2018,44(12):255-256.

[11] 刘辉,宫涛. 高铁站台钢结构雨棚健康监测技术的研究与应用[J]. 铁路计算机应用,2018,27(06):43-47.

[12] 李鹏程. 桥梁健康监测技术及其发展[J]. 城市道桥与防洪,2017,34(04):127-129+14-15.

[13] 中华人民共和国交通运输部. 公路桥梁荷载试验规程:JTG/T J21-01—2015[S]. 北京:人民交通出版社股份有限公司,2015.

[14] 佚名. 近年来三次特别重大的桥梁通行安全事故[J]. 汽车与安全,2022,28(07):84.

[15] 孙卫,赵冰馨,王明. 公路超载老问题新视角[J]. 中国公路,2022,29(02):54-56.

[16] 李智斌. 中小跨径PC简支梁大件运输荷载控制标准研究[D]. 重庆:重庆交通大学,2012.

[17] 王建鹏. 信息化背景下公路竣工档案管理研究[J]. 兰台内外,2022,39(15):56-58.

[18] 陈杏沅. 大件运输通行大跨径拱桥的配重平衡法研究[D]. 重庆:重庆交通大学,2013.

[19] 董继承. 大件运输车过桥监测分析[J]. 中国科技纵横,2017,16(11):2.

[20] 冯江,石永燕,胡建新,等. 286t超重车通行大跨径混凝土拱桥[J]. 交通标准化,2011,36(Z1):98-101.

[21] 吴天享. 某异形连续箱梁桥静力性能及维修加固设计研究[J]. 湖南交通科技,2020,46(02):71-73+86.

[22] 黄帅. 某T型梁桥加固方案设计[J]. 山西交通科技,2017,45(03):90-92+96.

[23] 中华人民共和国交通运输部. 公路钢筋混凝土及预应力混凝土桥涵设计规范:JTG 3362—2018[S]. 北京:人民交通出版社股份有限公司,2018.

第7章　展　　望

微变形检测、监测技术一直是土木行业的难点和热点问题，尤其是桥梁动挠度对于桥梁运营来说是关键性参数。目前毫米波雷达技术已经在桥梁索力测试、静载试验、动载试验以及桥梁结构影响线测试、桥梁承载能力快速评定、大件运输车过桥的安全监测以及桥梁的健康监测等方面进行了大量的应用研究。在影响线测试的基础上作者提出了基于桥梁挠度影响线加载的桥梁承载能力快速评定方法。毫米波雷达具有非接触式、全天候、高精度、采样频率高、能同时动态实现多目标的动态变形测试，其在未来工程领域微变形监测中有广阔的应用前景。由于毫米波雷达在微变形测试中具有明显的技术优势，作者在研究其在桥梁检测、监测中的基础上，对其在工程领域的未来应用进行了粗浅的思考，希望更多的专家学者和工程技术人员深入应用研究，以期能起到抛砖引玉的作用。笔者对毫米波雷达在工程领域中的应用展望如下。

7.1　毫米波雷达在轨道交通、铁路领域的应用

根据轨道交通桥梁、铁路以及高铁桥梁运营的荷载的特点，挠度监测对于桥梁结构的评估以及退化研究能提供准确、可靠的挠度评估参数。轨道交通荷载、铁路客运荷载以及高速铁路荷载在既有的运营区间，荷载受客流量影响较小、车辆自身荷载占比相对较大，因此其荷载对于既有区间、列车编号来讲荷载基本变化不大，车速也基本恒定，通过定期对桥梁的动挠度进行监测，分析历史数据的变化可以实现对桥梁承载能力、结构退化的定量评估。采用定期的挠度监测这一定量的指标相对于人工外观检测（定性评价），评价更为科学。

铁路桥梁承载能力评定方法主要依据的参数是桥梁动挠度，采用毫米波雷达对列车通过桥梁的动挠度进行测试，可以提取其挠度时程曲线。理论分析采用车-桥耦合振动方法，以车辆、轨道、桥梁等建立车-桥耦合振动的仿真计算模型，根据列车通行速度，提取列车通过桥梁时的挠度理论时程曲线[1]。分别提取实测挠度时程曲线和理论时程曲线的挠度的最大指标来进行对比分析，实现对铁路桥梁承载能力的快速评价。

毫米波雷达测试技术原理是雷达发射天线发送电磁波、接收电线接收电磁波，通过多次测试利用相位变化来分析微小变形。根据这原理将毫米波雷达改装成可以控制旋转角度的设备，精确控制雷达旋转角度，实现对隧道水平地面以上部分的测量。以初次测量的距离值作为基准值，采集软件将每一个角度位置的初始距离进行存储，作为后续测量的基础。将控制角度旋转的雷达设备安装在测量轨道车上，轨道测量车在轨道上行驶。轨道测量车轮轴上安装编码器来测量轨道车在轨道上的行驶距离。通过多次测量数据的对比分析可以实现隧道变形的自动测量。

7.2 毫米波雷达在道路工程中的应用

毫米波雷达微变形测量技术利用两次或多次测量的相位差来进行微变形测量。毫米波雷达测量的参数包括测距、测速以及微变形等。通过提高毫米波雷达测距的精度,可以开发高精度测距的设备用于道路检测设备上,形成一系列道路检测的自动化产品。

7.3 毫米波雷达在公路、市政桥梁中的应用

目前毫米波雷达在桥梁中的应用包括索力的测试、桥梁静载试验、桥梁动载试验、桥梁健康监测以及桥梁承载能力快速评定、影响线的测试等。

1)拉索索力测试方面的研究

目前毫米波雷达测试索力已经进行了广泛的应用,但测试结果对于既有桥梁索力准确评估方面还存在一些问题。毫米波雷达测试索力是基于频率法的原理,频率法分析索力受其方法的限制,对短索索力评价准确度不高;此外即使对于长索准确评价索力与成桥索力(直接采用张拉或锚索计等直接测试方法的数值)相比,由于阻尼器安装前后频率会发生一定的变化,安装阻尼器后计算索力时对于索长的修正业内仍有不同的观点。因此虽然毫米波雷达同传统振动法相比,在准确测试分析其频率方面有自己的优势,但用于准确评价实际运营桥梁的索力还需要进行大量的科学对比试验研究。根据以上分析,获得毫米波雷达测试拉索的频率后,如何更为准确、科学的评价索力,需要进行的科学试验研究如下:

(1)系杆拱桥和矮塔斜拉桥等短索索力评价研究

由于受边界条件影响,采用频率法测试短索索力其准确度相对较低。对于系杆拱桥和矮塔斜拉桥等索长较短的拉索,采用频率法评价准确度较低,应通过大量科学对比试验将频率法和直接测试的方法进行对比,研究短索索力的修正问题。根据拉索不同边界条件、拉索形式,结合不同边界条件、拉索形式在频率法基础上进行修正,提出不同边界条件、拉索形式、索长以及拉索参数的索力修正的经验公式。在其他领域也有类似的研究,当一个参数指标受多因素影响而难以准确用单一因素定量计算时,如水力学、土力学等受复杂因素影响的参数计算和仿真分析,都提出了大量经验公式来计算和分析其相应的参数。

因此对短拉索的索力测试分析研究,可以选择目前常用的桥梁结构形式、拉索形式的短拉索进行大量比对试验,将毫米波雷达索力测试频率同直接法测试索力进行对比分析,基于大量测试数据研究提出采用频率法计算不同短拉索索力的经验公式。研究成果可以应用于目前大量难以采用频率法直接准确评估的运营桥梁,为既有桥梁索力评估提供科学、准确的依据。这些科研项目可以在施工过程中对拉索的索力进行研究,直接方法采用索力计,频率法采用毫米波雷达。

(2)研究阻尼器对拉索索力影响研究

拉索在阻尼器安装前后频率会发生变化,阻尼器对频率法计算索力有一定的影响,目前对于安装阻尼器后索长需要进行折减,国内学者提出了不同的折减方法。一种折减方法是将拉

索索长按照两端阻尼器安装长度进行折减,另一种是按照阻尼器一半的长度进行折减。目前两种研究都是基于小样本得到的结果,对于运营中桥梁阻尼器影响如何修正,规范中还没有明确的规定。因此针对阻尼器对索力的影响,建议在桥梁施工过程中采用直接方法、毫米波雷达测试方法进行全过程对比测试研究,尤其是对阻尼器安装前、后对直接法和雷达法两种方法测试索力的数据进行大量统计分析,建立准确、可靠的索力修正经验公式。

2)大跨径桥梁施工监控参数研究

目前大跨径桥梁多利用挂篮法采用悬臂浇筑、悬臂拼装的方法施工,施工监控是保证桥梁施工质量、施工过程中安全的重要手段和措施[3]。桥梁施工监控主要是控制桥梁应力、应变和变形,除进行施工监控测量外还需要进行有限元仿真分析进行控制。目前传统的施工监控对于变形控制主要是在不同施工节点进行高程测量(线型控制是施工监控重点内容),测试数据不连续,而仿真计算分析取用的参数(如混凝土的收缩徐变)通常按照规范的数值来取值,在计算分析过程中可能会存在偏差,需要仿真分析人员结合施工过程中的数据进行不断的调整。采用毫米波雷达可以对某个施工阶段在整个施工过程中进行连续的变形监测,这样有助于结合其他条件(如施工阶段、施工荷载变化、温度变化等)来对整个施工过程进行准确动态的监控分析。规范中混凝土相关参数(如收缩、徐变等)是通过大量实验室试验、结合以前分析测试分析手段来确定的。在毫米波雷达这种高精度测试分析的基础上,通过大量施工监控数据,一方面可以对施工进行更好的监控测量,另一方面通过研究可以修改和完善理论模型的分析计算参数,进一步推动规范的修订和完善。

3)桥梁静载试验应用研究

目前桥梁静载试验采用静载试验主要是通过校验系数、残余变形等参数对桥梁承载能力进行评估。毫米波雷达能动态对加载过程中动挠度进行准确测试,在桥梁静载试验中得到了大量的应用。对于中小跨径桥梁结构尤其是装配式桥梁,桥梁结构的横向分配是重要一项工作性能,规范中对其的评价没有明确的规定。通过无线分布式毫米波雷达测试系统可以对桥梁横向、纵向等多点挠度进行同步测量,可以研究桥梁结构(尤其是装配式桥梁结构)的横向分布性能。

4)桥梁动载试验

毫米波雷达可以对桥梁关键截面的动挠度进行准确、高频、动态的测量,其在桥梁动态试验中(如跑车、跳车、制动等)进行了大量应用。目前我国公路、城市桥梁相关规范对于冲击系数、振动幅值、阻尼比等参数评价也不明确,测试数据如何用于评价还需要进行大量研究。因此毫米波雷达用于桥梁动态测试方面的科研包括以下几个方面:

(1)桥梁振动幅值的研究

振动幅值是反映中小跨径桥梁振动剧烈与否的一个指标,通过振动幅值可以对桥梁动力性能进行评价。不同结构形式、跨径大小、车辆荷载、桥面平整度等因素对桥梁振动幅值都有一定影响,但对于确定的桥梁结构其振动幅值都有其合理的范围。通过毫米波雷达准确对不同结构形式、跨径等桥梁进行测试,研究挠度振动幅值与桥梁动力性能之间的关系,可以建立基于振动幅值的桥梁动力性能评价指标。

(2)桥梁冲击系数

利用毫米波雷达测试数据进行桥梁冲击系数的计算与分析方法,可以进一步完善毫米波雷达冲击系数计算模块软件。

(3)阻尼比分析

利用毫米波雷达测试数据结合理论分析频率范围进行阻尼比计算分析方法的研究,形成完整的软件计算分析模块。

(4)桥梁模态分析

桥梁模态分析目前主要利用振动测试系统测试加速度或速度等参数,通过模态分析软件进行建模分析得出桥梁实测振型、频率、阻尼比等参数。由于毫米波雷达测试的是桥梁位移(挠度)的动态时程曲线,因此其是否可以直接用于桥梁结构的模态测试与分析?这就需要在大量桥梁上进行应用研究,研究不同测试方法、数据分析方法、模态分析方法的在桥梁实测模态分析中的应用效果。

(5)桥梁影响线测试与桥梁承载能力快速评定方法研究

作者对毫米波雷达在桥梁影响线测试以及桥梁承载能力快速评定等方面的应用进行了大量测试与研究,验证了基于桥梁挠度影响线的桥梁承载能力快速评估方法的有效性。

今后还需要结合应变、挠度指标的影响线进一步进行相关的研究,形成基于影响线加载的桥梁快速荷载试验方法,进一步推动桥梁承载能力评估技术的发展。

(6)毫米波雷达在桥梁健康监测中的应用

毫米波雷达监测技术逐步应用于桥梁健康监测系统,目前该技术已成功应用于国内大型跨径桥梁结构健康监测系统及中小型跨径桥梁集群化健康监测系统。未来可以将视频车辆识别系统与毫米波雷达挠度监测结合起来,利用视频系统对车辆车型进行识别,结合动挠度监测数据以及荷载反演技术实现对桥梁结构健康状况以及承载能力的评估。另一方面对于安装视频、毫米波雷达的监测系统的中小跨径桥梁,利用前面介绍的基于挠度影响线加载的桥梁承载能力快速评估系统,利用已知重量加载车辆可以实现对桥梁承载能力的快速评定。长期监测和评估数据可以用于桥梁结构退化、剩余生命的模型研究。

利用可移动式视频监测和无线分布式毫米波雷达系统可以实现对大量中小跨径桥梁进行移动式的定期监测。监测频率可以选择周期为1个月、1个季度或1年,通过车辆识别结合挠度测试数据对桥梁进行健康评估或承载能力评定。利用1辆可移动式加载车对一条线路的桥梁实现流动式、流水线的桥梁结构承载能力评估。

这样可以解决目前大量在中小跨径桥梁进行健康监测系统安装经费不足的问题,将健康监测系统安装变成移动式健康监测的服务模式。

通过可移动式桥梁健康监测模式探索与科研,一方面可以解决目前大量桥梁评估经费不足问题;另一方面通过技术积累与科研完善基于毫米波雷达监测评估的技术问题,为未来桥梁智慧化管养打下坚实的技术基础。

7.4 毫米波雷达其他工程领域的应用

毫米波雷达未来可以应用的领域及研究的方向有:

(1)建筑结构及大跨工业厂房应用

毫米波雷达采用无线或有线分布式系统可以实现对建筑结构或大跨工业厂房对于竖向位

移控制严格的场景。由于毫米波可以穿透塑料、玻璃等一些物体,毫米波雷达可以埋置在建筑结构物地面,采用毫米波能穿透且具有装饰功能的材料对雷达进行防护。因此,毫米波雷达的可穿透性、非接触式测量、实时动态等特点,能为建筑结构及大跨工业厂房结构变形的实时监测提供很好的解决方案,具有较好应用前景。

(2)边坡或水利大坝结构变形测量

利用远距离测试的特点,将毫米波雷达在固定基础上通过移动或旋转可定期对结构固定安装角反射器进行扫描测量,来定期监测结构的变形情况。

(3)基坑及基础变形监测

根据基坑或基础变形监测的需要,开发合适的产品或研究基坑及基础变形监测的完整解决方案。

本章参考文献

[1] 徐卫东,徐赫.运用毫米波雷达和振动法对桥梁振动幅值测试的对比分析[J].现代交通与冶金材料,2022,2(02):71-75.

[2] 鞠志浩,包建东,孙翌,等.用于汽车开门防护系统中的雷达信号恒虚警算法研究[J].测试技术学报,2018,32(05):394-399.

[3] 陈淮,颜浩杰,李杰,等.曲率半径变化对高墩大跨连续刚构桥静力性能的影响[J].铁道科学与工程学报,2013,10(01):6-10.